叢書・ウニベルシタス　1076

依存的な理性的動物

ヒトにはなぜ徳が必要か

アラスデア・マッキンタイア
高島和哉 訳

法政大学出版局

序文

ジョン・デューイが、当時ケーラス家の人々からの寄付金によって設立されたばかりのポール・ケーラス講座における最初の連続講義をおこない、その内容がしばらくして『経験と自然』というタイトルでオープン・コート出版社から公刊されたのは、一九二五年のことだった。その講座は、テュービンゲン大学の卒業生で、雑誌『オープン・コート』と『モニスト』の創刊者であり、一九一九年に亡くなるまでオープン・コート出版社の社長を務めたポール・ケーラス博士を記念して設立された講座であり、現在もそうした趣旨で運営されている講座である。それゆえ、アメリカの哲学界が七十年以上もの間、ケーラス博士その人と、ケーラス家の人々、およびオープン・コート出版社に対して、感謝の念を抱き続けているのはもっともなことである。そしていま私は、彼らに対して私自身の感謝の念を捧げたいと思う。

本書は、一九九七年にアメリカ哲学協会の太平洋部門会議において三回にわたっておこなわれたケーラス講座の内容に加筆修正を施したものだ。この書き直しの作業を通じて私は、実際に講座で語られたことよりもはるかに多くのことが語られる必要があったことに気づかされた。そしていま、書き上げた原稿を読み直し、私が取り組んだ〔以下に述べるような〕二つの主要な問いに対する私の答えの不十分さをより明確に自覚するにいたっている。しかしながら、これらの問いが専門的な研究をおこなう哲学者たちだけでなく、自身が取り組んでいる活動の道徳的な次元について思いをめぐらすすべての人間にとって核心的な重要性を帯びていることについて、いま私は、当初抱いていた以上に強い確信を抱いている。

「ヒトとヒト以外の知的な動物の種のメンバーが共通に備えている特徴に注意を払い、それらを理解することは私たちにとってなぜ重要なことなのか」、そして、「人間の傷つきやすさ vulnerability と障碍 disability〔能力の阻害〕に注目することは、道徳哲学者たちにとってなぜ重要なのか」という問いはいずれも、これまで道徳哲学の内部で十分な注意を払われてこなかったし、特に後者の問いについてはそうであった。それゆえ、私はある種の修正作業に従事しているとみなされうるだろうし、実際に従事している。しかし、これらの問いの重要性を認識しそこなっている結果、さまざまな誤謬を犯し、さまざまな限界を抱えてしまい、それゆえに、そうした失敗や誤謬や限界を正したいと私が考えている哲学者とは、ほかならぬ私自身である。それゆえ本書は、『美徳なき時代』や『誰の正義？ どの合理性？』や『道徳的探究の競合する三形態』における私の初期の探究のいくつかの継続であるばかりでなく、それらの修正でもある。

『美徳なき時代』において私は、徳というものが社会的な諸活動や個人の生活やコミュニティの生活において果たす役割について、アリストテレスがそれらを理解したようなしかたで説明することを試みたが、その説明を、アリストテレスの「形而上学的な生物学」と私が呼んだものから独立なものとした。

アリストテレスの生物学の重要な諸要素を退けるべき適切な理由があるとはいえ、いま私は、生物学から独立した倫理学が可能であると想定していた点で、かつての自分は誤りを犯していたと考えており、この点について私を批判してくれた人々に感謝している。なお、かつての自分が誤りを犯していたと考える理由として、二つの異なる、だが相互に関連しあう理由がある。すなわち、まず第一に、私たちの道徳的な生活を規定する善や規則や徳に関する説明は、次のような場合、十分なものではありえないということ。すなわち、私たちのような生物学的な構造をもつ存在にとってそのような形態の道徳的な生活がどのようにして可能になるのかを、そのような形態の生活に向かって私たちはどのように発達を遂げていくのかに関する説明を提供することによって私たちに説明してくれない場合、あるいは少なくとも、そうした説明の方向性を示唆することすらしてくれない場合、そうした善や規則や徳に関する説明は十分なものではありえないということ。というのも、そうした発達は私たちの原初的な動物的条件を出発点としているからである。第二の理由は、そうした私たちの原初的な動物的条件を理解することに失敗する場合、また、ヒトとヒト以外の知的な動物の種のメンバーを比較することでそうした条件に投げかけられる光を理解することに失敗する場合、上記の発達のもっとも大事な諸特徴が不明瞭になってしまう、ということである。そのような失敗のうち、それ自体としてきわめて重要な意味をもつのは、ヒトの〈傷つきやすさ〉と〔ヒトがこうむる〕障碍の本性とその程度を理解することに失敗することである。ヒトの生のこの中心的な特徴を適切に考慮しなかったことによって私は、徳がヒトの生において果たしている役割に関して、そのいくつかの重要な側面に注意を向けることに必然的に失敗したのだ。

私が以前書いたことを発展させるばかりでなく修正する必要もある第二の領域は、私が『誰の正義？

どの合理性?』と『道徳的探究の競合する三形態』において論じた、アリストテレスとアクィナスの関係性にかかわっている。アクィナスがその哲学的な探究の中でたんなるアリストテレス主義者ではなく、ときとして、鋭い洞察力を備えたアリストテレス哲学の解釈者であり、その翻案者でもあったということを強調してきた注釈者たちの見解については、私はいまもおおむね納得している。しかし、アクィナスがアリストテレスを解釈する際にデイヴィドソンのいわゆる寛容の原理[*1]に似たものを使用していることにその原因の一部があるとはいえ、〔ヒトの〕依存性の承認にかかわる彼らの態度に大きな違いがあること、そしてその違いが重要であることを、かつて私は過小評価していた点で誤っていた。私がこの点に最初に気がついたのは、アクィナスが書いたある祈りのことばを読んでいたときのことだ。その中でアクィナスは、自分がもっているものを困窮している人々とともに幸福にわかちあうことができるよう神が認めてくれることを神に求めているのだが、それと同時に、自分の必要とするものがそれをもっている人々から与えられることをもまた、慎ましくも神に求めているのである。それゆえこの祈りは、アクィナス自身それを意図したわけではないにせよ、結果的に、アリストテレスのいう「メガロプシュコス megalopsychos〔おおいなる魂の人、気前のよい人〕」がとるある種の態度を、私たちがアリストテレスと同じようにとることのないよう求めているのである。この発見を通じて私は、徳に関するアクィナスの説明が、たんにアリストテレスのそれを補うものであるばかりでなく、かつて私が考えていた以上に、きわめて重要な点においてそれをどれほど修正するものでもあるのかということについて深く考えるようになった。そして、この発見は、アクィナスの道徳哲学の諸要素に関する私の読解に影響をもたらしたばかりでなく、それよりはるかに大きな影響を〔私自身に〕もたらしたのである。

ヒトの生活の中で、からだやこころにとっての危険や危害に対する〈傷つきやすさ〉が果たしている役割を私自身が最初に理解したのは、哲学のおかげではなかった。そしてこの点に関する理解が道徳哲学の大部分に欠如していることの重要性を理解するにいたるまでに、私は本来費やすべき時間以上の時間を費やした。アクィナスを読み直すことで、そのことの重要性がはっきりとみえるようになったばかりでなく、徳に関して次のような説明をおこなううえで彼が提供してくれている知的資源に対して私は目を開かされた。すなわち、たんに私たちの動物的条件ばかりでなく、そうした条件から帰結する〈傷つきやすさ〉と依存性を認める必要性をも考慮に入れるような、徳に関する説明である。

徳に関する私の説明はトマス主義的なアリストテレス主義にもとづく説明であるがゆえに、程度の差はあれ、他のタイプのアリストテレス主義の諸見解との間に不一致点があるばかりでなく、カント主義者や功利主義者や契約論者が提示している諸見解との間にも不一致点がある。本書にはそうした相違点のいくつかについて論じた箇所があるが、私がそれらについて論じたのは、なによりもまず私が擁護しようとしている見解を明確化するためである。それゆえ、私が彼らの見解の論駁に向かって少しでも近づくような議論を提供したと信じている、などとそうした諸見解のいずれかを支持している人々は考えないでいただきたい。というのも、私が提示したのはむしろある思索への誘い、すなわち、〔ヒトの〕動物性や障碍や〈傷つきやすさ〉といった諸事実と、これらの諸事実を認める必要性に対して、そうした諸見解の人々のそれぞれの立場から、いかにしてしかるべき位置が与えられうるかを示そうとする思索への誘いであるからだ。

もちろん本書の中には、未完成のまま残された哲学上の仕事が数多く存在する。私はいくつかの哲学的立場の真理性を前提としてきたが、それらを擁護するためには詳細な議論が必要とされるし、私はそうした議論の方向性を示唆することと以上のことはしていない。ここで〔そうした議論のうち〕とりわけ四つの問題領域を指摘しておくべきだろう。すなわち、人間の自己同一性、知覚、価値判断の事実判断に対する関係、一定の性格特性の心理学的実在性という四つの問題領域である。というのも、私がとった立場はそれぞれ、人格の自己同一性に関するロック的な説明の拒否、知覚に関するカント的あるいは擬カント的な見解の拒否、メタ倫理学上の多くの立場の拒否、そして、性格特性の心理学的実在性に関する懐疑主義の、それゆえまた、美徳や悪徳の実在性に関する懐疑主義の拒否を含んでいるからである。ただ、これらの問題は各々かなり詳細な取り扱いを必要とし、私は本書でそれを提供することはできなかった。

最後に、心からの感謝の気持ちをこめて、私が多くの人々に負っている特別な恩義の数々を記しておきたい。私はずっと以前に父のおかげで、本書でとりあげた諸問題について関心を抱くにいたった。また、より最近では、エヴァ・フェダー・キテイ、ハンス・S・レインダース、アニタ・シルヴァース、トマス・I・ホワイトらが彼らの著作によって、それぞれに違ったしかたで、その関心を強めてくれた。また、ロバート・ブランドン、オーエン・フラナガン、ユージーン・ガーヴァー、エヴァ・フェダー・キテイ、ロバート・D・ルーデン、ジョン・マクダウェル、ジャネット・マン、アニタ・シルヴァース、デイヴィッド・ソロモン、トマス・I・ホワイト、故マーガレット・D・ウィルソン、および、ジョージタウン大学ボストン・カレッジとノートルダム大学双方の哲学科の学生諸君（彼らはテクストの諸部分の草稿に目を通し、それらについて議論してくれた）は、本書のさまざまな準備段階において、本書の一部ないしは全部に目を通し、私がそのとき犯していたさまざまな誤りを指摘してくれた。とはいえ、この最終稿に対して彼らがくだすさまざまな評価の中には、「マッキンタイアは私たちの指摘からまだ十分に学んでいない」という評価が含まれるであろう。ラリー・D・ラッセルに対しては、本書の出版にあたって彼が果たしてくれた大きな役割に感謝したい。〔そして最後に〕私の妻、リン・スミダ・ジョイと、私の娘たち、トニ、ジーン、ヘレンと、私の息子、ダニエルに最大の感謝を捧げたい。

一九九八年十月、ノース・カロライナ州、ダラムにて

アラスデア・マッキンタイア

目次

凡例

一、原文における強調のためのイタリックは傍点で示した。

一、本文中の（　）は著者による注を示す。ただし、原文において著者が（　）内に記した注のうち、文献情報に関するものは、番号を付し原注として巻末にまとめた。

一、訳注は＊で示し、巻末に配した。訳者による短い補足は本文中に〔　〕で挿入した。

一、読みやすさに配慮し、まとまった概念を示す場合などに、原文にはない〈　〉を補った。

第一章　傷つきやすさ、依存、動物性

私たちヒトは、多くの種類の苦しみ affliction〔受苦〕に見舞われやすい vulnerable〔傷つきやすい〕存在であり、私たちのほとんどがときに深刻な病に苦しんでいる。私たちがそうした苦しみにいかに対処しうるかに関して、それは私たち次第であるといえる部分はほんのわずかにすぎない。私たちがからだの病気やけが、栄養不良、精神の欠陥や変調、人間関係における攻撃やネグレクトなどに直面するとき、〔そうした受苦にもかかわらず〕私たちが生き続け、いわんや開花 flourishing[*2] しうるのは、ほとんどの場合、他者たちのおかげである。そのような保護と支援を受けるために特定の他者たちに依存しなければならないことがもっとも明らかな時期は、幼年時代の初期と老年期である。しかし、これら人生の最初の段階と最後の段階の間にも、その長短はあれ、けがや病気やその他の障碍に見舞われる時期をもつのが私たちの生の特徴であり、私たちの中には、一生の間、障碍を負い続ける者もいる。

これら二つの関連する事実、すなわち、私たちの〈傷つきやすさ〉と受苦に関する事実と、私たちがいかに特定の他者たちに依存しているかに関する事実が特別な重要性を帯びていることはあまりに明白なので、ヒトの〔生の〕条件に関するどんな説明も、その説明を与えようとする者が信用を得たいと望むかぎり、それらの事実に中心的な位置を与えることは避けられないように思われる。とはいえ、西洋の道徳哲学の歴史は、そうではないことを示唆している。プラトンからムーアにいたるまで、さらにはそれ以後も、いくつかのまれなケースを除いて、たいていの場合、ヒトの〈傷つきやすさ〉と受苦については、また、その両者のつながりと私たちの他者への依存については、ほんのついでにしか言及されていない。ヒトの〔力の〕限界と、そこから帰結する他者との協力の必要性に関するいくつかの事実は、より一般的なしかたでは承認されている。しかし、たいていの場合、そうした諸事実を承認するのは、たんにその後それらを脇に置くためにすぎない。そして、道徳哲学の書物の中に、病気やけがの人々やそれ以外のしかたで能力を阻害されている〔障碍を負っている〕人々が登場することもあるにはあるのだが、そういう場合のほとんどつねとして、彼らは、もっぱら道徳的行為者たちの善意の対象たりうる者として登場する。そして、そうした道徳的行為者たち自身はといえば、生まれてこのかたずっと理性的で、健康で、どんなトラブルにも見舞われたことがない存在であるかのごとくに描かれている。それゆえ、私たちは障碍 disability について考える場合、「障碍者 the disabled〔能力を阻害されている人々〕」のことを「私たち」ではなく「彼ら」とみなすよう促されるのであり、かつて自分たちがそうであったところの、そして、いまもそうであるかもしれず、おそらく将来そうなるであろうところの私たち自身ではなく、私たちとは区別されるところの、特別なクラスに属する人々とみなすよう促されるのである。*3

〔このことについて〕アダム・スミスは私たちに一つの実例を提供してくれている。彼は「富と地位の快楽が……偉大で美しいものとして想像力を強く刺激する」のはなぜかについて論じつつ、こう述べている。「病気によって衰弱した状態、および老齢によって疲弊した状態においては」もはや私たちはそれらの快楽から強い印象を受けなくなる。というのも、そのような状態において私たちは、人間というものは富や地位を獲得したところで「あいかわらず、あるいは、ときとして以前にもまして、不安と心配と悲哀に、病気と危険と死にさらされたままである」という事実に注目するからである。[1] しかし、そうした事実に注目しいつまでもこだわり続けることは、スミスの考えでは、まちがいなのである。

そうすることは「憂鬱な哲学」を奉じることであり、「病気や気分の落ち込み」が想像力に及ぼす効果なのである。想像力は「苦痛と悲哀のうちにあっては、その活動が制限されるように思われ」、その結果、私たちはもはや「地位ある人々の邸宅と暮らし向きを支配している快適さの美に魅了」されなくなる。〔これに対して〕「より健康な、あるいはよりよい体調の」人々の想像力は、たんに富と地位の快楽に関する魅惑的な幻想にすぎない(とスミスが一応認める)ものを育む。しかし、そうした幻想は、スミスによれば、経済学的な見地からみて有益な幻想なのである。というのも「人類の勤勉さを呼び覚まし、それをたえざる活動状態に置くのは、この欺瞞なのだ」から。それゆえ、スミスのように洞察力に富む人間でさえ、病気や老齢の状態にある人々のものの見方を理解するべく立ちどまりはするが、即座にそれらを脇に置くべき理由をも同時に見出している。そして、そうすることによってスミスは、道徳哲学一般の立場を代弁しているのである。

〈傷つきやすさ〉と受苦についていえることは、同じように他者への依存についてもいえる。他者への依存は、もちろん一般的な観点からはしばしば認知されているし、たいていの場合、自分たちの具体的な目標を達成するうえで私たちにとって不可欠なものとして認知されている。しかし、そうした依存が多少とも全面的に承認されることは、また、それが私たちの〈傷つきやすさ〉や私たちの受苦に由来するそのしかたが承認されることは、概して欠如している。近年、フェミニストの哲学者たちはこの点を改善するために貢献してきた。すなわち、女性の立場の無視と軽視が、依存の事実を無視しようとする男性側の企てと結びついているということの理解によってだけでなく、——ここで私は特にヴァージニア・ヘルドの仕事を念頭に置いているのだが——母親と子どもの関係が道徳的な諸関係の範型として重要な役割を果たしていることの強調によっても、貢献してきた。つい最近も、障碍の本性に関して、あるいは、障碍をもつ人々や他者に依存する人々が置かれている状況に関して、いくつかのすぐれた哲学的著作が、たとえばオランダのハンス・S・レインダースや、アメリカのエヴァ・フェダー・キテイらフェミニズムの議論に対する重要な貢献者たちによって執筆されている。(2) しかし、以上のような仕事は、西洋先進諸国の社会において現在道徳哲学の主流をなしている立場に体系的な批判を加えるための、ほんの手始めにすぎない。そして、すでに述べたような、西洋における道徳哲学の遺産の諸特徴を念頭に置く場合、このことはなんら驚くべきことではない。

それゆえ、次のような問いが生じる。すなわち、もしも私たちが、〈傷つきやすさ〉と受苦に関する諸事実と、それに関連した他者への依存に関する諸事実を、ヒトの〔生の〕条件にとって中心的なことがらとして扱うなら、道徳哲学にはどのような変化が生じることになるだろうか、という問いである。また、それとともに、この問いに答えるにあたってまず私たちは何から始めるか、というさらなる問いも生じる。というのも、哲学においては概して、議論をどこから始めるかによって、その探究の帰結も変わってくるからだ。一つの可能な出発点は、受苦と依存に関する諸事実が道徳哲学者にとって有する重要性をみえにくくしている心の習慣が、たんに多くの人々に幅広く共有されているということだけでなく、それを捨て去ることが真に難しくもあるということを認めることである。その習慣は、結局のところ、私たちの習慣なのであり、私たちの多くが道徳哲学上の諸々の探究に取り組むことを通じて、さらには、そうした探究の背景をなすより広範な文化を通じて獲得するにいたった考えかたの一部なのである。それゆえ私たちは、自分自身を疑うことから出発するのがよいかもしれない。というのも、当面の探究を定式化するのに用いる哲学的語彙がどんなものであれ、また、依拠しうると思われる哲学的資源がどんなものであれ、私たちは、まさにどれほど大きな視座の転換が必要とされているかということの理解を妨げうる、そうしたことば遣いで考えてしまいがちであるからだ。

　肉体的な障碍と精神的な障碍の双方がいかに身体の受苦であるかということ、それゆえ、障碍と依存に関する諸事実を承認しない態度を表現している心の習慣は、私たちの存在の身体にかかわる諸次元を十分に承認することに失敗しているか、あるいは、そうすることを拒否しているか、そのいずれかをどれほどその前提としているかということを考えてみよう。この失敗あるいは拒否はおそらく、私たちが私たち自身を動物とは異なるものとして、すなわち、「たんなる」動物性という危険な条件を免れたものとして理解し想像することに根ざしており、そのことによってたしかに強化されているのだろう。日常的な思考と実践のレベルにおけるそのような欠損した自己理解と自己イメージは、ヒトがこれまでたどってきた進化の歴史を理論的に承認することと、なんら目立った困難もなく共存しているようにしばしばみえる。しかし、文化的な偏見はしばしばヒトの現在をヒトの過去から切り離す。そして、この同じ文化的な偏見が、それ自体は偏見とはいえない哲学上の理論によって支持されることがある。事実、私たちの種のメンバーをその他の動物の種のメンバーから分かつものは何かということに関する哲学的な諸理論は、思考する存在としての私たちの合理性が、ある意味で私たちの動物性から独立したものであるという信念に根拠を与えているようにみえるかもしれない。というのも、ヒトではない動物は思考や信念、あるいは、行動の理由をもちえないということが、この後みるように、幾人かの〔哲学の〕理論家たちによって主張されてきたからだ。その結果、私たちは、自分自身が身体をもつことを忘れ、私たちの思考が〔ヒトという〕一つの動物の種がもつ思考であることを忘れてしまうのである。

私たちの動物的条件と私たちの〈傷つきやすさ〉の間には、おそらくより根本的な、もう一つの関係が存在する。以下のことが、本書の中心的なテーゼとなるだろう。すなわち、私たちがみずからの原初の動物的条件から自立した理性的な行為主体のそれへと発達すべきであるとするならば、その場合に私たちが必要とする諸々の徳と、私たちが自分自身および他者の〈傷つきやすさ〉と障碍に向きあい、それらに対応すべきであるとするならば、その場合に私たちが必要とする諸々の徳は、同一の徳のセットに属しているということ。また、それらの徳は、その依存性と合理性と動物性が相互に関連しあうものとして理解されねばならないような存在、すなわち、依存的な理性的動物 dependent rational animals に特徴的な諸徳である、ということである。

それゆえ、もし私たちが障碍と依存に関する諸事実を十分に考慮すべきだとするならば、ヒトの動物性を再確認するところから始めるのがおそらく適切だろう。そして、それをおこなう一つの方法は、アリストテレスのテクストにたちかえることである。たとえその理由が、ヒトの動物性を彼以上に真剣に受けとめた哲学者はいないということだけであるとしても。もっとも、この問題に関連するアリストテレスのテクストでさえ、その啓発的な力をそぐようなしかたで読まれうるし、実際、しばしばそのようなしかたで読まれてきた。アリストテレスはこう書いている。すべてのヒト以外の動物は「知覚と記憶によって生きており、経験をほとんどもたない。しかるにヒトという種は、技術と推論力によっても生きている」と。(3) それゆえ、ヒトを他のものよりきわだって合理的な存在とするアリストテレスの説明は、ときに、合理性はそれ自体動物の特性ではなく、むしろヒトをそれ自身の動物性から切り離す特性であるとあたかも彼が言おうとしていたかのごとく解釈されてきた。アリストテレスはもちろんそのような誤りを犯さなかった。というのも、フロネーシス〔思慮〕、すなわち、実践的な合理性にかかわる能力(4)は、彼が——そして彼の後にはアクィナスが——その先見の明によって、ヒトだけではなく、ある種のヒトではない動物たちにも備わっていると考えた能力だからである。(5) もちろん、それは次のような問いを生じさせる。すなわち、ある種のヒトではない動物のフロネーシスは、ヒトを他の種からきわだたせている合理性とどのような関係にあるのか、という問いである。しかし、ある〔アリストテレスの〕注釈者たちはこの問題を無視してきた。そして、それによって、私たちの合理性と私たちの動物性の関係について適切な問いを発することに失敗してきた。私たちの身体は動物の身体としての自己同一性や連続性を備えた動物的な身体である、という事実の重要性を彼らは過小評価してきたし、それゆえにまた、私たちは私たちの身体をたんにもっているのではなく、私たちの身体そのものであるということがこの現世において真実であることを十全に認識することにも失敗してきた。だがこの点を理解した注釈者たちもいた。アクィナスはアリストテレスばかりでなく、イブン・ルシュド〔アヴェロエス〕によるその注釈の読解を通じて、次のような主張へと導かれた。すなわち、「魂はヒトの身体の一部であるがゆえに、魂はヒトの全体ではなく、私の魂は私ではない」という主張である。(6) この点は、私たちのような、みずからを現代のアリストテレス主義者と規定する者が、おそらく現象学的探究から学びなおす必要のあることがらであろう。というのも、メルロ＝ポンティもまた、そうした現象学的探究を通じて、私とは私の身体である、と結論することができたのだから。

ヒトの動物性の忘却はもちろん、受苦と依存という事実の承認を妨げている唯一の障害ではない。アリストテレス自身が、それらの事実の承認を妨げている他の二つの態度の実例を示している。というのも〔まずそうした態度の一つとして〕、アリストテレスは、「経験家のほうが、原則は心得ているが経験を欠く者よりも有能である」と書いているように、(7) 合理的な実践にとってしかるべき経験が重要であることを非常によく理解していたにもかかわらず、倫理学においても政治学においても、受苦と依存の事実にもっともいやおうなく向きあわざるをえない人々の経験、すなわち、女性や奴隷や従者、そして、農民や漁師や製造業者といった生産労働に従事する人々の経験に対して、まったく重きを置いていないからである。彼はいう。「重要なことがらについて、私たちは、決定をくだす自己の能力の適切さに不信を抱くがゆえに、他の人々と熟議する」と。(8) しかし、その場合、ともに熟議をおこなう相手としてどのような他者を選ぶのかが重要である。そして、受苦と依存の事実を承認することにアリストテレス自身が失敗したことの少なくとも一つの理由は、彼がある特定の人々を政治の世界から排除したことにあっただろう。

アリストテレスがそのような承認にいたることを妨げたもう一つの障害は、男性的な徳についての彼の考えであり、そこには二つの特徴がある。〔まず第一に〕逆境や悲運の渦中にある私たちが友を必要とする特別の理由についてアリストテレスが論じるとき、彼が強調するのは、男らしい男たちは女たちとは違い、みずからの悲しみによって他の人々を悲しませることを欲しない、ということである。男らしい男はみずからの悲運を他の人々にわかちあってもらい、他の人々にもそれを背負わせることを望まないのである。(9) そして、アリストテレスは明らかに、この点に関して女のようにふるまう男は、男性的な徳において劣っている、と考えている。さらに〔男性的な徳に関する彼の考えの第二の特徴として〕、大いなる魂の男 magnanimous man〔矜持ある人〕は、アリストテレスの説明では、諸徳の鑑であるのだが、そうした人は、自分が他人からの援助や他人の慰めを必要としていることを認めたがらない。彼は「恩恵を受けることを恥じる。なぜなら、恩恵を施すことがすぐれた人間のしるしであり、それらを受けることが劣った人間のしるしであるからだ(10)」。そして、アリストテレスはこう続ける。矜持ある人は「自分が受けたものについては忘れがちであるが、自分が与えたものについてはよく覚えている。そして、彼は前者を思い出すことを喜びはしないが、後者が思い出されるのを喜んで聞く」と。(11)

それゆえ、アリストテレスは次の点においてスミスに、また、その他きわめて多くの人々に先んじていた。すなわち、自分のことを自足的である〔他者に依存しないですむ〕点ですぐれた人間とみなす人々の、そして、そうした人々をお手本とする人々の観点を、道徳哲学に取り入れた点においてである。また、それに対応して彼は、受苦と依存をしかるべきしかたで認識できなかった点においても彼らに先んじていた。だが、それにもかかわらず、道徳哲学が〔アリストテレスから〕こうむったこの傷を私たちが治療しようと努める場合にも、私たちは非常に驚くべき程度までアリストテレスの概念やテーゼや議論に頼らなければならないということが明らかになるであろうし、実際に私はこれからそのことを示したいと思っている。たとえアリストテレスと一部のアリストテレス主義者たちが、それに反論することが重要であるような立場をとっているとしても、そうした立場のどのような点が誤っているのか、また、そうした誤りはどのように修正されるべきなのかをつきとめるうえで、これまでのところ私たちが手にしている最良の資源を提供してくれたのはアリストテレスその人なのだ。それゆえ、私はいくつかの点において、アリストテレスに反論するためにアリストテレス自身を差し向けるであろうし、ときにはアクィナスの助けを借りてそうするだろう。そして、そうしたことをおこなうのは、以下の三組のテーゼを擁護するためである。

最初のテーゼは、私たちと他のいくつかの知的な動物の種のメンバーの間の類似性と共通性にかかわるものである。私はこう主張する。他のすべての種と私たちの間の諸々の相違点はたしかに決定的に重要ではあるが、幼年期の私たちが最初におこなう諸活動において、また、その後もある有意味な程度において、私たちは世界に対して、他の知的な動物たちとほとんど同じようなしかたでふるまっている、という事実もまた重要である、と。彼らが抱えている制約のいくつかを乗り越えていく過程で、私たちが彼らと共有するものから私たち自身を完全に切り離してしまうということはありえない。それどころか、それらの制約を乗り越えていく私たちの能力は、部分的には、そのような〔私たちヒトの〕動物としての諸特徴に依拠しているのであり、私たちの自己同一性の本性もまた、そうした諸特徴の一つである。

そのことが意味しているのは、すでに述べたように、私たちの身体は動物の身体としての同一性や連続性を備えた動物的な身体であるということ、ただそれだけではない。ヒトの自己同一性とは、たとえそれだけではないにせよ、まずもって身体の同一性であり、それゆえ動物としての同一性である。そして、私たちの他者との関係の継続性というものは、部分的には、そのような同一性を参照することによって規定されている。私たちを苦しめるさまざまな病の中には、そうした他者との関係の継続性をかき乱すような病が——たとえば、記憶の喪失や損傷、あるいは、他者が私たちを私たちとして認知することを妨げる身体の変形などが——その他のしかたで私たちの能力を阻害する病とともに存在している。

二組目のテーゼは、そうした〈傷つきやすさ〉と受苦を承認することばかりでなく、そこから帰結する私たちの依存を承認することの道徳的な重要性にかかわるものである。近代の道徳哲学はこれまで、個人の自律や、〔他人に頼らず〕独力で選択をおこなう能力に非常に重きを置いてきたが、それは理解できることであり、同時に、正当なことでもあった。私はこう論じるであろう。〈自立した合理的行為者の徳〉が適切に発揮されるためには、それらは私が〈承認された依存の徳〉と名づけるものに伴われる必要がある、と。そして、このことが理解できない場合、合理的な行為者のいくつかの特色もおそらく不明瞭になってしまうであろう、と。なお、この二組の徳はいずれも、ヒトという理性的動物に固有の、さまざまな特殊な潜在能力を現実化するために必要とされる。それらがいかなるかたちで、また、いかなる理由で必要とされるかを明らかにすることは、ヒトの開花がそれを通じて達成されうる類のヒトの生活においてそれら二組の徳が枢要な位置を占めることを理解するための前提条件である。

社会集団というものが、そこにおいて、また、それを通じて〈合理的な自立の徳〉と〈承認された依存の徳〉の双方が維持され受け継がれていくような集団でなければならないとすれば、そうした社会集団においては、どのようなタイプの社会関係が、また、共通善に関するどのようなタイプの考えかたが必要とされるのだろうか。三組目のテーゼは、これらの問いに対する答えを提供するものであり、私は次のように論じるであろう。すなわち、近代の国民国家も近代の家族も、必要とされているような政治的・社会的結合をもたらすことはできない、と。

第二章　動物という類に対比されるものとしてのヒト、その類に含まれるものとしてのヒト

動物はその名を呼ばれると寄ってくる。ヒトと同じように。
（L・ウィトゲンシュタイン）

十六世紀の初頭以降、英語やその他のヨーロッパの諸言語において、「動物 animal」やそれに対応する種々のことばは、次の二つのしかたで用いられてきた。すなわち、そのメンバーとして、クモやミツバチやチンパンジーやイルカ、そしてヒトは含まれるが、植物や無生物や天使や神は含まれない、そうした類をあらわすことばとして。また、ヒトではない動物たちのみからなる類をあらわすことばとして、用いられてきた。近代の西洋文化において支配的となったのはこの後者の用法であり、それとともに支配的となったのは、私たちが他のある種の動物たちといかに多くのものを共有しているかということから私たちの注意をそらすことによって、古いアリストテレス的な思考様式とも、近代のダーウィン以降

の進化論的自然主義とも齟齬をきたすようになった、ある心の習慣である。アリストテレス主義者たちは、生物と無生物 inaimate〔アニマなきもの〕の区別に注目し、ヒトを「アニマのあるもの animal〔動物〕」の部類に含めたが、その結果、ヒトに固有の合理性さえもがアニマ的な〔動物的な〕合理性 animal rationality として理解された。また、私たちはすでにダーウィンから次のことを学んでいる。ヒトの歴史とは、それが他に何であろうとも、それもまたもう一つの動物種の自然史であり、その歴史を理解するためには、他の動物種の歴史との比較がつねに必要かもしれないし、現にしばしば必要とされるということである。(12)

このことを私たちの誰もが、あるいはほとんど誰もが知っている。しかしながら、私たちがついついそのことを忘れてしまうような文脈があまりにも多い。それは、一つの文化的傾向であって、その傾向はヒトを他のすべての種のメンバーから隔てている点ばかりに注意を向け、その点を誇張することによって強化されている。そうした傾向を強める要因の一つに、近年盛んなある種の哲学がある。それは、その哲学が、言語の本性や、私たちが言語使用を通じて私たちの語りかける相手や話題にする対象と関係する種々のしかたについての探究においてなし遂げたすばらしい業績のゆえに、いっそう強力な要因である。そうした探究は、以下の哲学者たちのいずれのグループにとっても中心的な位置の一つを占めてきたし、しばしば唯一中心的な位置を占めてきた。一方のグループは、彼らにとって考慮すべき名前として、ウィトゲンシュタインやオースティンやクワインやデイヴィドソンの名前が挙がるグループであり、他方は、フッサールやハイデガーやガダマーが決定的な影響を与えているグループである。この両グループの著述の中には、ヒトではない動物に関して、まったく同じパターンの議論が見受けられる。

通常そうした議論は次のように展開する。すなわち、〔まずはじめに〕思考や信念を抱く能力や、理由にもとづいて行為する能力や、概念を形成し使用する能力といった、ヒトに特有のある能力が探究の対象とされる。そのうえで、このヒトに特有の能力の発揮が、ある哲学上の先駆者の見解に反して、いかに言語の保持と使用を必然的に伴う出来事であるかということが示される。さらに最終的には、ヒトではない動物は言語をもたない、あるいは少なくとも、必要とされる類の言語をもたないので、彼らは問題となっている能力や才能や力をも欠いているはずだ、と結論される。かくして、ヒトではない動物は思考をもちえず、信念を欠いているにちがいなく、理由をもって行動できず、経験の諸対象に遭遇する際も概念というものをまるで欠いているにちがいない、とさまざまなしかたで論じられてきた。

〔ヒトではない動物の諸能力に関して〕このような否定的結論へといたる哲学者たちは一般的にいって、次のことは注意深くも否定していない。すなわち、ヒトではない動物が知覚や感情をもつこと、そして、ある場合には少なくとも一定の知性が備わっている証拠さえ示すことは否定していない。ヒトではない動物は思考や知性ばかりでなく本物の知覚や感情も欠いているというデカルトの主張の愚かしさが、〔彼らにとって〕有益な戒めとなってきたのである。しかし、まれに重要な例外が存在するとはいえ、やはり一般的にいってそうした哲学者たちは、次のように考えてみることはほとんどない。すなわち、ある種のヒトではない動物たちの知覚や感情や知的活動と〔ヒトのそれらとの間〕の類似性や類比性が、それ自体として哲学的な注目に値するばかりでなく、ヒトの知覚や感情や実践的知性をより適切に理解するうえでも哲学的な注目に値するかもしれない、と考えてみることはほとんどない。そして、その理由の一つとして、彼らは自分たちの結論に導かれ、ヒトではないすべての動物たちとヒトとの間にただ一本の境界線を引いてしまう結果、ヒトではない動物たちのうち、その諸特性が〔ヒトとの間に〕特別な関連をもつかもしれない特定の種に対してもまるで注意を払わなくなっている、ということが挙げられるだろう。

もちろん、そのような哲学者たちもときに具体例として特定の種のメンバーに言及しないわけではない。ハイデガーにおけるトカゲ、マルコムにおけるイヌとネコ、ケニーにおけるイヌなどは、そうした文献に登場する特徴的な常連たちである（デカルトは、ヒツジとオオカミ、そしてヤギやイモムシやミミズを事例として挙げていた）。だが、ジョナサン・ベネットがミツバチに関して知られている事実に寄せた広範な哲学的関心[13]や、もっと最近ではトマス・I・ホワイトがイルカに関する研究成果に寄せた哲学的関心[14]の類は、例外的である。そして、このこと〔ヒトではない動物の特定の種に関心を寄せること〕が重要な意味をもつのは、たんに、異なる種の間で意義深く重要な諸々の相違点が存在するためばかりではない。それに加えて、抽象と俯瞰の度合いが増すにつれて、私たちは、特定の種の特定のメンバーとの直接的なふれあいから遠ざけられてしまうからであり、結局のところ私たちはそうしたふれあいから、ヒトであれ、ヒトではないものであれ、動物に関する私たちの解釈的な理解のすべてを導き出しているからである。デカルトの誤解は、たんにヒトではない動物たちに関する誤解であったばかりでなく、同時にヒトに関する誤解でもあった。デカルトを誤った方向へ導いたのは、他者の思考や感情や意志決定に関する私たちの信念は、目に見える彼らのふるまいや発言からの推論に全面的に依拠している、という彼の見解だった。もちろん、ときに私たちは、他の誰かが考えていることや感じていることを、推論によって「おしはかる」必要がある。しかし、そうした特殊なケースにおいてさえ、それでもなお私たちは、他者の思考や感情に関する原初的でより基礎的な解釈的知識に頼っている。そして、そうした知識は推論によって正当化されているわけではないし、その必要もない。このような知識はいったいどんな種類の知識だろうか。それは実践知の一形態であり、解釈のしかたを知ることにほかならない。そうした知は、他者たちとの次のような複雑な社会的相互作用から生じる。すなわち、他者たちへの私たちの反応と、私たちの反応に対する彼らの反応が、自分はどんな思考や感情に対して反応しているのかに関する認知を彼らに、そして、私たちにもたらすような、そうした複雑な社会的相互作用である。もちろん、彼らも私たちもしばしばまちがいを犯すし、私たちのうちのある者は他の者よりも頻繁にまちがいを犯す。しかし、そのようなまちがいがまちがいだとわかる能力それ自体が、他者が何を考え、何を感じているかに気づく能力を前提としている。他者に関する解釈的な知識は、他者とのかかわりから得られるものであり、そこから切り離すことができない。それゆえ、他者の思考や感情についてのデカルト的な疑いは、他者とのそうしたかかわりを奪われた人々にのみ生じうる。そして、そうした人々はある重篤な心理的障害によってか、もしくは、デカルトの場合のようにある哲学的な理論の力によって、他者とのそうしたかかわりを奪われているのである。

つまり、他者を知るということは、作用や相互作用を通じて反応的な共感や感情移入が〔他者に対して〕引き起こされるということであり、そうした共感や感情移入なしには、私たちは、他者たちのとった行動の理由を、私たちがしばしばそうするように、彼らに帰することができないだろう。そうした理由によって、彼らの行動は私たちに理解可能なものとなり、それによって、彼らもまたそれを理解できるようなしかたで私たちが他者たちに対して反応することが可能になるのである。（もちろん、ときとして私たちは、ある〔他者の〕行動について、それがなされた理由があるとして、そうした理由にまったく気づくことがなくとも、その行動に反応するし、反応するのになんら困難を感じない。しかし、ふつうは、ある行動があの理由ではなくこの理由でなされたからこそ、それに対して私たちは現にしているようなしかたで反応するのであり、私たちはその理由を特定できていればこそ、どう反応すべきか知っているのである。）

右に述べたことは、ヒトとヒトの間の関係に関していわれる場合、まったく異論の余地がないであろうし、あるはずもない。しかし、私が指摘したいのは、ヒトと他のある動物種のメンバーの間の関係についても、右に述べたことが有意な違いなしにあてはまるということである。他のヒトが苦痛を感じている際にそのことを理解する能力を、私たちが、一般的かつ典型的には、どのようなしかたで発達させていくのかについて、まずは考えてみよう。まだ話すことのできない子どもが転んで、すり傷を負い、泣き叫んでいる。母親が「痛いの？」といい、それから絆創膏を貼ってやる。この瞬間、その子は、そうした状況ではときに、泣いたりうめいたりするかわりに「痛い」といえばよいことを学ぶ。また、誰かがその子について「この子、痛いのね」というとき、このことばが表現していることがらをその他者が理解しているということも学ぶ。子どもたちの中には、それが大人たちの注意を引く方法であることを学んだために、その後、本当はそうではないのに「痛い」とか「痛む」といったことばを発する者もいる。母親や他の大人たちはそうしたことばに欺かれる場合もあるが、ふつうは、そうした嘘を見抜く術やそうした嘘に適切に対処する術を心得ているものである。そして、そのような場面では、たしかに推論が、たとえ副次的な役割であれ、しかるべき役割を果たしている。たとえば母親が次のようにいうときである。「おおげさね。そんなかすり傷でそんなに痛いはずがないわ」。

以上のようなやりとりの中で、一連の相互的な反応として始まったものが、まずは、そうした反応の中に体現された意図の一連の認知となり、次に、それらの意図の各々は、それが現にあるとおりの意図として他者によって認知されてほしいという意図を含んでいるということの一連の認知となる。まさにそうした前言語的な認知こそ、「この子、痛いのね」とか「この子は私が痛いのを心配している」といった文の発話が表現しているものである。そして、私たちがそうした文の発話を用いたり理解したりできるのは、私たちが一連の適切な反応や認知をしているということにかかっている。もちろんその場合、「反応」とか「認知」ということばは、方向づけられた注意深いまなざしによって導かれた、さまざまなタイプの反応的動きと、さまざまなタイプの同定、再同定、分類を〔包括的に〕指し示す簡略化された便利な表現にすぎない。しかし、ここでさしあたり重要なのは、ただ次の点に注意することである。すなわち、他者たちが、私たちが考えたり感じたりしていることをどう考え、感じているかを含め、何を考え、感じているのかを私たちが理解できるのは、ひとえに私たちがある範囲でのそのような反応や認知に参加しているかぎりにおいてであり、参加しているがゆえである、ということである。

これらの点は、私たちが他の動物の種のメンバーの思考や感情を同定する場合についてもなんら変わりはない。ヴィッキ・ハーンは、人間のトレーナーとイヌとの間に相互理解の関係が育まれていく際、そこで何が生じているのかについて、彼女自身の体験にもとづく第一級の資料を提供してくれている。(15)〔それによれば〕まず最初の段階があって、そこにおいては、トレーナーはイヌの自発的な行動を矯正し、その結果、イヌはそうしたトレーナーの矯正に反応し、さらにはすすんでトレーナーの指図に従うようになる。続く第二段階では、トレーナーがしつけ用の首輪につけた紐を動かすようなことをしたときだけでなく、「お座り」とか「立て」とかいったりする場合にも、イヌはトレーナーの意図がわかるようになる。こうしていまやイヌはトレーナーのさまざまな意図に注意を払うようになり、他方でトレーナーは、イヌがときとして異なるしかたで反応する場合の、それぞれの場合におけるイヌの意図を理解するようになる。それゆえイヌは、たんに「お座り」ということばに反応することを学んでいるばかりでなく、トレーナーが「お座り」という際に何を意図しているのかも学んでいるのである。

「「お座り」ということばが、さまざまな状況に応じて多くのことを要求しているということがわかってくる……そのイヌは庭の真ん中でなら座るが、塀から一フィートのところでは座ろうとしない……落着いているときに座ることとは、他のイヌから遊びに誘われているときに座ることとは違う……私は思いつくかぎりの、また、偶然が提供するかぎりの、できるだけ多くの異なる状況で彼女を座らせてみる」(16)。とはいえ、すべてのタイプのお座りがそこで試されたわけではない。というのも、「水たまりの中で座ることは〔イヌにとって〕きわめて受け入れがたい」からである。「お座り」という概念の中に何が入るかということについてのイヌの理解は、それがある限界に達するまで拡大されていく。

続く第三の段階では、イヌは、いつもの行動パターンを変えることによって、イヌ自身の意図を伝達する。たとえばイヌはばかなまねをしたり、落ち着きのない様子を示したりする。そして、よく訓練されたイヌたちでさえ落ち着きのない様子を示しがちなのは、イヌたちに対してどのように反応していいかわからず、ましてやイヌたちとどのように意思疎通したらいいかわからないためにイヌを怖がっている人々が彼らに近づいてきたときである。そして、そのような人々こそ、ハーンが「生まれつきの噛まれ屋」と呼ぶ人々である。「生まれつきの噛まれ屋とは、イヌへの近づきかたが……〔知る前に知りかたを気にするような〕認識論に汚染されている人々のことである」[17]。彼らは、イヌがどのようにふるまうかをそこから推論しうるような前提を発見し、イヌが彼らにかみつこうとしているかどうかを予言したいと思う人々である。認識論に汚染されると、それにかかった、あるいは感染した人々は、イヌたちとの間に、あるいは他の種のメンバーとの間に、ただそうした種類の関係によってのみ彼らの思考や感情に関する解釈的な知識が得られる関係、すなわち、反応的な活動 responsive activity のうちに表現される関係を築くことができない。そして、ヒトの小児であれ、イヌであれ、チンパンジーやゴリラであれ、あるいはゾウやイルカであれ、彼らとの反応的な相互作用から私たちが学ぶことこそが、動物に関するある種の哲学的理論に私たちが疑いの目をもって近づくことの根拠なのである。

以上の主張に対しては、少なくとも二種類の反論がありうるだろう。第一の反論は、ハーンがイヌについての彼女の理解について報告していることも、私がヒトの幼児について主張していることもともに、それ自体、彼女が批判している立場と同じくらい哲学的理論に命を吹き込まれている、つまり「汚染されて」いる、ということを示唆するものだろう。ハーンは、クセノフォンからウィリアム・ケーラーにいたる、たくさんのトレーナーたちから多くを学んだかもしれないが、彼女は、イヌに関して学んだことを、ウィトゲンシュタインに負っていることを示すことばで報告しているし、事実、イヌのトレーニングの実践のうちに言語ゲーム*4の概念の適用を見出している。そして、小児がどのようにして痛みのことばを学ぶかに関する私の説明が、ウィトゲンシュタインのいっていることと[18]、意味の生成に関するポール・グライスの理論によって示唆されている考えに由来することは明白すぎるくらい明白である。しかし、こうした反論に対しては次のように述べることができる。すなわち、〔ハーンと私の〕いずれの場合においても、哲学は、ここでの肝心な主張に根拠を提供しているわけではない。哲学が提供しているのは、次のような相互作用的〔双方向的〕な解釈的経験を特徴づける一つのやりかたにすぎない。つまり、それなしには、ヒトの幼児であれ、イヌであれ、その他何であれ、他者に対して思考や感情を帰することはできない、そうした解釈的経験である。もちろん、そうした解釈的経験は、〔ヒトの幼児とイヌという〕二つのケースで同一ではない。というのも、実際のところ、経験に訴えることの意義の一つは、私たちがそれを通じてこうした〔他者に思考や感情を帰する〕能力を獲得する解釈的経験は、有意味な程度において、各々の種ごとに異なっているということを私たちに思い出させることなのだから。

　このような見方に対しても、次のような〔第二の〕反論があるだろう。すなわち、解釈的実践や解釈的経験に関する説明は、ハーンの説明のように、あるタイプのヒトではない動物に、私たちが事実、思考や感情や意図を帰するようになるのはどのようにしてかを、私たちに教えてくれるかもしれない。しかし、私たちが〔他者に対して〕帰する資格があるのはどのような思考、感情、意図かという問いに対しては、そうした説明は答えることができない、という反論である。まさにこの点こそ、哲学的な探究や議論のみが決裁できることである、とその反論はいうだろう。〔その反論によれば〕哲学だけがなしうるのは、信念、思考、行動の理由といった概念の適用の限界を定めること、そして、そうした概念を保持し適用する能力の限界を定めることである。しかるに、この点で私たちは争う必要がある。そして、上記のような領域における哲学の議論がときに、実践的・経験的な観点からの修正を必要とするということを右の反論が否定するかぎりにおいてのみ、私たちの争いはそれ自体、哲学的な争いとなるであろう。哲学者たちが「そうでなければならない」といっていて、しかるべき経験をもっている人々が「そうではない」といっているときに、哲学者たちがつねに正しい側に立ってきたわけではない。もしそうであるとすれば、私たちはどのようなしかたで次の歩みを進めるべきだろうか。

私の議論の全体は三つの部分に分かれて展開する。まず第一に、ある特定の知的だがヒトではない種のメンバーに関する観察された事実のいくつかについて詳述する。そうした事実は、そうしたメンバーとふれあった経験のあるすべての人々ではないにせよ、多くの人々にとって、信念、思考、感情、行動の理由、概念を獲得し保持する能力といったものをそうしたメンバーに帰することを正当化するように思われているものである。第二に、それらの帰属のあるものは正当化できないか、どんな帰属もまったく正当化できないという結論になるようないくつかの哲学的な論拠を提示する。そして最後に私は、第一の部分で提供された知的な〔種のメンバーの〕行動に関する記述は、第二の部分でその概要を示した論拠においては気づかれていないか、十分な重要性が認められていないあるいくつかの区別を正当化するのではないかどうかを問う。そのうえで私は、それらの区別は、ヒトではない動物の知的な動物性や、ヒトと他の動物との関係、そして、ヒトとヒト自身の動物性との関係についての私たちの結論に対して、重要な意味合いをもつということを論証したい。それではまず、非常に知的な動物のある特定種の行動の叙述から始めよう。

第三章　イルカの知能

私がここで関心を寄せる知的な動物はさまざまな種のイルカ、とりわけバンドウイルカとマイルカである。チンパンジー、ゴリラ、イヌ、ウマ、ゾウなど、私が注目してもよかった他のタイプの動物がいくつか存在するし、実際にそのうちのあるものについては以下でも折に触れて実例として挙げるつもりである。〔しかし、それらの動物ではなくあくまでも〕イルカを私が選ぶとして、それは以下の理由による。すなわち、〔一〕イルカの活動はこれまで、広範な研究の主題となってきた。[19]〔二〕イルカは脳の大きさと身体の大きさの比率が類人猿のそれに近く、その大脳皮質も、構造はヒトのそれとは異なるものの、非常に発達している。〔三〕イルカたちは明確な社会構造を備えた集団や群れの中で一緒に生活している。〔四〕彼らが発するホイッスル音や鳴き声の配列規則についてはまだそれほど多くのことがわかっていないとはいえ、彼らが発声に関してすぐれた学習能力をもち、多様なしかたで相互にコミュニケーションをとりあっていることは明らかである。〔五〕彼らはさまざまなタイプの社会的な絆を形成し、感情や情念を表出する。恐怖やストレスにも襲われる。〔六〕彼らは意図をもって行動し、遊びが好きである。そして、狩りやその他の活動に従事するときと同様、遊ぶときも意図的にそれに従事する。[20]〔七〕進化上の継承関係からいって当然にも、私たちと多くのものを共有しているチンパンジーやゴリラと比べて、イルカはヒトに似るところがはるかに少ないにもかかわらず、ヒトとの交流〔相互作用〕を楽しむ傾向を有しており、ときにはみずからイニシアティブをとってそれを開始する。〔八〕もちろん、それよりも重要なのは、イルカ同士の交流の性格である。個々のイルカが経験から学ぶためにもっているさまざまな手立てをまとめることを主眼とする論文の中でルイス・M・ハーマンが強調しているのは、もしも個々のイルカが、彼女や彼の開花に資するようなしかたで他のイルカたちに反応することができなければならないとするなら、そのことを経験から学ぶことの必要性である。彼はいう。イルカたちの生活様式は、「他の多くの個々のイルカたちの、行動の特徴をはじめとする諸特徴、および、それら個々のイルカたちの行動が社会的・生態学的な文脈に応じてどのように調整されうるかを学ぶことを、個々のイルカに対して厳しく要求している。……結局のところ、個々のイルカにとって、その〔生の〕成功いかんを決定づけるのは、社会的知識の有無かもしれない。なぜなら、イルカはその生活のほとんどすべての側面において、社会的なマトリックスに依存しているのだから」と。[21]そのような社会的知識は、子イルカとして母親に依存する最初の段階から、大人の集団の一人前のメンバーとなるまでのある幅をもった諸関係を通過していく中で獲得されていく。

　つまりこういうことである。さまざまな種のイルカたちが開花するのはひとえに、彼らが、自分の帰属する種々の集団やたまたま遭遇する種々の集団の他のメンバーたちと協調しあうような戦略を通じて、彼らの諸目的を達成するしかたを学んだからなのである。そして、彼らが彼らの諸目的を追求する戦略と、ヒトにおけるそのような戦略の間の類似性は、少なくともアリストテレス以降の、ヒトの観察者たちの目には明らかだった。[22]

ヒトの場合と同様、イルカが追求している目的を同定するためには、イルカの行動をたんなる一連の身体的動作から区別する必要がある。ヒトの場合と同様、イルカの場合にも、同じ一連の身体的動作が異なる行動の遂行の中で、たとえば、狩りの最中に目的をもってジャンプすることと、狩りの後で静かに泳いでいる最中にふざけてジャンプすることのように、異なる行動の遂行の中で示されることがあるからだ。[23] また、異なる機会に同じ一連の行動が、たとえば、狩りをしている群れのための斥候を務める場合のように、異なる身体的動作を用いてなされる場合もある。そしてまさに行動とは、〔たんなる〕一連の身体的動作とは違って、目的志向的なものであるがゆえに、きわめて多くのイルカの行動を首尾よく同定・分類するためには、私たちは、それぞれに特徴をもつさまざまな目的を意図的に追求するということを彼らに帰さなければならないのである。

そのような活動をするのに、イルカはどれだけの幅の能力を発揮しているのだろうか。そこに含まれるのは、知覚的認知の能力、知覚的注意の能力、同一個体あるいは同一種の個体として知覚され認知されたものに対してある幅で異なった反応を示す能力、ある幅でさまざまな感情を表現する能力である。まず、イルカの注意を引きつける何かがあって、その何かを調べるうちに彼らの好奇心が示される、その対象ないしは一連の対象の、この側面やあの側面に対して順次注意が向けられていく。そして、同じ対象あるいは同じ種類の対象が、ある場合には食物として、またある場合には彼らに遊びの機会を与えるものとして彼らの反応を受けることになる。すでに認知されている個体に対しては親愛の情が示されるだろうし、ある種の捕食者に対しては恐怖心が示されるだろう。協力が成り立つためには、ある共有された目的の追求において一頭のイルカの行動が他のイルカたちの行動と調整されることが必要となる。それゆえ、ある幅の力を発揮するためのこのような〔いまみたような〕諸能力をイルカたちに帰するかぎりにおいて、私たちはイルカたちに一連の諸目的をも帰することができるし、さらには、諸目的を達成する彼らの能力を、彼らに固有のしかたでの開花あるいは開花の失敗に結びつけることもできるのである。

アクィナスはいった、善には、目的（フィニス）というラチオ〔内部構造〕がある、と。善は行為者を動かして、その行為者の行動をその目的へと方向づけ、その目的の達成を善の達成とみなすように仕向ける。(24)それゆえ、ヒトは、自分たちの本性に特有の達成されるべき善を認識していればこそ、目的志向的である。そして、少なくともトマス主義的な説明によれば、各々の種にはそれ自身の善があるから、イルカの目的志向性は、ヒトの目的志向性がヒトという種に特有の善について語る根拠を与えているというのと同じ意味での根拠を、イルカという種に特有の善について語ることに対しても与えているように思われる。そして、ヒトの場合と同様、個々のイルカがそれぞれにとっての善を首尾よく同定できてそれを達成できることと、その同じイルカがイルカという種に固有のしかたで開花することとの間には、密接な、そして観察可能なつながりがある。

イルカに善を帰することができるなら、彼らがおこなっている多くのことの理由を彼らに帰することも自然である。というのも、ヒトがおこなっている多くのことの理由をヒトに帰するのも、いうまでもなく同様の認知にもとづいているからである。ウォレン・クインによれば、「あるしかたで行動する理由とは、その行動によって実現ないしは奉仕される、何かそれ自体として善いものにほかならない。あるいは、そうしたものがなければ、その行動によって回避される、何かそれ自体として悪いものにほかならない[25]」。それゆえ、私がなした行動の理由を述べるよう求められるなら、私は、私の行動によって奉仕される善を挙げるだろう。すなわち、私の行動がその実現に向かって方向づけられていたところの善である。そういう私の陳述の真偽を決めるのは、私の行動が事実その特定の善の実現に向けて方向づけられていたか否かである。そして、その行動が事実そのように方向づけられていたか否かということは、その行動をとる前、あるいは、とったとき、私が心の中で、あるいは他人に対して何をいったかという問題ではなく、たんに、私の善についての私の判断（たいていはことばに出されることはない）によって私の行動が方向づけられていたかどうかという問題なのである。

あるヒトがある理由のために行動するとき、自分や他人に次のようにいうことはもちろんある。すなわち、「xをすることはyの実現に役立つかもしれないし、役立たないかもしれない。そして、yは私が達成しようとしている善である」と。しかし、〈あるヒトがxをする理由は、xをすればyが実現するということである〉ということを事実たらしめるのは何かといえば、まず、xをすればyが実現すると、そのヒトが判断していることであり、そして、もしそのヒトがそう判断しなかったら、そのヒトはそのxをしなかったであろう、ということである。ただし、次の場合は除く。すなわち、そのヒトがyとともにその達成もめざしているzというもう一つの善があって、xをすればzが実現するとも、そのヒトが判断している場合である。したがって、ある行為者がしかるべき信念をもち、その行為者の行動がしかるべき目的志向性を示していて、しかも、その行為者がそう行動する自分の理由をいわない、ということもありうるわけである。

それゆえ、イルカのようなヒトではない知的な種が、彼らの行動の理由をことばに出す言語的手段をもたないからといって、そのこと自体は、そのような理由をそうした知的な種のメンバーに帰することをまったく妨げない。もし私たちがそのような種のメンバーに行動の理由を帰するべきだとするなら、その場合私たちが同定することができなければならないのは、〔まず第一に〕その種に属するメンバーがその達成をめざしている一連の善であり、〔第二に〕それらの善を達成するにはどのような行動が効果的か、あるいは効果がありそうかに関する〔メンバーたちの〕一連の判断であり、〔第三に〕そのような目的志向性とそのような効果に関する判断を結びつけることを私たちに可能ならしめるところの一連の反実仮想命題[*5]が真であることとである。そして、これら三つの要素はすべて、相互に関連しあうかたちで確認されるという特徴がある。このことはヒトの場合にそうであり、イルカの場合にもまたそうである。

魚を食べることは、イルカの生活にとっての善である。だから、魚を狩ることが彼らにとって鍵となる活動であることは驚くべきことではない。それゆえ、狩りの最中のありさまを正確に記述しようとすれば、私たちは一連の反実仮想命題が真であるといわなければならない。そのような反実仮想命題は、私たちがヒトの活動を正確に記述しようとすれば真としなければならないものと正確に同じタイプのものである。たとえば、次のような事例を考えてみよう。群れのために魚を探す斥候のイルカたちが獲物の魚を見つけ、群れの残りのメンバーたちもそれに気づいて泳ぎの進路を変え、斥候たちに合流して狩りを開始する、という事例である。[26] 群れの残りのメンバーが泳ぎの進路を変える理由をもっているというとき、私たちは、次のような二つの〔反実仮想〕命題をともに肯定している。すなわち〔まず第一に〕、もし群れの残りのメンバーが、斥候たちが魚を見つけたことに気づかなかったとすれば、彼らは、進路を変えるその他のどんな理由もなければ、進路を変えて斥候たちのいる場所へ向かうことはなかったであろう、ということ。かつまた〔第二に〕、もし群れのメンバーが狩りの最初の状態にとどまっている〔そして進路を変えない〕とするなら、次のいずれかである、ということ。すなわち、彼らには、進路を変えないための同じくらい重要なその他の理由——たとえば、そのとき同時に、先刻来泳いできた進路のすぐ前方に魚を発見した、というような理由——がなければならなかったか、もしくは、彼らが斥候のいる方向へと進路を変えないということが生じるためには、彼らが進路を変えることを物理的に妨げられていなければならなかったかのいずれかである、ということである。

あるいは、狩りをしているイルカたちが、目的を達成するために最初にある手段を採用していたものの、やがてそれがうまくいかないことに気づいた場合に、それを別の手段に置き換えるやりかたを考えてみよう。ベルコビッチと彼の仲間たちは、実際に、そのようなエピソードを報告している。それによれば、バンドウイルカたちは、魚の群れを囲い込もうとして最初は岸の方へとそれを追い込んでいたのだが、そうすることに失敗して、今度は群れの残りの仲間たちがいる海の方へと、その魚群を追い込もうとするのである。もちろん、こうした解釈にとって決定的に重要なのは、イルカが関連性をもつ事実に気づくのに必要な知覚能力やコミュニケーション能力を当のイルカに帰するための十分な証拠を、私たちがもっているかどうかということである。

イルカが現にそうした諸能力を備えていることは、海における彼らの行動から明らかであるばかりでなく、イルカが人間のトレーナーからどのようなことを学びうるかに関して彼ら自身がこれまでに示してきた諸事実からも明らかである。ハーマンはイルカたちのそうした諸能力に関する研究を通じて、次のような結論に達したが、私の知るかぎり、その結論に異議を唱える研究者は一人もいない。その結論とは「イルカは、その自然な生育環境においても、その聴覚や視覚を通じて受けとる多数の音や光景を、知覚し、認知し、諸々のカテゴリーに分類し、記憶する用意が十分にできている」というものである。イルカにとっての、音の重要性とエコーロケーション[*6]の能力の重要性は、どれほど強調しても強調しすぎることはない。そしてハーマンは、彼らが経験から少しずつさまざまな音の音源が何であるかを学ぶのは、視覚上の認知と突きあわせることによってであり、「音に対する他のイルカたちの反応を社会的に観察することを通じて」であると考えているが、「[イルカの]子ども時代の」学習は、「おそらく、大人たちによってなされる多少とも直接的な社会的指導によって」支援されているのかもしれない、とも付け加えている。[27]

知覚的な学習と、学習の後にその学んだことを使ってみる、ということに含まれる諸活動によって、イルカたちは、経験のたんなる受動的な受容者にすぎないものではなくなっている。そして、ヒトと同様、イルカたちも、彼らの力や技能の発揮にほかならないこうした諸活動を楽しんでいる。アリストテレスが、どんな知覚的活動のうちにも快楽があるというとき、[28]また、そうした快楽は活動の完成に伴うというとき、[29]彼が主張していることは、ヒトについてあてはまると同様、イルカについてもあてはまるように思われる。[30]

さて、イルカたちと交流する機会をもっとも多くもった人々の幾人かが、イルカたちに帰してきた能力の全範囲について考えてみよう。彼らがイルカたちに帰しているのは、知覚能力、知覚的な注意能力、認知力、同定・再認能力ばかりではない。欲求や感情を抱き、それらを表現する能力や、判断能力や、あれこれを意図する能力、彼らの種に特有の善を構成する目的に向かって行動を方向づける能力、したがってまた、彼らが取り組んでいる行動に対してその理由をもつ能力をも帰している。だが、もしもこれらすべての能力をイルカたちに帰することが正当化されるのであれば、私たちが彼らに対して思考や信念を帰することもおそらく正当化されるであろう。その場合、さらに一歩進んで、イルカたちは一定の概念を所有し、それらを適用するしかたを知っている、という結論にいたるのを回避するのは難しいだろう。そして、それゆえに、まさにこの点において私たちが対決しなければならないのは、その結論が、〈言語をもたない動物でも、思考、信念、行動の理由ないしは概念をもちうる〉ということを否定するような哲学的議論の全体である。しかし、その種の哲学的議論の一つひとつが、イルカやその他の動物の行動の解釈にどれだけ耐えうるかを考察する前に、私たちはまず、それらの哲学的議論の論者たちは「言語」ということばで何を意味してきたのか、あるいは意味しているのかを問う必要がある。

イルカが洗練されたコミュニケーション・システムをもっていることを疑う者はいない。そして、もちろん、チンパンジーやゴリラやその他の動物たちもそうしたものをもっている。イルカの場合、そのコミュニケーション・システムに関して、私たちにはいまだに不明な点が非常に多く、したがって、いつの日かそれが、私たちがいま現在有する証拠が示唆しているよりもはるかにヒトの言語に近いものであることが判明する可能性も残されている。しかし、まちがいなくいえることは、彼らがあるタイプの言語的理解の顕著な能力をもっているということである。ルイス・M・ハーマンと彼の仲間たちは、単純で人工的な聴覚言語を考案し、イルカたちに、その言語の文を理解し、それに応答することを教えた。教えを受けたイルカたちは、たんに彼らに語りかけられる文の中で指示されている一定範囲の対象や求められている行動を同定できるだけではない。ハーマンが報告しているように、この能力は、文と文との構文的差異や語順の変化に反応することを必要としている。そして、イルカたちは、それればかりではなく、構文的にまちがった文と正しい文を識別することもまたできるのである[31]。しかし、こうしたことが、イルカのコミュニケーション能力や言語能力を評価するうえで重大な意味をもつ成果であることは疑いないとはいえ、それがいったいどんな意味なのかは、ヒトの子どもによって獲得されることと、ヒトの子どもの言語習得のしかたとの詳細な比較によってはじめて明らかにできるだろう。それゆえ私は当面は、この成果に関する議論は脇に置いて、以下のような三つの段階を踏んで議論を進めたいと思う。すなわち、まずはじめに、ヒトの言語の顕著で重要な特徴について、粗削りで、不完全ではあるが、望むらくは適切な性格づけを与えたい。次に、ヒトの言語の本性に関する諸前提から出発して〈ヒトではない動物は、それがどれほど知的な動物であろうとも、思考、信念、行動の理由、概念をもちえない〉という結論にいたる哲学的議論を吟味したい。そして最後に、健全であるかぎりでのそうした議論が、〈私たちはイルカの知的な活動をどのように特徴づけるべきか〉という問題に対してどれだけ耐えうるものであるかを問いたいと思う。

第四章　言語をもたない動物は信念をもちうるか

それでは、ヒトの世界で使用されている四五〇〇以上の自然言語に具体的に示されている、ヒトの言語の顕著で重要な諸特徴とは何であろうか。まず第一の特徴として、いかなる自然言語も語彙を備えている。すなわち、一群の単語や一群の言い回しを備えており、後者のうちの多くは単一の単語ではなく、（'good at' や 'is red' のように）一続きの単語から成っている。[*7] また、特定の言語の話し手たちは一群の音素を共有することによって、それらさまざまな言い回しをお互いに識別可能なしかたで発音することができるし、ときとして彼らは、書くことによる発話を可能にする一群の筆記記号も有している。続いて第二の特徴として、言語は、文を形成するためにさまざまな言い回しをどのように組み合わせるべきかに関する一連のルールを備えている。そして、そうした諸々のルールがその言語の統語論を構成している。いくつかの言い回しに分解することは可能だが、もはやそれ以上単純な文に分解することはできないもっとも単純な文が多様なしかたで組み合わされることによって、その長さも複雑さも無限に多様な文が形成されるのだ。また、第三の特徴として、文を構成する言い回しには、以下のようなさまざまなタイプの言い回しが含まれる。すなわち、名詞、確定記述、述語、数量詞、指示詞、代名詞、「ここで」や「いま」のような文脈依存指示語、否定命題や選言命題や連言命題の構成を可能にし、かつまた、内包や伴立や等値といった論理的関係性の表現を可能にするところの論理結合子など、さまざまなタイプの言い回しが含まれる。そして、それらさまざまなタイプの言い回しが適切に理解され、その言語に意味論上の次元を付与すべきであるとするならば、以下の諸点が理解されていなければならない。すなわち、名詞とその指示対象の間の関係や、ある記述とその記述があてはまる事態の間の関係や、指示詞ないしは代名詞とそれらによって指示されている対象との間の関係や、「ここで」や「いま」のような文脈依存指示語とそれらが指示している時間や場所との間の関係などが理解されていなければならない。

とはいえ、〔第一に〕さまざまな言い回しを自由に使いこなすこと、〔第二に〕それらを統語論上のルールに合致したしかたで組み合わせること、〔第三に〕名詞をその指示対象に（たとえば「ポチ」という名前を、そのポチというイヌに）、あるいは、述語をそれが指示する事物の属性に（「緑色」という述語を緑色のものに）、あるいは、文脈依存指示語をそれらが指示する特定のものに対応させること等ができたとしても、それらだけでは言語を習得したとか、言語を使用する力を得たということはできない。そのようにいえるためには、主張する、問いを発する、依頼する、命じる、同意する、約束するといった種々の言語行為（私のいう「言語行為 speech act」には、書くことによってなされる実践も含まれる）を、種々の文を用いいつつ実践することができなければならないし、そうした個々の文がどのような文脈において適切に使用されうるのかを理解できなければならない。だが、かりにこの四つ目の条件を満たしたとしても、なお十分ではない。〔言語を習得したといえるためには〕人は、言語行為を駆使することによって、ある一定のタイプの言語的課題を遂行することができなければならない。すなわち、ある主張をすることによってパズルの解を告げるとか、問いを発することによって疑念を表明するとか、何かを依頼することによって欲求の対象を指し示す、といったことができなければならない。〔以上を要約すると〕一定の間隔で統語論上非の打ちどころのない文を発することができるだけでは、言語を使用する力があることを示していることにはならない。また、そうした文を用いて一連の言語行為を発することができたとしても、いまだにそのような力があることを示してはいない。〔そのような力があることを示すには、さらに〕言語行為における種々の文の使用が、ある理解可能な目的に資するものでなければならない。すなわち、その行為者の置かれた状況や抱いている目的、ならびに社会的文脈の双方に照らして理解可能な目的に資するものでなければならない。私が私のことばの意味を他者たちに知らせることができるのは、その私の発話が、ある理解可能な目的（同じ言語に関する知識を備えた観察者たちにとって、つねに自明というわけではないにせよ、たいていの場合自明であるような目的）に資するものとして遂行される、ある特定のタイプの言語行為になるようなしかたで、統語論的に正しく並べられた文を発することによって、なのである。

〔ヒトの〕言語に関する以上の説明の二つの特質には、とりわけ注意を払う必要がある。すなわち、まず第一の特質として、この説明によれば、言語の使用はつねに社会的実践の形式の中に埋め込まれている。それゆえ、ある特定の状況下である一定の言語によって語られたことがらを適切に理解するためには、人は関連をもつ社会的実践の形式に参加する能力を少なくともある程度まで備えていなければならない。このことは、外国語の基礎教育において、特に、私たち自身の文化にきわめて近い文化圏で使用されている外国語の基礎教育において、しばしば見過ごされている。問題となるタイプの社会的状況の多くはきわめて型にはまったものになっていて〔あちらの文化でもこちらの文化でもほとんど変わらず〕、そこで使用される文も、その社会的状況を、必要とされる能力をすでに利用するようなしかたで前提ないし参照している（たとえば、旅行者用の慣用表現集などに出てくる「最寄りのバス停はどこですか？」とか「この本はいくらですか？」のように）。しかし、彼我の文化的差異が大きい場合、問題となる一連の社会的実践に関して十分な知識をもたず、また、それらの社会的実践に思慮分別をもって参加する能力も十分にもたない状態で、たんにその外国語の文の組み立て方を知っているというだけでは、意思の疎通に失敗したり、話し相手の意図をとり違えたりしてしまうだろう。バーナード・S・コーンが記述しているところによれば、(32)十七世紀から十八世紀にかけてインドを訪れたヨーロッパ人たち、特に英国人たちは、〔インド人たちによる〕贈り物の授受を、「すべてのもの、すべての人間に「値段」がついている」場所での交換の形式に即して解釈しようとした。かくして彼らは、関連するインド人たちの社会的実践について教えを受けてさえいれば適切に理解できたであろう〔インド人たちの〕信念や意図を誤解するはめに陥った。彼らのそのような誤解は、文を組み立てたり分解したりする技能の欠如に起因するものではなかったのである。だが、このような事例が目下の議論にとってなぜ重要なのか、と読者は問われるかもしれない。

それに対する答えは、ヒトにとってそうであるように、私たちが特に関心を寄せるヒトではない動物種にとっても、信念や意図の効果的な伝達というものは社会的実践の形式の中に埋め込まれている、というものである。そして、このことは、訓練を通じてもたらされるきわめて特殊な社会的文脈の中でヒトとヒトではない動物との間に成り立つコミュニケーションについてあてはまるばかりではない。それは同様に、たとえばイルカの群れやライオンの群れが営んでいるような社会生活の文脈の中で、同じ種に属するメンバー同士の間に成り立つコミュニケーションについてもあてはまる。もちろん私たちは、ヒトではない動物の特定の種のメンバーがヒトと接触する機会のない自然な生育環境においてなしうることがらを、ヒトが訓練を施す結果として彼らにできるようになることがらと安易に混同しないよう注意する必要がある。しかし、もしもそうした注意を怠ることがないならば、私たちは後者から前者について重要な推論をなしうるだろう。たとえば、後者を観察することによって、私たちはある特定の種が備えている種々の能力に関する私たちの知識を豊富にすることができるし、その結果として、自然な生育環境における彼らの活動を観察する場合に、私たちはその活動をそのような諸能力の行使としてとらえることができるようになる。

語彙、統語論、意味論、言語行為の遂行、社会的実践への埋め込みといった項目の下に、言語とその用法の多様な側面について私がこれまで述べてきたことにまだまだいたらない点があることを、私はよく承知している。だが、〈言語を欠く動物はそれによって他にも何を欠くことになるのか〉という問題について、近年、哲学者たちが提示しているさまざまな主張を解説し、それらの評価をおこなううえでは、おそらくこの程度の説明で十分だろう。それゆえ、次に私はそれらの主張に目を向けようと思う。そして、それらの主張のうち、まず最初にノーマン・マルコムによって示されたいくつかのテーゼをとりあげたいと思う。それらのテーゼが示された論文(33)においてマルコムが考察の中心に据えているのは、ジャスタス・ハートナックによって示された、「もしも言語がなければ、考えも考えることもありえない」という主張[34]である。この主張に対してマルコムは、〔ある存在者に対して〕考えることthinkingを帰することと、ある考えをもつことhaving of a thoughtを帰することを区別することによって応じた。すなわち、〔マルコムによれば、〕ネコを追いかけていたが、そのネコが木の上に登ってしまったので、いまはその木の下で何かを待つようなそぶりをみせているイヌについて私たちは、そのイヌはネコが木の中にいると考えている、と述べることができる。だが、私たちは、イヌについて、もしくはイヌ同様、言語をもたないその他の動物について、その動物は……という考えをもっている、と述べることはできない。というのも、「私たちは「考える」ということばを、命題の形をとったフレーズを目的語としてとる他動詞として、動物に対して適用することがあるとはいえ、そうすることによって私たちは、その動物がある命題を組み立てたとか、ある命題を考えついたといったことを言おうとしているわけではないからである」[35]。このようにマルコムは、考えをもつということを、心の中である命題を把持することと同一視しており、その場合、命題は言語によって表現可能なものでなければならない。「それゆえ、考えというものは、言語をもたない動物には帰されえないということについて、私はデカルト主義者たちに同意する」[36]〔とマルコムは述べている〕。

とはいえ、マルコムはある重要な点においてデカルト主義者たちに同意していない。動物が考えをもつことに対するデカルトの否認は、動物が心をもつことに対する彼の否認の一部である。〔だが〕マルコムはそのような否認を支持する根拠を私たちに示してはいない。彼はただ、言語をもたない動物が命題を組み立てうるということを、また、彼らが命題について、それらに依拠して行動することとは独立に考慮しうるということを否認しているだけである。そして、この点については、「命題」ということばをマルコムが使っているようなしかたで使っているどんな人間も異論を唱えることはできない。しかし、言語をもたない動物は、たとえば信念というものをもちえないということは、マルコムのいかなる議論からも帰結しない。マルコムが例として挙げているイヌは、ネコが木の上にいると信じている、と述べることはおそらく許されるだろう。そのイヌは、この信念を表現するのに言語を必要としない。そして、いうまでもなく私たちヒトもまた、私たちの抱いている信念の多くについて、それらを表現するのに言語を必要としない。さらにいえば、そのイヌはそうしたみずからの信念にもとづいて行動する。そうである以上、私たちは少なくとも次のような問いを立てることができるように思われる。すなわち、そうした信念はそのイヌの行動の原因であるばかりでなく、彼が現にとっている行動の理由を彼に対して与えてもいるのではないか、という問いを立てることができるように思われる。だが、ここにきて、より大きな困難が生じる。というのも、そもそもイヌに対して信念というものを帰することが認められていないかぎり、私たちは右のようなしかたで問いを立てることすらできないからだ。そして、実際のところ、〈私たちは、言語を用いないいかなる動物に対しても信念を帰する権利をもたない〉と結論づけるさまざまな議論が、すでに数多く提示されている。そのうち四つの議論が特に重要である。

そのうち二つの議論は、ドナルド・デイヴィドソンによって、その主要なテーゼが「他者の発言の解釈者たりえないかぎり、その生物は考えをもちえない」ということに存する論文の中で提示されている。[37] デイヴィドソンの一つ目の主張は、その結論が「〔ある生物に〕欲求や信念（ならびに、その他の思考）を帰する作業は、〔その生物の〕発言を解釈する作業と一体で進められなければならないことを示唆する」[38]

議論に根拠を置いている。〔ディヴィドソンによれば〕私は、ある他者に対して、その状況に関連をもつ一連の信念を帰することもできる場合にかぎって、その他者が当該状況で何を選択したのかを確定することができる。〔というのも、〕「リンゴとナシを同時に差し出された際に、ナシではなくリンゴを手にとる男は、〔それによって〕彼の右手にあるものよりも彼の左手にあるものへの選好を表現しているのかもしれないし、黄色いものよりも赤いものへの選好を表現しているのかもしれないし、最初に目に入ったものへの選好や、より高価に見えるものへの選好を表現しているのかもしれない」[39]〔からである〕。それゆえ、「もし私たちが、すべての選択は、ある文が他の文より真であるという選好を明らかにするものであると考えるなら」、私たちは次のことを認める必要があるだろう。すなわち、他の誰かが彼や彼女の発した文によって何を意味しているのかを解釈する作業と、その他者の抱いている欲求や信念を正確に特定する作業は相互に不可分であるということを、認める必要があるだろう。だが、そうであるとすれば、文を発する能力をもたない存在者については、ある特定の明確な欲求や信念をその存在者に帰すべき十分な根拠を私たちはもちえない、ということになるだろう。

この結論は、ごく自然に、次のようなさらなる問いにつながる。すなわち、言語を用いない者たちに対してある特定の明確な欲求や信念を帰すべき十分な根拠を私たちはもちえないとするならば、私たちは彼らに対していかなる信念も帰すべき根拠をもちえないのだろうか、という問いにつながる。ディヴィドソンによって提示された二つ目の議論は、〔この問いに対して〕私たちは彼らに対していかなる信念を帰すべき根拠ももちえないと答えるべき決定的理由を与えているようにみえるかもしれない。その議論は次のような二段階の議論となっている。すなわち、まず最初にディヴィドソンは、私たちは、ある言語共同体のメンバーとして、他者たちに種々の信念を帰することによって彼らの発言の解釈に従事している場合にのみ、信念という概念をもちうる、と結論づけている。それゆえ、〔彼の考えでは〕言語をもつ者だけが、信念という概念をもちうるというわけだ。そのうえでデイヴィドソンは、「信念という概念をもたない生物は、信念をもちうるだろうか」(40)と問う。それに対する彼の答えは「否」である。というのも、誰かが信念をもつことができるのは、その者が「〔その信念をもつことによって、自分が〕まちがいを犯している可能性があるということを理解している」場合だけであり、そのことを理解するためには、その前提として、真なる信念と偽りの信念の違いを理解している必要があるからである。そういうわけで、〔デイヴィドソンの考えでは〕言語をもつ者だけが信念をもちうる。

言語をもたない動物に信念を帰することに対して異議を唱える三つ目の議論は、スティーヴン・スティックによって定式化された(41)。スティックが用いている事例はマルコムの用いていた事例とほとんど同じだ。ただし今回は、ポチという名前のイヌが、一匹のリスを追いかけていたところ、そのリスがナラの木の上に登ってしまったという設定になっている。そのような場合に「「彼〔ポチ〕はそのリスがナラの木の上にいると信じている」と述べることはまったく自然なことであろう」(42)。しかしながら、それは本当にそのイヌが信じていることなのだろうか。「論理的には次のような生物が無限に存在しうるのではないか。すなわち、それはリスではないものの、ポチのその生物に対する反応のしかたは、本物のリスに対する彼の反応のしかたと見分けのつかない生物が、論理的には無限に存在しうるのではないか」。さらにいえば、そのイヌは生物を非生物から、また動物を植物から区別していない。「彼が、リスが動物であるということさえ知らない場合に、私たちはどうして「彼はそれがリスであると信じている」などといえるのだろうか」[43]。そして、リスに関する信念をそのイヌに帰することに対して生じる以上のような諸問題は、木に関する信念をそのイヌに帰することに対しても同様に生じうる。共同体による使用が「リス」とか「木」といった〔個々の〕語の適用範囲を決定する、そうした言語をそのイヌがもっていないとするならば、私たちはそのイヌの信念というものをどのようにして特徴づけることができるのだろうか。

スティックの結論は、興味深いしかたでデイヴィドソンのそれとは異なっている。この点に私たちは注目すべきである。スティックは、動物の信念に関する次の〔二種類の〕書き手たちを比較している。すなわち、「おおまかな類似がありさえすればそれでよい」とする〔ヒトと動物との〕対比に焦点をあて、それゆえに、動物に信念を帰することになんの問題もないと考える書き手たちと、それに対して、デイヴィドソンのように、「より細かな点での類似にこだわる対比」[44]に注目し、そこから、動物に信念を帰するのはまちがいだという結論を引き出している書き手たちである。初期の論文におけるスティック自身の結論は、「動物は信念をもちうるか否かという問題はいまだに決着をみていない」[45]というものだった。ところが、その後彼がたどりついたのは、〈ある特定の動物にある特定の機会に信念を帰することは、会話のような文脈では真であるかもしれないが、それ以外の場合には、その同じ動物に同じ証拠により同じ信念を帰することは偽となるであろう〉という結論である。

〔言語をもたない動物に信念を帰することに異議を唱える〕四つ目の議論はジョン・サールによって示された。とはいえ、サールがその議論を提示した目的は、言語をもたない動物に信念や欲求のような何かを意図する心の状態を帰することを拒むべき根拠を、その議論は与えていないと主張することに存した[46]。その議論は以下のように進む。すなわち、〔サールによれば〕私たちがある存在者に信念を帰する権利をもつ場合、私たちはつねに、その存在者があることを信じている状態とそれ以外の諸状態——たんにそのことを想定しているだけの状態や、そのことを推測している状態や、あらゆる事情を考慮した結果、自然とそう考えるにいたった状態や、ある仮説を立てている状態等々——を区別できなければならない。しかるに、そのような区別を適用できるのは、自分自身でもそのような区別をなしうる存在者に対してのみであるし、言語をもつ存在者のみがそのような区別をなしうる。それゆえ、信念という概念自体、言語をもたない者には適用することができない、というわけだ。

私たちはこれら四つの議論をどのように活用しうるだろうか。私がこれから示唆しようと思うのは、これら四つの議論はそれぞれ重要な論点を提示しているとはいえ、いずれの議論も、言語をもたない者に信念を帰することに反対する論者たちの主張を支えるにたる根拠を提示できていない、ということである。まずは、真理と虚偽〔真なる信念と偽りの信念〕に関するデイヴィドソンの議論を検討することから始めよう。私たちは言語をもつことによってはじめて、自己の抱いている信念が真であるのか偽であるのかを反省することができるようになるし、それゆえまた、ある特定の信念について、それが真であるのか偽であるのかを反省的に考察することができるようになると主張している点で、なるほどデイヴィドソンは正しい。しかしながら、真と偽をもっとも初歩的なしかたで区別するのに、私たちは言語を必要としない。サールは、木の中にいるネコに向かってほえるイヌの例をふたたび用いながら、こう述べている。「そのとき彼が木に向かってほえるのをやめ、隣家の庭に向かって駆け出したのはなぜか。それは、そのネコが木の上にいるということを彼がもはや信じなくなり、そのネコは隣家の庭にいると信じるにいたったからだ。そして、彼がそう信じるにいたったのは、そのネコが隣家の庭に駆け込むのを目の当たりにした（そして、おそらくそれを嗅覚でも感じとった）からだ……。一般的にいえることは、動物たちは四六時中、彼らの知覚にもとづき、彼らの信念を訂正しているということである[47]」。つまり、ここでいわれているのは、〔動物における〕真と偽の区別の初歩的な認知は、動物の知覚の対象が示す変化に応じて動物の信念も変化していくことのうちに具体的に示されている、ということである。私たちはその動物ではないにもかかわらず、「この動物は……ということがもはや真ではないことを理解している」などと述べることによって、その動物の行動を正しく特徴づけることができる。それは、〔イヌだけでなく〕その他多くの種類の動物についてもいえることであり、同時にまた、私たちヒトについてもいえることである。

つまり、ヒトの場合にも、環境世界の変化の知覚に応じてただちに生じるとともに、私たちの活動の変化というかたちをとって表出される信念の変化というものに具体的に示されているような、真と偽の間の初歩的で前言語的な区別というものが存在する。私がこのような真偽の区別を前言語的と呼ぶとき、それによって私は、そうした真偽の区別が、まだことばを話せずにいる人生の初期段階においてのみ適用されうるということをいおうとしているわけではない。私たちは一生を通じて、つまり、さまざまな言語的手段によって真偽を区別することができるようになって後もあいかわらず、そうした前言語的な方法で真偽を区別し続けているのであって、かりに私たちにそれができないとするならば、「真の」とか「虚偽の」といったことばやそれらと同類のことばを、私たちはいかにして現に使っているようなしかたで使えるようになるのかを理解することは難しい。私たちは言語を獲得したことによって、私たちの前言語的かつ非言語的な〔真偽の〕区別を、まったく新たなしかたで特徴づけ、それについて反省することができるようになったとはいえ、前言語的な諸能力と言語的な諸能力の間にはある重要な連続性が存する。すなわち、前者の諸能力こそが、後者の諸能力の行使による特徴づけに素材を提供しているのであり、そうすることで前者の諸能力は、言語によって、また言語の内部で提供される真理や虚偽といった概念の適用範囲に制約を課しているのである。

その場合、私たちはヒト以外のある種の動物たちを――イヌ、イルカ、ゴリラ、チンパンジーといった多様な動物たちを――、非言語的な動物ではなく、むしろ前言語的な動物とみなすのが賢明であろう。そして、このことは、〔言語をもたない動物に信念を帰することに反対する〕その他三つの議論を検討する際にも、私たちが心に留めておくべきことである。なお、その他の三つの議論とは、次のような三つの議論であった。すなわち、第一に、ある存在者に帰することが〔論理的に〕可能な多数の信念（ないしは欲求）のうち、実際にその存在者が抱いている信念を、その存在者の行動のみにもとづいて特定することはできないと結論づけるデイヴィドソンの議論。第二に、私たちが言語を用いない動物に対して信念を帰する場合に使用することばの意味の不確定性を指摘するスティックの議論。そして第三に、サールによって提示されたものの、彼自身が支持しているわけではない次のような議論。すなわち、言語を用いない動物が抱いているとされる信念に関して、それはためらいがちに抱かれているのか、それともいかなる留保もなく断固たる態度で抱かれているのかといった、心理学上異なる信念の様態を私たちは区別しえないということを、その鍵となる前提に据える議論。以上、三つの議論であった。

これら三つの議論にはある共通点が存する。すなわち、それら三つの議論の各々が達成しているのは、私たちはある特定の観点に立つ場合、言語を用いない動物に対して、言語の保有と使用が可能にする類の明確さを備えた信念を帰することはできないということを示すことである。もちろん、これらの議論は、〔言語を用いない動物に対して〕何を帰することができるかという問題についてのみ、結論をくだしているわけではない。それらはまた、言語を用いない動物はどのような種類の能力を備えているかという問題についても、ある一定の結論をくだしている。だが、これらの議論は本当に、言語を用いない動物は信念をもちえないということを証明できているのであろうか。私は、証明できていないと考えるし、異なる二つの理由から、そう考える。[*8]

まずはじめに一つの事例を検討しよう。専門家によれば、ネコに特徴的かつ一般的なこととして、まだ幼いネコがはじめてトガリネズミ[*9]に遭遇した場合、ネズミに遭遇したときと正確に同じような行動をとるという。つまり、ネコはトガリネズミをつかまえようとするし、実際につかまえることができた場合には、それで遊び、それを殺し、部分的にその皮を剥いで、その肉を食べる。だが、その肉を食べた場合、ネコはひどい病気にかかる。そうすると、それ以降、そのネコはトガリネズミに遭遇しても、まるで見向きもしなくなる。いまやそのネコはトガリネズミとネズミを区別できるようになったのだ。その行動から察せられる、そのネコがトガリネズミについて抱いているであろう信念は、その行動から察せられる、そのネコがネズミについて抱いているであろう信念ともはや同一ではない。そのようなネコの信念の変化を、私たちはどのように特徴づけるべきであろうか。それはもちろん、ネズミとトガリネズミはその可食性の点で区別されるべきだということを、そのネコは、以前は信じていなかったが、いまは信じている、といった特徴づけではない。デイヴィドソンやスティックの議論は私たちに想起させる。ネコが区別していることがらは、「ネズミ」や「トガリネズミ」といった用語を使用することによって私たちが区別していることがらとまったく同じものであるはずがない、ということを。それゆえ、さしあたって近似的な記述として私たちがそのネコについていえるのは、そのネコはいまや、〈私たちがトガリネズミと呼んでいる種類の生物〉が〈食べるべきではないもの〉、あるいは〈避けるべきもの〉であると信じるようになった、といった類のことであろう。だが、ここで重要なのは、そうした記述の回りくどさではなく――その気になれば、私たちはこの記述をよりいっそう回りくどいものにすることができる――、むしろ、次のような事実である。すなわち、私たちは、たとえおおまかなしかたにすぎなくとも、少なくともおおまかなしかたでは、そのネコがおこなっている区別やそのネコが抱いている信念を、私たち自身における物事の区別や信念の上にマッピングすることができるという事実であり、さらには、そのネコが経験を通じて物事の区別のしかたを改善し、その信念を修正していく様子を私たちが観察しうるという事実である。

もちろん、その幼いネコの信念はその他の点でも不明確である。言語をもたない以上、ネコは数量詞をもたない。それゆえ私たちは、そのネコの信念を、「そのネコは、すべてのトガリネズミがネコの食用に適さないと信じている」とか、「そのネコは、少なくとも一部のトガリネズミはネコの食用に適さないと信じているにすぎない」といった言いかたで特徴づけることはできない。また、サールによって示された議論が私たちに想起させるように、私たちは「そのネコは、一部のトガリネズミはほぼ確実にネコの食用に適さないと信じている」ということもできないし、「そのネコは、一部のトガリネズミはかなりの確率でネコの食用に適さないと信じているにすぎない」ということもできない。しかし、これらの考察から〈そのネコは信念をもたない〉とか〈そのネコは信念を変化させない〉という結論は出てこない。不明確な信念も信念であることにかわりはなく、不明確な信念の変化も信念の変化であることにかわりはないのである。

この点の重要性がある程度明らかになるのは、議論の第二段階において、つまり、議論がネコではなくヒトにかかわる考察へと進む段階においてである。というのも、ヒトが抱く信念もしばしば、ネコの信念に類比的なしかたで不明確であるからだ。何かを避けようとする私たちの態度や行動について考えてみよう。私たちは、あるタイプの状況や経験や食べ物や旅行を避けようとする傾向性を、他者や自分自身のうちに見出す場合がある。そうした行動のうちに示されている、もしくはそうした行動が前提としている信念はいかなる種類の信念であろうか。ときとしてそうした信念は、ネコが抱く信念と同じように、数量詞と信念の様態の双方に関して不明確な信念であるということがわかるだろう。そして、これはネコの場合にはありえないことだが、ヒトの場合、自分自身や他者の抱いている信念がそうした不明確な信念であると認識することは、その信念をより明確化しようとする方向への、あるいは、当該他者をしてその信念をより明確化させようとする方向への最初の一歩となりうる。だが、ヒトが言語を用いないいくつかの動物たちと共有しているのは、そうした信念の不明確さという現象だけではない。

私はすでに次のことを示唆してきた。すなわち、私たちは少なくともいくつかの点においては、言語を用いないある種の動物たちが抱いている信念を私たち自身の信念の上にマッピングすることができるということ（それはまさしくスティックによって指摘された点であった）、また、私たちにそうすることができるのは、私たちが自分たちのおこなっている知覚的な認知や同定や再認や分類を、ある程度まで、彼らがおこなっているそれらに対応させることができるからだ、ということである。また、私たちはすでに次のことにも注目した。すなわち、知覚的な探究や注意というものは、彼らにおいてときに、それらが私たちにおいて果たしているのとほぼ同じ役割を果たしているということである。だが、いまや私たちはこれらの点を越えて進むことができる。次のような幼いヒトの子どもについて考えてみよう。その子どもはまだ言語能力は備えていないのだが、すでに能動的に周囲の環境を探究し、注意、認知、再認、区別、そして分類をおこなっている。また、そうした一連の探究の帰結として、種々の信念にもとづいて行動し、ときには信念の変化にもとづいて行動している。

そのような子どもを観察する場合、私たちは、言語を用いないある種の動物を観察する場合とちょうど同じように、その子どもが認知や同定や分類をおこなうことで〔諸事物の間に〕立てた区別を、私たち自身のそれらに対応させ、その子どもが抱いているであろう信念を私たちが抱いている信念の上にマッピングする。また、私たちはそれらすべてを、〔動物の場合とは異なり〕子どもの場合にはある程度の自信をもっておこなうし、実際のところ、多くの場合、本来許容される以上の自信をもっておこなう。というのも、私たちには次のことがわかっているから。すなわち、その子どもがやがてことばを話せるようになって、自分が抱く信念を文のかたちで表現できるようになり、また、自分が〔諸事物の間に〕立てた区別を形容詞や名詞や動詞を使って表現できるようになったあかつきには、その子どもが抱いている信念や〔諸事物の間の〕区別は、両者の間の同一性と差異性を同定しうるすべての点に関して、実質的に私たち大人のそれらと同一の信念や区別であることが判明する、ということがわかっているからである。もちろん、子どもは言語を獲得していく過程で、不明確な信念の多くを、明確な信念に置き換えていくだろう。また、そうする過程において、信念の修正や信念の追加を新たな方法でおこないうるようになっていくだろう。とはいえ、明確な信念であれ不明確な信念であれ、信念は、その内容に関して、〔言語をもたなかった子ども時代からその人間が〕おこなってきた認知や同定や差別化的分類のストックに依拠し続ける。そして、それらのストックは、言語を用いる種と用いない種の両者からなる、さまざまな種のメンバーたちによって、驚くべき程度まで共有されているのである。

以上の説明が明らかにしていると私が思うのは、ヒトが抱くある種の信念と、ヒトではないいくつかの種のメンバーが抱く信念は、二重の意味で似通っているということである。まず第一に、ヒトが抱く信念はときに、イヌやサルやイルカが抱く信念のように不明確である、ということを私は指摘した。私たちは、自然界や人間社会を非反省的かつ前反省的に通行する際の多様なしかたのうちに、まさにそのような信念を表現している。つまり、反省的な思考を伴わない場合にも、私たちは、ものや動物たちとの私たちの相互作用がある一定のかたちをとるようなしかたで私たちの身体を動かしているのであり、そうした身体の動きを通して、私たちは、みずからの知覚に由来する一連の信念に表現を与えている。そのような実存のレベルで自分以外のヒトが抱いている信念をどのように特徴づけるべきかということは、ときに、イヌやサルやイルカの抱いている信念をどのように特徴づけるべきかということと同様に、難しい問題である。

第二に、私たちは、言語を用いる存在として、反省的に思考しうるようになり、みずからの知覚を通じて学んだことがらを適切に組み立てられた文のかたちで表現できるようになったあかつきにも、言語的な諸能力を駆使できるようになる以前から私たちがおこなっていたのとまさに同種の認知、識別、知覚的な注意力の行使に、依然としてかなりの程度、依拠し続けている。そして、それは結局、私たちがそれらに依拠し、〔それらに依拠しつつ形成された〕私たちの信念の中でそれらを表現しているところの認知、識別、知覚的な注意力の行使は、ヒトではないある種の動物たちがそれらに依拠し、彼らの行動を導く信念の中でそれらを表現しているそれらとまさに同種のものである、ということにほかならない。私たちのうちに見出される知的な動物としての要素の多くは、ヒトという種に固有のものではないのである。そして、〈言語をもたないいかなる存在も信念をもちえないし、信念によって行動へと導かれることはない〉という結論を支持する確固たる議論が存在すると仮定する場合、この点は不明瞭になってしまうだろう。しかしながら、すでに示唆してきたように、この種の結論は、それを支持するべくこれまでに提示されてきたもっとも強力な諸議論によってさえ、いまだに正当化されていない。

ネコやリスを追いかけるイヌという使い古された事例が、近年の文献においても非常に頻繁に用いられているので、私もまたこの事例を用いた。とはいえ、私がここで明らかにしようとしてきたことは、イルカやゴリラやチンパンジーが彼らの自然な生育環境において、また彼らが築き上げている社会関係の中で従事している広範な諸活動を参照することによって、あるいは、同じイヌでも、より複雑な関係に参加しているイヌの事例や、より高度な活動に取り組んでいるイヌの事例を参照することによって、よりいっそう容易に明らかにされえたであろう。そして、その主張を強化し、発展させるうえでも、まさにそうした事例を考察することが必要になるであろうし、そうした事例のうちには、ヒトとヒトではない動物との間のある種の交流において、また、そうした交流の結果として〔ヒトではない動物によって〕示された諸能力に関する事例も含まれるであろう。ここでそのような事例の一つについて考えてみよう。

ハーマンと彼の仲間たちによって考案された人工的な聴覚言語を学習した結果、その言語の文を理解できるようになったバンドウイルカたちは、「サーフボードをフリスビーのところまでもっていけ」という文と「フリスビーをサーフボードのところまでもっていけ」という文を区別できるようになっただけではなかった。彼らは、〔すでに覚えていた〕複数のことばを新たなしかたで――だが統語論的にはすでに親しんでいた語順で――組み合わせることによって表現されたいくつかの新たな指示を理解することもできたし、さらに二、三のケースでは、統語論上の諸ルールをそれまで教わったことのない形態に発展させた構文を含む指示さえ理解することができたのである。(48)

この種の報告は、対象の指示を認知するイルカの能力がどのようにして言語的形態をとりうるようになるのかを私たちに教えてくれる点に、その重要性の一部が存する。そして、イルカのそうした能力が実際に言語的形態をとりうるのは、彼らに前言語的な諸能力があればこそのことである。イルカもヒトと同じように、多少とも言語を理解できるようになる以前から、知覚能力を駆使することによってさまざまな対象を同定したり再認したりすることができているのであって、それこそが、彼らのうちのある者がやがて、ハーマンとその仲間たちから教わった文が発せられた際に、その文がいかなる対象を指示しているのかを理解できるようになるための必要条件なのである。つまり、知覚能力を用いた彼らの習慣や活動こそが、彼らを、言語的理解の段階に備えさせたのであり、かつまた、彼らを、言語的理解に達する瀬戸際の段階まで導いたのである。

そういうわけで、私がここで示唆しているのは次のことである。すなわち、ヒトの大人が従事している活動や抱いている信念は、私たちヒトが、イルカを含むいくつかの知的な動物の種と共有している信念や活動の様態から発展を遂げたものとして、また、いまなお部分的にはそれらに支えられているものとして理解される場合、もっともよく理解されうるということ。また、そのような〔ヒト以外の知的な〕種のメンバーたちが従事している活動や抱いている信念は、重要な諸点において、言語使用者たちの活動や信念の状態に近づきつつあるものとして理解される必要があるということである。さらに私は、言語をもたない動物が信念をもつ可能性を否定するべく提示されてきた諸議論は、実際のところ、そのような結論を正当化できていないと主張してきた。だが、私たちが対決しなければならないのは、それらの議論だけではない。

第五章　ヒトではない動物の世界はどのくらい貧しいのか

これまで私が検討してきた哲学者たちは皆、何らかの形態の分析哲学の伝統に属する哲学者たちであった。だが、ヒトではない動物とヒトとの間に截然たる境界線が、しかも、私の考えでは明確な根拠をもたない境界線が引かれてきたのは、なにもこの伝統の内部にかぎった話ではない。まさにそのような境界線は、〔分析哲学の伝統に属さない〕ハイデガーによっても、彼が一九二九年から三〇年にかけておこなった連続講義[49]の中で引かれている。ハイデガーはそれ以前には、ヒトではない動物について、『存在と時間』の中でほんのついでに言及したことがあるだけだった。（ハイデガーは Tier ということばを、ドイツ語の通例に従い、もっぱらヒトではない動物を指すことばとして用いている。それゆえ彼の見解について論じるにあたって私は、彼の著述の翻訳者たちがそうしているように、彼が Tier という語を用いている場合、もしくは用いただろうと考えられる場合には、それに動物 animal という語をあてようと思う。）また彼は、その後一九四六年に執筆された『ヒューマニズムについての書簡』では、ヒトと動物の間の「身体的な親族関係」の「ほとんどはかりしることのできない、深淵のごとき」性質について言及することになる。[*10] だが、〔ヒトではない動物に関するハイデガーの〕詳細な議論がみられるのは、一九二九年から三〇年にかけての連続講義においてのみである。

ハイデガーの結論は過激である。〔それによれば〕ヒトは「世界形成的」(weltbildend) だが、岩は完全に「世界をもたない」(weltlos)。そして動物は「その世界が貧弱である」(weltarm)。[50] この貧しさは、次の事実のうちに表現されている。すなわち、動物は「たんに行動する (sich...benehmen) ことはできるが、何かを何かとして把握する (vernehmen) ことはできない——こう述べることは、動物たちが何かを見たり (sees)、ある意味では何かを知覚する (perceives) ことを否定することではない。だが、動物は、そのことばの基本的な意味において、知覚をもたない (does not have perception)」という事実のうちに表現されている。[51] それでは、動物たちに欠けているものとは何なのか。

動物はその環境の虜である。動物はその環境の中で、「本能的な衝動の働きを抑制している要因を……取り除くもの」に、「それゆえ、その動物をして、ある一定の本能的衝動に衝き動かされるまま行動することを可能にするもの」に出会う。[52] だが、そのように本能的な衝動を作動させることによって行動を誘発するものは、「動物にとって、いつでも現前しうる対象として存在し続けるような、永続性を備えたものではない」。[53] 動物には、みずからの本能的な衝動を解き放ってくれるもの「に注意を向けることへの本質的な無能力」が存する。[54] このように動物がその環境のある側面に支配されているということは、「諸々の存在者に注意を向けることが〔彼らには〕けっしてありえないということである」。[55] この注意への無能力とは何か。

ハイデガーの議論は、それに対応する英米系の分析哲学者たちの議論とは異なり、広範なタイプの動物たちから引き出された事例を活用している。議論の冒頭には〔分析哲学者たちの議論の場合と同様〕人に飼われているイヌも登場するが、それ以降の議論においては、ミツバチ、ガ、サワガニ、トカゲ、ウニ、キクイムシ、キツツキといったバラエティ豊かな顔ぶれが登場する。また、リスも登場するのだが、それはイヌに追われるリスではなく、キツツキに驚くリスである。他方で、そこに登場しないのはオオカミやゾウであり、より重要なこととして、ゴリラやチンパンジーやイルカもそこには登場しない。そのような動物の例の選択が重要な意味をもつ理由は、動物の注意への無能力というハイデガーの結論の根拠を私たちが考察する際にはじめて明らかになるであろう。だが、いまただちに述べておくべきことは、ハイデガーはたんにいくつかの動物種しか例に挙げていないにもかかわらず、彼の結論は、ヒトではない動物全般に関する結論である、ということだ。その場合、なぜそのような動物たちは「存在者に注意を向ける」能力をもたないということになるのだろうか。

〔ハイデガーによれば〕動物に欠けているのは、彼らとかかわりをもつものを「何かとして」、「目の前の何かとして、一個の存在者として」把握することである[56]。岩の上にいるトカゲはその岩について何らかの意識をもっているかもしれないが、それを岩としては意識していない[57]。ミツバチは飛行中、光によって導かれるが、自分の体に射している光を光としては意識していない[58]。ヒトにとって、個々の存在者はその時々の場面においてそうであるところのものとしてその姿をあらわす。だが、動物にとって、個々の存在者はそうしたしかたで姿をあらわすことはない。それゆえ、動物は存在者に対して注意を向けることができない。というのも、存在者は彼らに現前していないからである。また、世界を形成し、世界を所有するためには、そのような現前が必要なので、動物は、岩がそうであるようにまったく世界をもたないというわけではないものの、その世界は貧弱であり、貧しくやせ細った形態の経験しかもちえない。

世界が貧弱であるということは、自己の環境の虜であるということ、すなわち、〔動物が〕「相互に作用しあう本能的衝動の全体性のうちに没入していること」を意味する囚われの状態にあること、あるいは「みずからの衝動性のうちに没入している」(59)ことと切り離しえないし、それどころか、まさにそのことに由来している。(60)それゆえ、ハイデガーが「動物の世界の質的他者性」(61)と呼ぶものは、有機体とその環境の間に存する、次のような種類の関係性と結びついている。すなわち、そこにおいて有機体は、環境の「〔その有機体を〕取り巻く輪」から逃れることはできず、環境がその衝動の働きを抑制している要因を取り除く場合にかぎって種々の活動に向かって解き放たれる、という両者の関係性と結びついている。では、私たちは「動物の世界」に関する、そうした〔ハイデガーの〕特徴づけをどのように評価すべきだろうか。

それは、異なる、だが、相互に関連をもつ二つの点で欠陥を有している。*11〔まず第一に〕それは大前提として、ヒトではない動物をそういうものとして特徴づける〔「ヒトではない動物」というカテゴリーでひと括りにしている〕ことに依拠しているのだが、そのような前提の根底には、ヒトではない個々の動物種の間の違いは当面の問題との関連においていっさい、あるいはほとんど重要ではない、という想定が存する。それゆえ、〔ハイデガーの考えでは〕いかなる特定種を例とするかは問題ではないのだ。そして、実際のところ、ハイデガーの例の選択のしかたが偏ったものであることは、すでに読者に注意を促したとおりである。では、なぜハイデガーはこのように、ヒトではない動物たちの全領域を等質なものとして扱わなければならなかったのだろうか。それは、ヒトではない動物たちのことは、ただただ私たちヒトが置かれている状況との対比によってのみ理解されうるからだ。そう彼は主張している。彼によれば、ヒトではないすべての動物の間の共通点は、ヒトが有するあるものを欠いていることであって、そのあるものとは、個々の存在者がそこで開示されるばかりでなく、存在者と存在の差異もまたそこで開示されるような、存在者に対する関係性である。そして、そのような関係性は、自分が把握するものを「これこれのものとして」把握するヒトの能力に依存している、というわけだ。

ヒトではない動物に欠けているこの「として as」は、それなしにはロゴス〔ことば、理性、ことわり〕、すなわち、言論が存在しえない「として」である。(62) だからこそ、ヒトではない動物が信念をもつ可能性を否定する分析哲学者たちにとってそうであるように、ハイデガーにとっても、言語の有無は決定的に重要である。だが、この点でハイデガーをデイヴィドソンの先駆けとみなすのは誤りであろう。その理由は、ハイデガーがその発展に従事した言語に関する説明はデイヴィドソンのそれとはおおいに異なっている、ということだけではない。むしろ〔より重要な理由は〕、ハイデガーにとって、ヒトではない動物に根本的に欠けているものは、――少なくとも、この連続講義では――言語それ自体ではなく、言語の成立を可能にする概念化能力、すなわち、ハイデガーが「として構造 as-structure」と呼ぶものであるということである。

ヒトではない動物は〈として構造〉を欠いている、というテーゼは、ガやカニやトカゲなどの場合には、説得的である。だが、イヌ、チンパンジー、ゴリラ、イルカ、ならびにその他多くの動物について考える場合、このテーゼの妥当性にははるかに疑問の余地が存する。まず注意したいのは、これらの種のメンバーたちは、ハイデガーが無視している広範なタイプの活動に従事する点に特徴を有するということである。すなわち、彼らはたんに彼らを取り巻く環境の諸特性に反応しているだけではなく、積極的に環境を探査してもいる。つまり、彼らはその環境の中で遭遇した諸々の対象に対して五感を駆使して注意を払い、それらをさまざまな角度から精査する。また、ある種の対象を見慣れたものとして認識したり、その同一性を確認したり、分類したりする。さらには、ある同一の対象を最初は遊びの対象として、またしばらくたつと今度は食べ物として扱う、といった場合もある。また、彼らのうちのあるものは、いまそこに何かが存在しないことを理解し、場合によってはそのことを悲しみさえする。そして、なによりも重要なのは、彼らはその活動のうちに、一定の信念を前提とした、また、一定の信念によって導かれた意図を示しているということ。また、彼らは他者によって伝達された意図――それは、彼ら自身の種に属する他のメンバーたちの意図である場合もあれば、ヒトの意図である場合もある――を理解し、それに応答することもできるということである。これらの種の中のいくつかの種のメンバーにとっては、まさにヒトの場合と同じ意味合いにおいて、視覚が重要である。また、たとえばイルカのような、他のいくつかの種にとっては、聴覚がより重要な感覚である。さらに他の種にとっては、嗅覚が顕著な役割を果たしている。そうした感覚上の差異ゆえに、ときには、ある動物が世界をどのように把握しているのかを想像することが困難な場合もあろう。しかしながら、そうした想像力の限界のせいで、次のことが曖昧にされてはならない。すなわち、ハイデガーのような観点に立つ場合、前述のような動物たちがその知覚や意図の点で達成していることがらが、いかに覆い隠され、誤って解釈されてしまうか、ということが曖昧にされてはならない。

もちろん、ヒトではない動物に関してハイデガーが主張していることがらのいくつかについて彼はまったく正しい。〔たとえば、ハイデガーのいうように〕そのような動物は世界を一つの全体としてとらえることはできない。また、彼らは、たったいま彼らの置かれている環境から一歩身を引いてそれを眺めるということができない。(特に注目すべきこととして、彼らは、言語の所有によってはじめて成立しうる〈想起された過去〉とか〈予見された未来〉といった概念を欠いており、したがって彼らは、現在という時を、時系列の文脈に位置づけることができない。)〔それゆえ、ハイデガーのいうように〕彼らのさまざまな存在者の把握のしかたは、多くの点で私たちのそれとは異なっている。とはいえ、ヒトではない動物を、彼らを取り巻く環境の虜として、すなわち、彼らの本能的衝動の働きを抑制している要因を取り除く環境の諸特性に触れることによってのみ種々の活動へと解き放たれる存在として描き、それとは対照的に、ヒトについては、その概念化能力や言語能力ゆえにそのような囚われの状況から解放されている存在として描くハイデガーの叙述は、一つの修辞的誇張である。ハイデガーによって無視されているいくつかの種の動物たちには、彼らを「取り巻く」単一の環境など存在しない。彼らは複数の環境の間を行き来しているのであって、それら個々の環境が彼らにとってどのような様相を呈するかは、部分的には、彼ら自身がその環境をどのように把握し、その環境との間にどのような相互作用をもつかによって決まるのだ。

みずからを取り巻く環境の少なくともある一定の諸特徴を人々がどう解釈しているかをある程度考慮に入れないかぎり、私たちは、重要な諸点で彼らの生活環境を適切に特徴づけることができないということは、ヒトという存在についてはよくいわれることである。だが、これに類似したことが、ヒトではないいくつかの種のメンバーにもあてはまるように思われる。彼らの注意の働かせかたは選択的であって、彼らの環境は、部分的には、彼らによる探査と発見を通じて、彼らにとってその存在が顕著なものと化したものによって構成されている。あるヒトの集団について、「彼らの生きる環境は、一連の抑制因子や活性化因子の集合体として、たんなる所与のものではない」と結論づける場合に私たちが依拠する理由と同じ種類の理由を、私たちは〔ヒトではないいくつかの種のメンバーについても〕有しているのである。とはいえ、ハイデガーの説明がミスリーディングなのはこの点だけではない。

ヒトではない動物たちのうちハイデガーによって無視されているタイプの動物たちは、種の違いを識別し、〔同一種内の〕個体間の違いを認識する。また、さまざまな個体の不在に気づき、それらがふたたび目の前に現れると、それを喜ぶ。そして、それらに対して、〔それらを〕食物として、食物の供給源として、遊び相手や遊び道具として、服従すべきものや保護を期待すべきものなどなどとして〔みる観点から〕反応する。イルカやゴリラなどのその種の動物たちは、そのようなしかたで行動することによって、まさしくハイデガーがヒトだけに備わるものとみなした〈として構造〉を、たとえその初歩的な形態にすぎないとはいえ、備えていることを示している。つまり、それらのヒトではない動物たちは、「そのようなこのもの this-such」として個々の事物に出会うのである。（ここにおいて、ことば遣いがアリストテレス的なものとなるのも偶然ではない。〈として構造〉に関するハイデガーの説明それ自体が、アリストテレス哲学の注釈として提示されているのだから。）彼らは個物を分類し、あるときはこれこれの種類のものとしてそれに反応し、また、あるときはあれやこれやの属性を兼ね備えたものとしてそれに反応し、また、あるときは同時に複数の種類に属するものとしてそれに反応している。それらの動物たちの事物の分類のしかたや同定のしかたを私たちはどのくらい正確に特徴づけることができるのかという問題について考える場合には、スティックによって発せられた警告に留意する必要がある。しかしながら、そうした警告に十分留意したところで、それでもなお私たちは、ハイデガーが「として」ということばの適用可能性を否定した文脈において、まさにそのことばを使用する必要があるケースを数多く見出すであろう。

ハイデガーの〔第一の〕誤りは、ヒトではない動物たちのすべてにただ一つの状況を帰することによって、彼らの間に存する決定的な差異を見逃してしまったことであった。一方における、ミミズ、カニ、キツツキといった動物たち（これらの種の間の差異もそれ自体、重要であるが）と、他方における、サル、イヌ、イルカといった動物たち（それらの種の間の差異もやはり見過ごされるべきではない）の間の差異は、それ自体として重要であるだけではない。その両者の差異を適切に評価することができない場合、私たちは、ヒトとそれ以外のいくつかの知的な動物たちとの間の差異はいかなる差異であるのかを適切に理解することもできなくなってしまう。そして、この点こそがハイデガーの犯した二つ目の失敗であった。彼はたんに、ヒトではない動物たちの状況を誤ったしかたで記述しただけではない。その結果として彼は、現存在Dasein、すなわちヒトの実存の決定的な諸側面に気づくことにもしくじった。そして、そのような彼のしくじりは、私がこれまで論じてきた分析哲学者たちの失敗と無関係ではない。

ヒトが抱く信念とヒトではないいくつかの動物たちが抱く信念の間の関係性について、私がすでに強調してきたのは次のことであった。すなわち、ヒトに特有の、言語を用いる能力やそれにかかわる諸力の発展は、かなりの程度まで、ヒトがその他のいくつかの知的な種のメンバーたちと共有している動物的な諸能力や諸力の延長線上にあるものであって、それらに基礎を置くものである、ということであった。だが、いまや私はこの主張をさらに敷衍したい。すなわち、私が主張したいのは、たんに、イルカやその他いくつかの種にあっても、ヒトに備わっているのと同様の知覚能力をヒトと同様のしかたで発揮することが、一定の信念を生みだしたり、一定の信念を導いたり、既存の信念に修正をもたらしたりしている、ということだけではない。それに加えて私がさらに主張したいのは、生まれたばかりの私たちがこの世界に対してとる身体的なふるまいの全体は元来、動物としてのふるまいにほかならないということ。また、その後、私たちが言語使用者になることを通じて、両親やその他の人々の指導の下に、当初自分がこの世界に対してとっていたふるまいを編成し直したり、より精緻なものにしたりすることができるようになったあかつきにも、あるいは、新たなしかたで信念を修正したり、諸活動の方向性を修正したりすることができるようになったあかつきにも、私たちは自分の動物的本性やその遺産から自己を独立させることはけっしてない、ということである。このことは、部分的には、私たちの身体の状況にはまったく変化をこうむることのない諸側面があるということにかかわっている。すなわち、私たちの身体には、その諸機能が社会的・文化的な規格化や規律化を経た後にも――たとえば、トイレの使いかたを学習したり、睡眠のとりかたや食事のとりかたについてその人が属する文化において標準的とみなされている習慣を身につけたり、礼儀正しい態度とはどのような態度かを学んだり、くしゃみをしたり、つばを吐いたり、げっぷをしたり、おならをするのは失礼であるということを学んだりした後にも――不変である諸側面が存在するということにかかわっている。また右の主張は、部分的には、次のことにもかかわっている。すなわち、私たちが自己のふるまいの総体について、また、私たちの動物としての本性からみて善とみなされるものに対する自己の志向性について反省的に思考することができるようになり、その結果として、自分自身のありようを、また、自己の信念や感情や態度や行動を修正したり、それらの新たな方向づけができるようになることは何を意味しているのかにもかかわっている。つまり、その場合、もっとも重要なことは、そうした変化を遂げることによって私たちは、動物以外の何かになるのではなく、むしろ、新たに方向づけられ、つくりなおされた動物 redirected and remade animals になるという点に存するのである。文化的に形成された、言語使用者としての私たちの第二の本性は、動物としての私たちの第一の本性の、部分的な、あくまで部分的な、一連の変形物にすぎない。私たちは〔文化的に形成された第二の本性を備えるようになった後にも、依然として〕動物としての自己同一性を備えた、動物としての自己であり続けるのだ。ハイデガーがヒトではない動物に関する彼の説明から省いたり排除したりしたことは、それらが欠けているせいで、いま私が述べてきたことが曖昧になってしまう類のことがらであった。それゆえ、後年ハイデガーが、ヒトではない動物とヒトとの間の隔たりの大きさではなく、むしろ両者の間の親族関係を強調しようと欲して語ったことばが、ハイデガー自身にとってさえ不可解で謎めいたものとなったことは偶然ではない、と私には思われる。つまり、彼にはもはや、語られる必要のあることがらを語る手立てが残されていなかったのだ。しかし、ここで問題にしているのは、ハイデガー批判より重要なことである。

分析哲学から引き出された種々のテーゼとハイデガーの主張の双方について論じることを通じて私が企図してきたのは、たんにそれら個別的な諸議論と対決することだけではなく、より一般的に、ヒトの本性に関する次のような見方がもつ文化的な影響力を掘り崩すことでもあった。すなわち、そのような見方によれば、私たちヒトは動物であり、それに加えて、動物とは別の何かでもある。そうした見地からみて、私たちはまず第一に動物としての本性を備えており、そして、それに加えて、ヒトに特有の第二の本性も備えている。ここで使用されている「そして」ということばは、この第二の本性が、少なくともその重要な諸側面については、それだけで説明されうる、ということを示唆している。また、「そうした見方をとる人にとっては」そうした第二の本性が、私たちに生まれつき備わっている生物学上の本性との間に有する関係は、ヒトとヒトではないすべての種のメンバーとの間に一本の截然たる境界線を引くことを許すほどに、外在的で偶然的なものであると考えられている。そして、その境界線は、言語をもつ者たちと言語をもたない者たちの間の境界線であるというわけだ。もちろん、言語をもつ動物と言語をもたない動物の間に存する種々の相違点について、その意義を強調することは正当なことである。実際、そうした相違点のいくつかは、私がいまここで取り組んでいる探究にとっても決定的に重要であろう。だが、排他的に、あるいは、ほとんど排他的にそうした相違点にのみ注目する場合に曖昧にされてしまうおそれがあり、現に通常、曖昧にされてしまっているのが、ヒトではない動物の知的な諸活動に備わるいくつかの側面と、ヒトの言語によって命を吹き込まれた実践的合理性との間に存する連続性と類似性の意義である。

とはいえ、そうした連続性や類似性が当面の問題に対して有する意義が曖昧にされてしまうのは、以上のような理路を通じてばかりではない。イルカやチンパンジーがヒトとの間に有する共通点を強調することにきわめて熱心な動物行動学者たちの中にはおそらく、あまりに多くのことが次のような問いへの回答いかんにかかっている、と誇張して考えている人々がいる。すなわち、そのような知的な動物は独自の統語論や意味論を備えた一人前の言語をすでに備えているか否かに、あるいは、そうした言語を獲得する力を備えている否かに、また、備えているとすれば、どの程度備えているかという問いへの回答いかんに、あまりに多くのことがかかっている、と誇張して考えている人々がいる。もちろん、これらの問いがきわめて興味深い問いであることは否定できない。また、実際にこれらの問いは従来、多くの領域において、驚くほど実り豊かな研究プログラムを生みだしてきた。たとえば、イルカの発声学習とその学習が果たしている機能に関してこれまで明らかにされてきたことがらについて考えてみよう。

バンドウイルカは「ホイッスル音やカチカチという音や破裂音を響かせるが、これらすべての発声法は経験を通じて修正されうる」[63]。バンドウイルカは幼い頃から発声の方法を学びうる。彼らには〔他のイルカの発声方法を〕ものまねする力が備わっているのだ。彼らはホイッスル音に関して非常に多くのレパートリーを備えているのだが、個々のイルカはたいてい、その個体に特有の形態のホイッスル音を、すなわち、各々のサインにあたるホイッスル音を響かせている。サインとしてのホイッスル音は、時を経てもその形態が一定なので、個体の認識や再認のための手段として役立ち、それゆえ、彼らの間に持続的な社会関係が形成されることを可能にしている。〔別のイルカの〕サインとしてのホイッスル音を模倣することは、「仲間との絆を維持するためになされることもあるし、他のイルカたちを欺くためになされることもある」[64]。

すでに明らかにされている以上の事実は、なおも〈バンドウイルカは一人前の言語を備えている〉という強いテーゼを立証するものではないし、ハーマンと彼の仲間たちの研究によって明らかにされた、人工言語の諸要素の学習に対する彼らの驚くべき素質をそこに加味したところで、その点に変わりはない。だが、私たちが注目すべきなのは、言語という点で、前述のようなイルカたちには何が欠けているのかということではない。むしろ、私たちにとって啓発的なのは、彼らが前言語的な種々の表現能力や、認知、信念、信念の修正、意図等を伴った活動に従事する能力や、他者とコミュニケーションをとりつつ他者と協調してなされる活動に従事する能力を示すうえで、発声に関する彼らの学習をいかに利用できているか、ということである。そして、これらの能力がいずれも言語的な〔一人前の言語の存在を前提とした〕能力ではなく前言語的な能力であるということこそが、言語をもつ者と言語をもたない者の間に一本の截然たる境界線を引くことに疑念を投げかける。というのも、それら前言語的な諸能力のいくつかの行使こそが、ヒトという存在において、言語がいずれそれを主題化することになる決定的に重要な素材を提供しているからである。そして、そうした前言語的能力と言語的能力の間の結びつきがもっとも顕著なかたちで示されているのは、前言語的な〈行動の理由〉と、言語を所有することによってのみ生じうるタイプの〈行動の理由〉の間の関係性においてである。

第六章　行動の理由

アンソニー・ケニーは、ヒトではない動物がみずからの行動に理由をもちうる可能性を否定している。彼がその可能性を否定するのは、自発性 voluntariness についてのアクィナスの説明を解釈する過程においてであり、ヒトではない動物の行為がヒトの行動の場合のように自発的でありうる可能性をアクィナスはなぜ否定したのかを説明する過程においてである。ヒトもヒトではない動物も、その目的を達成するために種々の手段を講じる。つまり、彼らは別の何かをもたらすために、あることをおこなう。ヒトの場合、各人のしていることがその別の何かをもたらすということは、各人が現にしているようなしかたで行動することの理由である。だが、ヒトではない動物の場合には、そうではない。彼らの行動も、ある目的を達成するための手段ではあっても。「彼は言語をもたないので、理由を述べることができない。そして、理由を述べることができる存在だけが何かを理由に行動できる。人間は理性的で、理由を述べることのできる動物であるが、ネコやイヌはそうではなく、それゆえ何かを理由に行動することができない[65]」。

言語の不在がなぜそうした帰結をもたらすのだろうか[66]。それは、言語をもたない以上、動物はみずからを行動に駆り立てるものの価値を秤量《ひょうりょう》することができないからだ。つまり、動物はたとえその行動に理由があろうとも、それが善い理由であるのか否かを問うことができない。だからこそ、ケニーの考えでは、動物は理由をもたないのである。アクィナスは次のような論拠にもとづき、彼がヒトという動物には備わっていると考える自由を、ヒトではない動物は有していないと考えた。すなわち、「判断力があるということは、誰かが自己の判断に関して判断をくだしうるほど判断力を有することにほかならない。というのも、私たちの力が及ぶのは、それについて私たちが判断できることがらにかぎられるからだ。だが、自己の判断に関して判断をくだすことは、ただ理性にのみ可能である……[67]」という論拠である。そして、みずからの判断に関して判断をくだす力が備わっていることを、〔その存在者が〕合理性と自発性の双方を有するしるしとみなす点で、アクィナスはまったく正しい。

たしかに、ヒトの実践的合理性のきわだった特徴の一つは、自分はいかに行動すべきかについての自己の当初の判断から一歩身を引き、それらをさまざまな規準に即して評価する能力に存する。さらに、この能力は言語使用者によってのみ発揮されうると主張している点でも、ケニーは正しい。だが、この能力を発揮するうえで必要とされるのは、たんなる言語ではなく、ある程度複雑な文を形成するのに必要な資源を備えているタイプの言語である。

ヒトとヒトではない動物の間にただ一つの截然たる境界線を引きたがってきた人々は、通常、言語能力の有無という点を重視してきた。すなわち、それらを発することが言語行為を構成するような、統語論上の一定の秩序と意味論上の一定の意義を備えた記号列をみずから使用し、かつまた、他者によって発せられるそうした記号列に応答する能力としての言語能力の有無という点を重視してきた。しかしながら〔ケニーによれば〕、ヒトの合理性が成り立つためには、そのような言語能力だけでは不十分である。そのことに加えてさらに必要とされるのは、当人がその妥当性について考慮している当の判断を表現するのに用いられる文か、それらの文を指示するものをその構成要素として含むような文を組み立てる能力である。私の行動の理由が、「xをすることは、私がyを達成することを可能にする」という形式をとっている、ないしはとっていたとして、そこにおいて「y」はある善いことを意味しているとしよう。その場合、そうした行動の理由〔の妥当性〕を反省しようとする私は、「こうしたタイプの状況において、私には、〈xをすることは、私がyを達成することを可能にする〉ということ以上に適切な行動の理由があるだろうか」と問うことを求められるだろう。つまり私は、ある行動の理由としてのこのこと〔xをすることは、私がyを達成することを可能にする、ということ〕を、他の選択可能な諸行動に関する選択可能な種々の理由と比較しなければならなくなるだろう。その場合、ひょっとすると次のような動物種が存在するかもしれない。すなわち、その種のメンバーのすべて、ないしはその一部のものは言語を習得することができるのだが、その言語は複雑さの程度に関して、右にみたような種類の実践的合理性に必要とされる言語には及ばない代物であるような、そうした動物種が存在するかもしれない。そして、もしもそのような種が存在し、かつまた、ケニーの議論が説得的であるとすれば、その場合、私たちは、そのような言語使用者についてさえ〈彼らは彼らが現にとっている行動について理由をもちうる〉と述べることは認められないということになるだろう。しかしながら、ケニーの議論は正しいのだろうか。

ひょっとすると、彼のくだした結論は強すぎるのではなかろうか。

興味深いことに、アクィナスの結論はケニーのそれとは異なっている。アリストテレスは、私たちがヒト以外のある種のメンバーにもフロネーシス〔思慮〕を帰していることを認めつつ、ヒトのフロネーシスと他の動物のそれとの間の違いについて論じていた。[68] ジャン＝ルイ・ラバリエールはこの点について次のように述べている。すなわち、その場合、アリストテレスの念頭にあったのは、ヒトではないある種の動物たちにおける、彼らの知覚と彼らの行動を律している命法との間に存する関係であって、そうした関係は「推論の類似物（一種の実践的思考力）」の存在を含意している、と。[69]

この点について、アクィナスはアリストテレスの考えに従っている。ヒトではない動物も「諸々の方針に従って行動している」し、何らかの事物が〔自己の生にとって〕都合のよいものであるのか都合の悪いものであるのかを、ときとして過去の経験から学ぶということを、彼は認めていた。彼らの生まれつきの本性と、彼らが備えているそうした学習能力のおかげで、彼らはアクィナスが「自然的判断」と呼ぶものをくだしうる。それゆえ彼らは、アクィナスが「理性に似たもの」と呼ぶものを示しているのであり、彼らもアクィナスが「自然的思慮 natural prudence」と呼ぶものに「与っている」のである。そうである以上、アクィナスがヒトではない動物がくだす判断について語り、彼らは判断にもとづいて行動する、と主張するとき[70]、彼はこの〔判断という〕ことばを、ヒトの反省的な判断に類比的な概念として使用している。たとえ、ヒトではない動物がヒトと同一の判断力は備えていないとしても。〔したがって、アクィナスによれば〕オオカミとヒツジは、理性の力 the power of reason〔推論能力〕はもっていないにせよ、彼らが現にとっている行動についてその理由は有しているのである。（こうした類比的な叙述が正当におこなわれうるのは、次のような場合だけであることに注意すべきである。すなわち、ある概念的な諸能力――たとえば、種の同一性や差異性を認識できる能力――を、私たちがそれらをヒトに対して帰するのとまったく同じ意味合いにおいて、問題となっているタイプのヒトではない動物に対しても帰することができる場合にのみ、そうした類比的な叙述が正当になされうるのである。)

このように、アクィナスの結論はケニーのそれよりも穏やかなものである。〔それによれば〕ヒトではないいくつかの動物がもつ類の行動の理由と、言語を使用し反省的に思考しうるヒトがもつ類のそれとの間の相違点についてはたしかに留意する必要がある。だが、そうしたヒトではない動物が、ある意味では、しばしば彼らのとっている行動について理由をもつということを、私たちは否定する必要がないし、否定すべきでもない。ケニーの議論が依拠する諸前提は、〔実際には〕こうしたより穏やかな結論を正当化するものであって、彼自身のより強い形態の結論を正当化するものではない。この点が重要なのはなぜか。

それは、私たちが行動の理由について反省する能力を発揮する場合にはいつでも、そうした反省に先立って、反省すべき対象としての諸理由を私たちがすでに有していることが前提になっているからである。つまり、私たちヒトは、イルカやチンパンジーと共有している類の行動の諸理由を、いかなる反省にも先立って現に所有しているからこそ、最初の反省対象をもつのであり、さらには、ある種の複雑な言語に精通することによってはじめて可能になる合理性への移行に向けた出発点に立てるのである。かりに私たちがそうした〔行動の〕諸理由をイルカやチンパンジーと共有していないとすれば、私たちはそうした出発点に立つことができなかっただろうし、私たちがそうした諸理由を〔あらかじめ〕もつことを否定する場合、ヒトに特有の合理性への移行という現象が理解不能になるだろう。つまり、ヒトは幼児期の初期には、たんに潜在的に理性的動物である状態から現実的に理性的動物である状態への移行をいまだなし遂げていないのである。(ここで私は、ある知的な霊長類の動物が〔たんなる〕知的な動物から理性的な動物へとはじめて移行を遂げることになった進化論上の形態変化の本性をめぐる種々の問いをひとまず脇に置いておく。)この移行の第一段階は次のような場合に生じる。すなわち、ある子どもがいまこの瞬間その動物的な本性によってその達成へと促されている善が、それに代わりうる他の善に劣るものであり、それゆえこの後者の善こそが、それまでめざしていた善以上により善い行動の理由を提供するだろうという提言を、その子どもが考慮することができるようになる場合である。そして、このことが可能になるのは、子どもがその時点までめざしていた何らかの善が、すなわち、その時点まで子どもに行動の理由を提供していた何らかの善が現に存在する場合だけである。〔そういうわけで〕ヒトの幼児はイルカと同様、前言語的な行動の理由をもっている。そして、彼らが追求する諸々の善と、それらを達成するために彼らが採用する諸々の手段との間の複雑な関係性は、イルカの推論において示されているそれに対応するものである。とはいえ、ヒトの幼児は、それまで彼ら〔の行動〕を導いていた諸理由について反省し、それらについて判断をくだしうるようになるとき、イルカに特徴的な推論の段階を越えていく。この移行は、私たちの知るかぎり、いまだイルカがなし遂げていない移行である。しかしながら、この移行をなし遂げるうえでの前提条件について、私たちはイルカから、また、チンパンジーやその他さまざまな種のメンバーから、多くのことを学びうる。

ヒトの合理性が成立するうえでの前提条件として、以上のような動物的な条件〔ヒトが動物と共有している条件〕が存するということを認める場合、私たちは、ヒトがそれ以外の知的な種のメンバーとの間に有する関係について、「彼ら」と「私たち」の間にはただ一本の境界線が引かれていると考えるのではなく、むしろある連続的なスケールないしはスペクトルの上に各々が位置づけられるような、そうした関係として理解することを求められる。そのようなスケールの一方の端に位置するのは、彼らにとって知覚の感受とは概念的内容を欠いたたんなる情報の受容にすぎない、そうしたタイプの動物たちである。ハイデガーの用語を用いるなら、彼らにはいかなる「として構造」もない。〔上記のスケールの〕さらに別のレベルには、その知覚の内容が、部分的には、目的を備えた注意深い調査の結果であるような、そして、その行動の変化が〔その目的に照らして〕あるときは正しかったり、あるときは間違っていたりするような、そうした動物たちが存在する。また、そのような動物たちについても、私たちはその知覚と反応がよりきめ細かい動物たちと、それほどでもない動物たちを区別することができる。

さまざまな種をこのスケールの上に位置づけるにあたっては、その行動のうちに示されたり、他者に対して伝達される意図のタイプの違いもまた重要である。そして、たとえば、ハウザーやネルソンがチンパンジーについてそう結論づけたように、「ヒトではない動物も、あえて情報の伝達を差し控えたり、その環境において遭遇する事物や出来事について、あえて〔他者に〕誤ったシグナルを送ったりすることができる」と結論づけることができる場合には、〔このスケール上の〕さらに先の地点に到達する。(71) イルカの場合と同様、そのようなチンパンジーの存在を知ることによって、私たちはそのスケール上のある地点に到達する。そこにおいて私たちが見出すのは、そのメンバーのうちのあるものたちが、さまざまな程度において洗練されたやりかたでヒトと交流しあえる動物たちである。そして、そのような交流においては、〔交流しあう当事者たちのうち〕ヒトではない側の知覚、信念、行動の理由、および意図は、ヒトの側の知覚、信念、行動の理由、および意図と、ほとんど同一の役割を果たしているのである。

いうまでもなく、ヒトはそのスケール上のさらに先の地点に位置していて、その地点はたんに言語の存在によってのみならず、言語をある種の反省的用途に供する能力によっても特徴づけられる。だが、そういう地点までたどりついたからといって、他の動物種と共有するものが私たちから消え去ってしまうというわけではない。イルカやチンパンジーと私たちの親族関係は捨て去ることのできないものであって、それは、たんに身体の動物性における親族関係であるばかりでなく、生活形式における親族関係でもある。もっとも偉大な動物行動学者たちは、天賦の才に恵まれた社会人類学者や文化人類学者が発揮するのとよく似たスキルや観察力を発揮してきた。〔それによって〕彼らは私たちに、イヌやウマやゴリラやイルカであるとはどのようなことかを、少なくとも一定の程度まで教えることができた。(コウモリであるとはどのようなことかを私たちは知ることができない、と主張する点で、トマス・ネーゲルは正しい。しかし、それは、コウモリがエコーロケーションの能力に依拠した知覚を有しているためばかりではなく、彼らの生活形式と私たちのそれとの間の違いが、私たちと他の霊長類ないしはイルカとの間のその違いよりもはるかに根本的であるためでもある。[72]) ウィトゲンシュタインは、「もしもあるライオンがことばを話せたとしても、私たちは彼のいうことを理解できないだろう」と述べている。[73] ライオンに関するこの問題は、おそらくいまだ議論の余地があるだろう。だが、私はイルカについては、次のようにいえるのではないかと強く感じている。すなわち、彼らのコミュニケーションの方法は私たちのそれとは非常に異なっているのだが、それにもかかわらず、もしも彼らがことばを話すことができたなら、こんにちイルカの活動の解釈に取り組む人々のうちもっともすぐれた人々の幾人かは、彼らの話を理解できるだろうし、これまでもできていたであろう、ということは真実であると。

私たち自身もイルカもチンパンジーもイヌもコウモリもトカゲもクモも、あるスケール上の異なる地点に位置づけられるという考えかたは、別の観点からも重要である（これらの種を同一のスケール上の異なる地点に位置づけることは、各々の種の進化論上の歴史が非常に異なっていることを認めることとなんら矛盾しないことに注意していただきたい）。そのスケールのより下位の地点では、知覚が、行動を生みだす因果系列の中で、理由提供的な役割ではなく、おそらく情報提供的な役割を果たしている。より上位の地点では、知覚が行動を生みだすうえでどのような役割を果たしているかは、それがどの程度、理由提供的なものであるか、もしくは理由提供的なものとみなされうるかに応じて、しばしば異なってくるだろう。たとえばイルカは、彼らが知覚するものをときに誤認する。それゆえ、目の前に存在するものが実際には天敵ではないのに、それに対してあたかも天敵に対するかのごとく反応することがある。だが〔その場合〕、彼らが他のしかたではなく、ある特定のしかたで反応するのは、彼らが彼らの知覚を理由提供的なものとみなしているからである。そして、たとえば私たちヒトに類する種が、言語の使用を通じて〔行動の〕諸理由について反省できるようになった段階で、しばしばその行動を一定の方向へと導く因果的な力を発揮しているのは、なにも〈理由をもつこと〉それだけではない。ある特定の状況下で〈他の一連の考慮ではなく、まさにこの一連の考慮こそが真に理由を提供する考慮であると考えるべき理由をもつこと〉もまた、その段階においては、〔行動を一定の方向へと導く〕因果的な力を発揮しているのである。

このように、動物とその環境の間の因果的な関係性には多くの異なる種類が存在するし、動物の行動の説明は、その動物が例のスケール上のどの地点に位置しているかによって異なる。すなわち〔スケールの上方に位置する動物の場合ほど〕、それぞれの種が、目的をもった複雑な形態の行動を展開するうえで、その環境の諸特性を考慮に入れる方法に関する説明の比重が増してくる、という具合である。しかるに、私たちが、イルカの活動やチンパンジーの活動に示されている知性とヒトの活動に示されている合理性との間の類比性を無視したり、過小評価したりすることに固執し続けるならば、以上のことは不明瞭にされてしまう。たとえば、ハンス＝ゲオルク・ガダマーが、ハイデガーにならって、「ヒトではない動物は言語を欠いているため、「彼らの環境への依存」をけっして断ち切ることができないが、ヒトはそれとは対照的に、環境に対して「そこから距離を置いた自由な態度」をとることができる」と主張するとき、彼は上記の類比性を過小評価しているのであり[74]、ジョン・マクダウェルが、ガダマーの見解を支持したのちに、「たんなる動物において、感覚は、直接的な生物学的指令のみによって構成されている生活様式に奉仕しており」、「たんなる動物としての生活は、ある所与の時点における当該動物の行動に対するその目標の支配が生物学的な諸力の直接的所産であるような、そうした諸目標によってかたちづくられている」と主張するとき、彼もまた上記の類比性を過小評価しているのである[75]。

マクダウェルは右のことばの後、次のように述べている。「ヒトはたんなる動物として生まれ、その後、成熟へと向かう過程で、思考する者へと、また、意図的に行為する者へと転換を遂げていく[76]」のだが、そのような転換は、言語を獲得し、「何が何をなす理由なのか[77]」を学ぶ結果として生じるのである、と。〔その場合〕私が主張しているのは、ガダマーやマクダウェルが採用しているタイプの見解に依拠する場合、そのような転換が理解不能なものになるおそれがあるということ。また、ヒトの合理性が発達を遂げるうえで必要な前言語的条件のいくつか――それらは、ヒトと同様、ヒトではないいくつかの動物種のメンバーたちも満たしている諸条件であるが――は、マクダウェルのいわゆる「たんなる動物」の一部がすでにある種の実践的推論によって導かれているからこそ、満たされるということ。また、そこにおける〈ある種の実践的推論〉とは、彼らがこれをあれをすることの理由とみなすことのうちに示されている実践的推論であり、ヒトの知性との類比性によって特徴づけられるべき実践的推論である、ということとである。イルカもゴリラもその他のいくつかの種のメンバーたちも、私たちと同様、たんに彼らの感覚が入力するものに反応しているだけではない。彼らもまた、その目立った諸特徴が〔たんに彼らを一義的に支配するのではなく〕彼らにとってあれやこれやの意義をもちうる、そうした世界に住んでいる。彼らもまた、みずからの分類や解釈にもとづいて反応している。彼らもまた誤りを犯すし、誤りを訂正しているのである。

彼らは重要な諸点において言語を用いるヒトとは異なる生き物であるが、それにもかかわらず彼らは、自分と同じ種のメンバーとの間だけでなく、ヒトとの間にも関係を構築することができるし、彼ら自身の意図や目的を表現しつつ、ヒトと交わすやりとりの意義やヒトが抱く目的を読みとることができる。そういうわけで、いくつかのヒトではない動物たちとヒトという動物の間の関係は、私が検討してきたいくつかの哲学理論が許容するよりもはるかに明瞭に、ヒト同士の関係に類似している。実際、ある人々とあるヒトではない動物たちは、共同で、また協力しあって、各々の善を追求している。そして、このように述べるとき、「善」ということばで私たちが意味しているのは、それをヒトについて語っていようが、イルカについて語っていようが、はたまたゴリラについて語っていようが、正確に同一のことがらなのである。

第七章　傷つきやすさ、開花、諸々の善、そして「善」

イルカは、もしも平穏無事に過ごせるならば比較的長いものとなるはずのその一生を通じて、次のようなさまざまな命の危険にさらされている。すなわち、病気、けが、天敵の襲来、栄養失調、えさ場が荒らされることによって引き起こされる飢え、といったさまざまな命の危険に、また、ごく最近では、漁師たちの破壊的な諸活動がもたらす命の危険に――マグロ漁で大もうけをねらう漁師たちの仕掛ける巾着網がもたらす危険のように、あるときは漁師たちの活動に付随して生じる命の危険に、またあるときは、イルカの肉の売買をもくろむイルカ漁がもたらす命の危険に――にさらされている。これらの脅威の多くに対して、彼らは身を守る術をもたない。しかし、イルカがその一生の異なる段階において、子どもを連れたメスの群れ、成長期を終えたばかりのオスの群れ、年老いたオスとメスの群れといった種々の群れにそのメンバーとして属することによって、また、各々の群れの中で種々の協力関係を形成することによって、彼らの中にさまざまなかたちの社会関係が構築されていることが、彼らの生存と開花の可能性を著しく増大させていることにほとんど疑いの余地はないように思われる。

イルカがこうむりやすいさまざまな危害や危機的状況を同定し、さらには、それらの危害や危機的状況に対する彼らの〈傷つきやすさ〉の本性を同定する際に、私たちはイルカの開花に関するある一定の観念を前提としている。すなわち、一頭のイルカがその一生を通じて、自然で正常な成長過程に見合った活動や活動の成果を示しつつ次々と所属する群れを変えていく過程において、その時々にみずからが所属する群れの一員として開花するとはどういうことかに関する一定の観念である。狩りや捕食や遊びや性行動といったさまざまなタイプの活動によって個別に達成される特定の善が善として同定されるのは、次の二つの理由による。すなわち、第一に、それらの善は方向づけられた活動の対象であり、かつまた、その満足によって当該活動が完了するところの欲求の対象でもあるから。また第二に、それらの善はそのような〔開花という〕幸福 well-being に寄与するとともに、その一部をなすものでもあるからだ。そして、何かがそうした特定の善の達成や開花一般の達成を妨げたり、その障害になる可能性をもつかぎりにおいて、その何かは危害や危機的状況とみなされるのである。

私はすでに次のように論じてきた。イルカが一定のしかたで行動することによって、ある特定の善を達成しようとする場合、イルカにはそのように行動する理由があるといわれうると。また、イルカが現にそのようなしかたで行動するのは、それによってその特定の善を達成できるということをイルカが知覚しているためであるとすれば、その場合、イルカはある理由のために行動しているといわれうると。それゆえ、さきほどから提言しているように、私たちがイルカたちや、言語を用いないその他の種のメンバーたちに行動の理由を帰する場合、私たちは、ヒトの行為者に理由を帰することとの類比においてそうしているのである。だが、イルカがイルカとして開花する、あるいは開花に失敗するとか、ゴリラがゴリラとして開花する、あるいは開花に失敗するとか、ヒトがヒトとして開花する、あるいは開花に失敗する、などと私たちがいう場合に、私たちは「開花する to flourish」という動詞を、これらさまざまな適用例において同一の意味で用いている。つまり、それらは〔相互に〕類比的な叙述ではなく、一義的な叙述の例なのだ。もちろん、イルカにとっての開花は、ゴリラにとってのそれとも、ヒトにとってのそれとも同じではない。しかし、開花という概念は、種の違いを越えてさまざまな動物の種のメンバーや植物の種のメンバーにひとしく適用可能である。また、それに対応して、ニーズ needs という概念も同様に幅広く適用可能である。ある植物、ないしはある動物が必要とするものは、それがある特定の種のメンバーとして開花するために必要とするものである。そして、ある動物や植物が開花するために必要とするのは、それがその種のメンバーとして所有している特徴的な諸能力を発展させることである。

開花するとはどういうことかという問いが、部分的には、評価的・概念的な探究を通じて答えられねばならない問いであるとしても、ある所与の個体や群れが、それらの属する植物ないしは動物の種のメンバーないしはメンバーたちとして開花しているかどうかという問いは、それ自体、事実に関する問いである。そして、それは事実に関する問いとして、多様な科学的文脈に即して答えが与えられる。ある特定の種のメンバーが開花しうる環境と、開花しえない環境を区別すること、また、ある特定の種のある集団の中で開花している個体や群れを、開花していない個体や群れから区別することは、私たちが生物学的・生態学的研究によって答えうるタイプの説明的な問い〔因果関係を説明するタイプの問い〕を設定するうえで欠かせない予備的作業である。そして、首尾よくそうした区別をなすためには、ある特定の種に属する個体ないしは集団が、特定の環境下で、特定の成長段階にある際に開花するために備えるべきさまざまな性質を同定する必要がある。だが、私たちがある個体、ないしは群れ、ないしは集団について、それ、ないしはそれらは開花していると述べるとき、私たちは、それ、ないしはそれらが上記のような諸性質を備えているということ以上のことを述べている。それでもやはり、開花するということは、つねに、そのようなある一連の諸性質を備えているおかげで in virtue of〔という徳によって〕開花するということである。そして、この点において、開花という概念は、〈善い good〉というより根本的な概念を〔みずからの説明のために〕用いることを必要としているその他の諸概念と似ているのである（「開花する」は、そもそも eu zen や bene vivere〔ともに「善く生きること」〕の翻訳である）。

「善い」という語のこうした用法がそれ以外の用法とどのような関係をもつのかを理解したいと思うならば、私たちはまず最初に、私たちが何かに善さを帰する三つの異なる形態について考える必要がある。私たちはあるタイプの食べ物について、それを食べることはヒトとしてのあなたにとって善いことだという意味で――つまり、それを食べることはいかなる人の健康をも利するとか、誰でもそれをおいしく味わうだろうといった意味で――あなたにとってそれを食べるのは善いことだ、という場合がある。だが、私たちは、これからマラソンを走ろうとするアスリートとしてのあなたにとって、あるいは回復期の病人としてのあなたにとって、それを食べるのは善いことだという意味で、同じ言いかたをする場合もある。つまり、善いという概念は、ヒト一般を利するものと、ある特定の実践的な文脈においてある特定の役割を担うヒトを利するものの両方に対して適用される。善いヒトとは、自己と他者を利する者（もちろん、それが何を意味するのかについては、より多くのことが語られる必要があろう）のことであるが、たとえばある人が誠実で快活なヒトとして、また、羊飼いや看護師として、自己と他者を利する場合のように、善いヒトというとき、ヒトとしてそうである場合と、ある特定の種類の実践の文脈において特定の役割や役目を模範的に果たす者として特徴的なしかたでそうである場合の両方が存在するのである。

「善いヒト」と「善い羊飼い」、そして「善い泥棒」を比較してみよう。人は善いヒトでなくとも善い羊飼いたりうるが、羊を飼うという善は、正真正銘の善である。しかし、善い泥棒であることは悪いヒトであることとだ。誰かを善い泥棒と呼ぶ場合、私たちはその人の〔泥棒としての〕技能を評価している。だが、たとえ私たちがそうした技能を備えていることは善いことだという、それ自体としては妥当な判断をくだすとしても、それによって私たちは、そうした技能をその泥棒が用いているようなしかたで用いることが善いことだと主張しているわけではまったくない。以上の考察は、何かに善を帰するのに、少なくとも三種類のやりかたがあることを示唆している。

まず第一に、私たちが何かを一つの手段としてのみ評価することによって、それに善を帰する場合がある。ある種の技能をもつことや、ある種の機会を与えられることや、ある時ある場所に身を置くことは、それらが、人が何か別の善い者になることを、あるいは何か別の善をなすことを、あるいは何か別の善を得ることを可能にするかぎりにおいて、善である。つまり、こうしたことがらはたんに、それ自体として善であるような何か別のことがらの手段として善いことなのである。では次に、第二のタイプの善について考えよう。誰かをある一定の役割を担う者として、あるいは、ある社会的に確立された実践の枠内である一定の役目を果たす者として善いと判断することとは、その活動に諸々の善が内在しており、それらの善は、もし追求されるとすれば、それら自体が目的として追求されるにふさわしい価値をもつものとして評価される正真正銘の善であるという場合にかぎり、その行為者を善いと判断する、ということである。そうした〔ある活動に内在する〕善が〔ある特定の行為者の特定の行為によって〕そこに生じているのか否か、また、そうした善はそもそもどのようなものなのかということは、そうした問題に特徴的なこととして一般に、その特定の活動について手ほどきを受けることによってしか学ばれえない。ある特定の実践に内在する諸々の善を達成することに秀でているということは、たとえば、ある漁船の乗組員の一員として、ある家族の母親として、あるいはチェスの選手やサッカー選手として、善いということだ。それは、それ自体として価値ある諸々の善を適切に評価することができ、それらを生みだすことができるということである。しかるに、一人ひとりの個人にとっては次のことが問題となる。すなわちそれは、ある特定の実践に含まれる諸々の善〔を追求すること〕がその人の人生の中である特定の場を占めることは、その人にとって善いことであるのか否か、という問題である。また、個々の社会にとっても次のことが問題となる。すなわちそれは、ある特定の実践に含まれる諸々の善が、その社会におけるる共同の生の営みの中である一定の場を占めることが、その社会にとって善いことであるのか否か、という問題である。それゆえ〔これらの問題に答えるためには〕私たちは〔何かに善を帰することにかかわる〕第三のタイプの判断をおこなう必要がある。

ある一組の善、すなわち、〔それ自体として追求されるに値する〕正真正銘の善〔の追求〕が私個人の人生の中である従属的な場を占めることが、私自身と他者たちにとって最善のことである場合もあれば、それらが私個人の人生の中でいかなる場も占めないことがそうである場合もあるだろう。かつてゴーギャンは、絵を描くことの善が彼の人生においていかなる場を占めるべきかという問題に直面した。画家としてのゴーギャンにとっては、タヒチに行くという選択は最善の選択であったかもしれない。だが、かりにそうであったとしても、その選択がヒトとしてのゴーギャンにとって、あるいは父親としてのゴーギャンにとって最善の選択であったということにはならない。それゆえ私たちは次の二つの問いを区別する必要がある。すなわち、なぜある種の善は善であるのかという問い、つまりそれらがそれら自体として価値あるものとみなされるべき善であるのはなぜかという問いと、特定の状況下にある特定の個人ないしは特定の社会にとって、それらの善をその人個人ないしはその社会のメンバーたちによって実践的に顧慮され追求されるべき対象とみなすことが善いことであるのはなぜかという問いを区別する必要がある。そして、ある個人にとって、ないしはあるコミュニティにとって、その生の営みの中でさまざまな善をどのように秩序づけるのが最善かについての私たちの判断こそが、この〔何かに善を帰する〕第三のタイプの判断の実例である。そうした判断において私たちは、一人の個人や個々の集団が、ある役割を担いつつある形態の活動に従事している行為者や行為者集団としてのみならず、ヒトとしても、いかなる存在であることが、また、何をなすことが、また、いかなる資質や能力を備えていることが最善であるのかについて、無条件的な判断をくだしている。そして、このような判断こそがヒトの開花についての判断なのである。

　特定の状況下にある人々が、善に関して暗示的ないしは明示的になされる、そして、彼らに行動の理由を提供する、これら異なるタイプの判断を、どの程度明確化する必要があるのか、また、どの程度熟慮する必要があるのか、また、どの程度それらの判断を相互に比較秤量する必要があるのかは、各人が所属する文化によって異なるし、個々の文化の内部でも状況によって異なる。だが、「なぜ私はあれではなくこれをすべきなのか」という問いは、〔すべてのヒトにとって〕人生の早い時期からつねにつきまとう問いである。そして、この問いに対する答え自体がつねにその妥当性を問い直されうるということがヒトに特徴的なことであり、かつまた、そのようにしてその答えの妥当性が問い直された際には、その人間の諸々の行動を生みだした、またそれらの行動が前提としていた実践的推論について反省し、その正当性を評価することによってのみ、このさらなる問いが回避されたり無視されたりするのではなく、それに対して答えが付与されうるということが、ヒトに特徴的なことである。ヒトは、善に関する、また、特定の状況下で何をなすことが最善であるかに関する、そして、どのような人生を送ることが最善であるかに関する実践的な推論者として、自己を理解することを学ぶ必要があるのだ。

ヒトはこのことを学ぶことなしに開花することはできない。そして、この点に関して、やはりヒトはイルカとは違うので、ヒトの〈傷つきやすさ〉もまた、イルカのそれとは違ったものになる。イルカの場合と同様、ヒトが開花するには諸々の社会関係が不可欠であるが、ヒトが諸々の社会関係から得る必要のあるものには、他の知的な種と共通のものばかりでなく、ヒトの開花に特別に必要とされるものも存在する。イルカは、イルカの開花について他のイルカと議論しあったり、他のイルカから学んだりすることができなくても開花することができる。だが、ヒトはしばしば、ヒトの開花について他者と議論しあったり、他者から学ぶことなしには開花することができない。またそうであるがゆえに、推論能力の行使を妨げたり、抑圧したり、その能力を損なったりするおそれのあるすべてのことがらが、〔ヒトの開花にとって〕潜在的な脅威である。有毒物質の吸収や、病気やけがや、天敵の存在や食料の欠乏といったことがらは、イルカにとってもヒトにとっても、またその他の種にとってもひとしく脅威である。だが、ヒトはこれらの脅威に加えて、有効な実践的推論をなしうる者へと成長することを妨げるさまざまな脅威にもさらされているのである。

生まれた直後の、人生のもっとも初期の段階にあるヒトの子どもは、同じ段階にある非常に幼いイルカと同じように、身体に感じられた欲求、すなわち、ミルクや母乳への欲求、暖かさや安全への欲求、何らかの不快感や苦痛を取り除かれることへの欲求、睡眠への欲求といった、身体に感じられた欲求が即座に満たされることをめざして行動している。それが、私たちが最初に経験する善の達成というものであり、この点に注目する場合、私たちは、これまで私が詳述してきた善に関する三つの分類が〔この段階では〕未完成であることに気づく。私たち〔ヒト〕もまた、生まれた当初の段階では、身体に感じられた欲求、ないしはより一般的に「感じられた欲求」が満たされる際に得られる快楽を善とみなし、善と呼ぶのである。〔子どもが〕この段階を越えて成長するということは、たんにより多くの善を認識するようになるということであるばかりでなく、より多くの種類の善を認識するようになるということでもある。イルカもまた成長するし、その自然な成長過程の各段階において、それまでとは異なる種類の善を、たとえば、仲間と狩りをすることや遊ぶことの善を、めざすようになる。しかるに、イルカが成長するにつれ、彼らの活動の方向性や欲求を抱く対象はいくつかの点で変化するとはいえ、そうした変化はあくまでも彼らの自然な成長過程の一部として生じる変化である。彼らは、ヒトがそうするような、自分が抱く欲求から自分自身を切り離すという段階を経る必要がない。だが〔ヒトの場合には〕、そのような切り離しこそが、充足された身体的欲求の快楽以外の諸々の善の認知をもたらすのである。こう述べることによって私は何をいおうとしているのか。

誰かがあれではなく、これをおこなう理由を示そうとする場合に、そのような自分の行動を説明するためであれ、正当化するためであれ、その人が次のように述べることはけっして十分ではない。すなわち、「私が x をおこなったのは、x をおこなうことで私は y をなしうる、ないしは y を所有しうる、ないしは y になりうるからであり、かつまた、私は y をなすこと、ないしは y を所有すること、ないしは y になることを欲していたからである」と述べることは十分ではない。だが、なぜ十分ではないのか。それは、〔この種の理由づけに対しては〕いまこの瞬間、この状況下で、なぜ他の欲求ではなく、まさにこの欲求にもとづいて私は行動するべきなのかと問うことがつねに意味をもつからである。ある特定の時点において私は、諸々の計画、諸々の目標、諸々の欲求を抱えている。だから、私がある特定の欲求にもとづいて行動することをもくろむ場合、私は「いま、この状況下でこの特定の欲求を満たすべく行動することがもっとも善いことであろうか」と問わなければならない。また、もし私がある特定の欲求にもとづいて行動しているとすれば、私は、「いまここでこの特定の欲求を満たすべく行動することが私にとってもっとも善いことである」という判断をくだしているか、暗にそのような判断を前提していることになる。もちろん日常の会話においてはしばしば、ある特定の行動の当事者による説明ないしは正当化は、「私がそれをしたのは、たんに、それが私のしたかったことだからである」といった発言で済んでしまう。だが、これが〔私自身がとった行動を説明ないしは正当化しようとして〕私のいおうとしていること〔のすべて〕であるとすれば、そうした場合つねに私は、次のような問いを喚起することになる。それは、私には他のしかたで行動するべきより善い理由はなかったのか、という問いである。それゆえ、私がある行動をとった理由が、実際にそのような行動をとるための善い理由であったとすれば、それは、たんに「私はしかじかのことを欲していたからだ」という理由ではなく、むしろ「私はしかじかのことを欲していたし、なおかつ、それ以外のしかたで行動するべきより善い理由も存在しなかったからだ」という理由であったにちがいない。

そのように私の抱いている諸々の欲求を比較衡量するにあたって、私はそれらの欲求から身を引き離し、それらの欲求と、実践的推論者としての私自身との間に一定の距離を置く。私がそうするのはただ、〈いまここでこの特定の欲求にもとづいて行動することは私にとって本当に善いことなのか否か〉という問いかけを、私は私自身と他者たちの双方から投げかけられているからである。〔とはいえ〕たいていの場合、行動を選択するための思案はこのような問いを意識することなしに進行するし、進行しなければならない。そして、もしかりにこのような問いがあまりにしばしば、また、あまりに執拗に意識されるとすれば、行為者としての私たちは身動きがとれなくなってしまうだろう。しかし、このような問いを立てる能力がなければ、私たちは実践的推論者として生きることができないし、この能力を獲得しうるのは、しかるべき程度まで自分の欲求から、また、とりわけ幼児が抱くような素朴な形態の自分の欲求から、自己を切り離す術を学んだ者たちだけである。幼い子どもたちも、イルカやゴリラがそうするように、みずからの欲求のうちに行動の理由を見出し、それが可能な場合には、それらの欲求にもとづいて行動する。ケニーやマクダウェルやその他の人々が強調していたように、言語の使用を通じて子どもが手に入れることができるようになるのは、そうしたさまざまな理由を比較衡量する力である。だが、言語を獲得するだけでは十分ではない。〔諸々の理由を比較考量する力を身につけるうえで〕子どもは次のことを学ぶ必要がある。すなわち、〔その時点で〕もっとも切迫したものとして感じられている欲求の命じるとおりに行動するのではなく、それ以外のしかたで行動すべき善い理由が存在するかもしれない、ということを学ぶ必要がある。そして、子どもがそれを学ぶことができるのは、ただ、そのような欲求がその子どもにとっての独裁者であることをやめたときである。

もちろん、だからといって、子どもが欲求なしに行動できるようになるというわけではない。欲求なしの行動という観念はそれ自体、幻想であり、しかも危険な幻想である。私がいおうとしたことはむしろ、子どもはやがてみずからの欲求の善さに関する検討に向かって開かれた存在になる、ということである。子どもは、自分にとってそれをすることが善いことをしたいという欲求を、また、自分がそうした存在であることが善いことであるような存在になりたいという欲求を、また、自分にとってそれを所有することが善いことであるようなものを所有したいという欲求を発達させていく。そして、その過程において、自分を何らかの善へと向かわせるような諸理由によって〔行動へと〕動機づけられるようになっていく。だが、注意すべきことは、何らかの対象に対する何らかの欲求ゆえに自分がとろうとする、もしくはとった行動を正当化しようとする際に、私たちは、その善への欲求を〔たんに〕欲求として指し示しているわけではない、ということだ。そのような正当化に関連をもつ〔つまり、ひきあいに出される〕のは、つねに、問題となっている善の性格についての何らかの主張と、私にとってこの特定の状況下でその善を達成するべく行動することが最善である理由についての何らかの主張だけである。

それゆえ、私たちの哲学的な分析において、私たちは一般に、欲求を評価することと欲求を表明することを同一視すべきではない、ということが一定の重要性を有している。(78) というのも、もしこの両者を同一視するならば、私たちは、幼い子どもが、いまだこの両者の間に区別が存在しない初期の段階から、やがて、次のような段階へと進んでいくことをうまく説明できなくなるだろう。すなわち、「私は何を欲しているのか」もしくは「私は何をもっとも欲しているのか」という問いへの答えと、「私にとって何をするのがもっとも善いのか」という問いへの答えを、その子どもが区別し始める段階である。

もちろん子どもは、この区別を自分自身に対して適用できるようになる以前に、「それを食べるのをやめなさい。あなたがそれを好きなのは知っているけれど、それはあなたにとって悪いのよ」とか「痛いかもしれないけれど、こうしないと、あなたはよくならないのよ」といった言いかたで、この区別を彼らに対して適用する他者に出会うことを通じて、この区別をおこなうことを学んでいく。そして、子どもは、他者がこの区別を彼らに対してどのようなしかたで適用するのかを学んでいく過程で、次の二種類の判断の違いについても理解できるようになる必要がある。すなわち、自分の欲求を表明ないしは報告するタイプの判断と、自分にとって何が善いことなのか、最善なことなのかについての判断の間の違いである。究極的には、私たちの誰もが自分自身の欲求に関する権威である。〔とはいえもちろん〕自分が何を欲しているのかを知ることはつねに容易なわけではなく、実際に私たちはしばしば自分が本当に欲しているものを認識することに失敗するし、そのような認識に到達するうえで他者からの助力を必要とする。だが、欲求とは、私がそれを抱いているとすれば、私が率直に表明できなければならないものであり、また、しばしば私だけが率直に表明できるものである。ところが、私にとって何をすることが、また、どのような人間であることが、また、何を所有することが善いことであり最善のことであるのかについての判断に関して、私は〔欲求の場合と〕同様のしかたで権威を備えているわけではない。

一般的かつ典型的には、私こそが私自身について他の誰よりもよく知っているということが事実であるにせよ、何が私にとって善いことなのか、最善なことなのかという問題については、多くの重要な点で、私は他の人間が権威でないのと同じくらい権威でないということがありうるし、また、ある点では、むしろ私のほうが他の人間よりもはるかに権威ではないということもありうる。私よりも私の主治医のほうが、また、私がスポーツ選手ならば私のコーチのほうが、あるいは私が学生ならば私の教師のほうが、私の善についてより適切な判断をくだしうる立場にあるだろう。また、ときには私の友人たちもそうであろう。私たちは真に自分のためになる判断をくだしうるようになるには、善とは一般にどのようなものなのかについて、また私自身に固有の善とは何かについて、他者から学ぶ必要がある。そして、そうしたことを教えてくれる教師として私たちが最初に出会う他者は、たとえば、両親や叔母や乳母といった人々である。自立した推論者としての私たちの能力を発達させるために、また、それによって私たちの種の一員として開花するために、私たちの誰もが達成しなければならないのは、これら人生最初の教師たちが教えてくれることをただ受け入れる段階から、次のような段階への移行である。すなわち、私たちがある特定のしかたで行動することに関して善い理由を与えてくれるものとして、その判断の正当性を私たちが自分自身と他者たちに対して合理的に説明できるような、そうした諸々の善に関する自身の判断を自立的にくだしうる段階への移行である。この移行は三つの特徴を備えている。

その移行は、幼年期のイルカや幼年期のゴリラがそうであるように依存的な、ヒトという動物種としての私たちの幼年期の状態から出発する。そして、私たちが自立した実践的推論者として立ち現れるとき、またそのかぎりにおいて、この移行は完了する。この移行は少なくとも三つの側面を有しているが、そのうちの二つはすでに指摘してきたものである。それら三つの側面はすべて言語の獲得によって生じうるのだが、他方で、いずれの側面もそれが生じるためには、たんに言語を用いる能力だけでなく、言語をある特殊なしかたで用いる能力が必要とされるし、言語をある特殊なしかたで用いる能力が生じるにはさらに別のさまざまな力が必要とされる。すでに指摘したように、この移行の第一に顕著な特質は、それが、たんに［ある行動をとるための］理由を有する状態から、自分が有する諸々の理由の善し悪しを比較衡量することができる状態への、また、実際にそうすることによって自分の行動の理由を変化させることが、またその結果、自分の行動を変化させることができる状態への変化である点に存する。そもそも私たちヒトが、イルカやゴリラによっても示されているような、まずもって私たちに行動の理由を提供してくれるところの、一定の諸善に対する志向性というものを備えていなければ、この移行に向けた出発点さえ存在しないだろう。また、私たちはその幼児期や青年期に、しだいに多くの活動に参加できるようになり、それらの諸活動を通じて広範な種類の善を認識することができるようにならなければ、この移行の達成に向けて前進することができないだろうし、そうした前進は、諸々の障害や困難や危機によってつねに阻まれうる。

そのような障害や困難や危機のカタログを作成する場合、その筆頭には必ず、病気、けが、捕食者、栄養不良、飢えといった、イルカにとっても致命的な脅威となる諸事象とほとんど同様の諸事象が並ぶだろう。だが私たちはそのカタログに、子どもたちの言語能力の発達や、諸々の理由を比較衡量する能力の発達を妨げる、次のような要因や状況のすべてを付け加えなければならない。すなわち、脳の活動に適切な刺激を与えそこなうこと、知能の遅れ、自閉症、不安を生みだすような安全でない状況、子どもがその攻撃性や過剰な恐怖心や根拠に乏しい期待感を制御できるようになることを妨げる種々の状況、といった諸事象を付け加えなければならないし、このようなリストはさらに拡張しうるだろう。だが、以上の考察には、子どもが〔他者に対して〕依存的であるような初期の状態から自立した実践的推論者としてふるまう状態へと移行する際の、そうした移行に見受けられるもう一つの、すでに指摘した側面に対して私たちの注意を促すにたるものがすでに含まれている。それは、子どもの欲求や情念の変容にかかわる側面である。

　みずからが現在抱いている諸々の欲求の価値を比較衡量するために、それらの欲求からある一定の距離を置く術を学び終えていることが、自己の行動の理由について健全な推論をおこなううえで欠かせない条件である。それゆえ、生じうる一つの危機は、自己がその瞬間に直接的に知覚している諸々の欲求から十分に身を引き離しうる状態になっていないため、自分自身にとっての本物の善に対する欲求が〔その他の欲求に対して〕十分に優勢なものとなっておらず、自己に関するこうした事実を認識しうる見込みさえない、というものだ。また、そのような人間がこれこそ自分自身の善、ないしは善そのものに対する欲求であるとみずからに言い聞かせているものが、実際には、これまでその価値が批判的吟味にさらされずにいたタイプの欲求であり、そうとは気づかれていない形態の小児的欲求にすぎない、ということは非常にしばしば起こりうることである。それゆえ、そのような人間はとるべき行動を考えるにあたって、不十分な前提から推論を開始するとともに、かなり欠陥のある動機づけにもとづいて行動する。健全な実践的推論と善い動機づけは、ときに複雑なしかたで関係しあっているものだが、自己の欲求から距離を置く力の欠如は、そのいずれをも妨げる危険因子なのである。

いうまでもないことだが、このような移行をおこなうどのような自我の歴史も、その特定の自我の歴史であるばかりでなく、次のような他者たちの歴史でもある。すなわち、彼らの存在や不在が、あるいは彼らの関与や関与の欠如が、その移行がどの程度首尾よく果たされるかを規定する決定的に重要な要因となる、そうした特定の他者たちの歴史でもある。そして、そのような他者たちはその歴史の中に二つの異なるしかたで登場する。すなわち、まず第一に、彼らは授乳したり、食事を与えたり、衣服を与えたり、しつけをしたり、知識を与えたり、何かを禁じたり、助言を与えたりすることによって、その移行のために必要な資源を提供する。ある個人がどのような資源を必要としているかは、その個人が置かれた環境やその個人の生まれもった気質によって異なるし、とりわけその個人が直面せざるをえない障害や困難の性質によって異なる。私たちは、私たちに障碍をもたらす〔私たちの能力を阻害する〕状況に直面することを、また、そうした状況の犠牲になることを免れるうえで、他者の助力を必要としている。だが、それればかりでなく、私たちは次のような場合にも他者に支えてもらう必要がある。すなわち、私たちは、ときに避けがたいしかたで、目が見えなくなるとか、耳が聞こえなくなるとか、肢体不自由になるとか、身体が衰弱していく病にかかるとか、精神が失調をきたすといった状況に、一時的にであれ恒久的にであれ、陥る場合があるのだが、そのような場合にも私たちは他者に支えてもらう必要がある。そのような場合に私たちは、自分が必要とする、ときに稀少な資源を手に入れるうえで他者の助力を必要とし、自分が今後の人生において新たに歩むべき道を見出すうえで他者の助力を必要とし、あるいはまた、しばしば私たちの立場に立って、私たちが自分でなしえないことを私たちの代わりにおこなってくれる他者を必要とするのである。異なる個人は、異なるしかたで異なる程度の障碍〔能力の阻害〕を抱えているが、それにもかかわらず、各人はその人自身に特有の才能や可能性をもちうるし、それゆえその人自身〔に特有〕の困難を抱えうる。それゆえ各人に必要なことは、他者が彼女や彼に固有の状況に気づいてくれることである。そして、このことが、〈障碍のスケールというものがあって、私たちの誰もがそのスケール上のどこかに位置を占めている〉ということを想起することが重要な理由の一つである。障碍というものは程度問題であって、それは障碍の度合いについても、また、私たちが障碍に悩まされる期間についてもいえることだ。それゆえ私たちは、概して予期しえないしかたで、人生のさまざまな時点において、さまざまな期間、このスケール上のきわめて多様な地点に自己を見出す。私たちが〔そのスケール上の〕ある地点から別の地点に移動する場合、私たちは、自分が今後もそうした移行をなし遂げる以前と同一の人間であり続けるということを他者に認知してもらう必要がある。とはいえ、他者たちが私たちの歴史に登場するのは、彼らが〔右にみてきたようなしかたで〕私たちのそのような移行を手助けする役割を果たすことを通じてばかりではない。

ごく幼い子どもは、その誕生の瞬間から、いやそれどころか誕生する前から、みずからが作り上げたわけではない一群の社会関係の中に組み込まれているし、そうした諸関係によって自己のありようを規定されている。そのような子どもがいずれ到達しなければならない状態とは、一人の自立した実践的推論者たるその人間が、他の自立した実践的推論者たちとの間に、また、〔いまはその子どもが彼らに依存しているのだが〕やがては彼らのほうがその人間に依存するようになる人々との間に、諸々の社会関係をとり結んでいる状態である。自立した実践的推論者は、幼児とは異なり、彼らがそこに参加する社会関係の形成や維持に寄与する。そして、自立した実践的推論者になる術を学ぶということは、自立した実践的推論者たちによる共通善の達成を可能にするような、そうした関係を他者と協力して形成・維持する術を学ぶことである。しかるに、そのような他者と協力しあっておこなう活動は、〔その活動にたずさわる人々の間に〕現在および未来の可能な諸相に関して、ある程度共通の理解が存することを前提としている。

ただ現在だけを意識している状態から想像上の未来をも見通している意識状態へと変化することが、幼児の状態から自立した実践的推論者の状態への移行に見出される第三の側面である。この能力も、みずからの行動の諸理由を比較衡量する能力や、自分が現在抱いている諸々の欲求から距離を置く能力と同様に、言語の獲得と言語を幅広く多様なしかたで用いる力の双方をその要件とする能力である。言語を用いない知的な種のメンバーは、この能力をもちえない。ウィトゲンシュタインはこう述べている。「動物（Tier）が怒っていたり、おびえていたり、悲しんでいたり、喜んでいたり、びっくりしている状態というのは想像できる。だが、希望に満ちた状態というのはどうだろう。そして、そのような状態が想像できないのはなぜだろう」。そして、彼は続けてこう指摘している。イヌは自分の主人がいま玄関にいると信じることはあっても、自分の主人があさって帰ってくると信じることはないだろう、と。(79)

もちろん、私たちがどのようなしかたで未来に関する理解を組み立てるかは、部分的には、私たちの帰属する文化において定着している時計やカレンダーの使用法、スケジューリングの様式によって異なる。だが、実践的推論者としての私は、私の身に起こりうるさまざまな未来というものを想像することができなければならないし、現在を出発点としてさまざまな方向に向かって推移するさまざまな自分の姿を想像することができなければならない。というのも、〔そのようにして想像された〕さまざまな、相互に代替可能な未来像こそが、私に対して、達成すべき一連の善をめぐるさまざまな選択肢を、さまざまな可能な開花の諸形態とともに、提示してくれるからである。それゆえ重要なことは、私はより近い未来とより遠い未来のどちらも思い描くことができなければならないし、あるしかたで行動した場合に将来生じうる諸帰結について、たとえおおまかなかたちであろうとも、それらが生じうる蓋然性を推測できなければならない、ということだ。以上のことをおこなうためには、知識と想像力の双方が不可欠である。

私たちに必要なその他の能力や力の場合と同様、求められている類の想像力もまた、その発達がさまざまな不測の事態によって妨げられやすいし、すでに列挙した諸事態だけがそのような想像力の発達を妨げる事態のすべてではない。子どもはときに、可能な未来像についてあまりに狭小で貧しい見方しかできない。そして、そうしたことはすべての子どもに起こりうる。だが、この種の困難は、すでにある一定の障碍に悩まされている人々が特に陥りやすい困難である。というのも、盲目や聾唖、肢体の奇形や損傷などの障碍は、その障碍をこうむる人々を、きわめて限られた可能性の組み合わせ以上のものから排除してしまうと一般に考えられているし、おそらくこれまでずっとそのように考えられてきたからだ。そして、このことはしばしば動かしがたい自然の事実であるかのようにみなされてきた。だが、それによってこれまで十分に理解されてこなかったのは次の事実である。すなわち、それらの災いによって突きつけられる種々の困難が克服されうるか否か、あるいはどの程度回避されうるかは、障碍者自身がいかなる資源〔資質や能力〕に恵まれているか――この点については個人ごとに大きく事情が異なるだろう――によって左右されるだけでなく、ある程度まで、他者たちがいかなる助力をなしうるかによっても左右されるのであり、他者たちがその助力に失敗するとき、それは未来の可能性についての想像力の失敗であるのかもしれない、という事実である。それゆえ、障碍をもつことが畢竟どういうことであるかは、その障碍をもつ個人がいかなる個人であるかによって異なるばかりでなく、その個人がその一員である集団がいかなる集団であるかによっても異なるのである。

とはいえ、このことは障碍者についてのみあてはまる話ではない。それ以外の人々もまた、人生の初期の決定的な段階において、さまざまな可能性を想像する力を育むうえで十分な教育を受けられなかったがゆえに、さまざまな現実的な未来像を想像する力の欠如の犠牲者となりうる。この点に関する教育上の失敗としては、対照的な二つの種類の失敗がありうるだろう。まず一方で、ある種の教育は、障碍者に対する場合と同様に、〔ある健常者に対して〕「私たちの人生はかなりの程度まで〔私たちにとって〕どうすることもできない諸状況によって決定づけられている」という誤った信念を植えつけることによって、〔その健常者の自己の〕可能性に関する感覚を萎縮させてしまうかもしれない。また他方で、ある種の教育は、現実的な期待とたんなる願望的思考の間の区別を曖昧にしてしまうような、好き勝手な夢想に耽ることを〔その健常者に〕許してしまうかもしれない。そして、これらいずれの場合にも、私たちは不完全な実践的推論者とならざるをえないだろう。後者のタイプの失敗は、私たちの選択の範囲には限度があることを私たちが認識することを妨げるのに対し、前者のタイプの失敗は、私たちがいかに多くのいかに多彩な選択肢の中から選択しうるかということを私たちが認識することを妨げる。そして、これらいずれのタイプの失敗も、概して、私たちの人生において他者が〔私たちの未来の〕可能性を拡張したり縮小したりするうえで現に果たしている、もしくは果たしうる役割についての不十分な理解を伴っている。

他者に依存している幼児期から実践的推論者として自立した状態への移行を特徴づけるこの第三の側面は、他の二つの側面と密接に結びついている。誰かが、あることをなす善い理由であると自分自身では考えていた理由が実際に十分に善い理由であるのか否かを問おうとする場合、通常その人は、自分がそれ以外にどのようなことをなしえたのか、また、なしうるのか、そしてそれらの行為をなすことによって、どのような別の未来が生じえたのか、また、生じうるのかを問う必要がある。また同様に、「いまここで、この特定の欲求を満たすべく行為することは善いことであり、最善のことであるのか」を問うことができるようになるために、現在抱いている欲求から身を引き離す術を学ぶためには、異なる未来のありようがそれぞれ、どのような欲求の対象を、またどのような善を自分にもたらしてくれるのかを理解できなければならない。私たちは、みずからを、いま自分が置かれている状況から多少とも隔たったところにある一連の諸目的に向かって方向づけられた存在として理解することを学ぶ必要があるし、同時に、そのことにふさわしいやりかたで自己の諸々の欲求を秩序づけられるようになる必要があるのだ。

以上三つの側面相互の関係は複雑である。しかし、それらのすべてが単一の発達プロセスに寄与しており、三つの領域のうちのどれか一つの領域における重度の失敗は、他の領域における重大な失敗を引き起こしたり、強化したりしがちである。そして、そのことは学習者についていえるように、教師についてもいえることだ。つまり、教師としてある一つの領域で欠陥をもつことは、すべての領域で欠陥をもつ原因となりうる。ここで私が教師といっているのは、もちろん、幼い子どもがヒトに固有の開花の諸形態を享受しうるような段階に達した時期に、彼らのことを気にかけ、彼らとふれあい、彼らに教育を施すべての人々のことであり、とりわけ彼らの両親のことである。〈自立した実践的推論〉ということばで私がいおうとしているのは、非常に多様なタイプの文化や経済において、ヒトの合理性という諸力が発揮されること、それゆえ、狩猟、農業、商業、産業といった非常に多様な実践の文脈においてそれらが発揮されることである。もちろん、ヒトが開花するとはどういうことであるのかは、文脈によって異なる。だが、いかなる文脈においてであれ、誰かが自立した実践的推論者としての諸能力をしかるべきしかたで発揮する場合にこそ、その人がヒトに固有のしかたで開花する潜在的可能性は拡大する。それゆえ、もし私たちが、ヒトにとっていかに生きることが善いことかを理解したいと思うならば、私たちは、自立した実践的推論者として卓越しているということはどういうことであるのかを、すなわち、自立した実践的推論の諸徳とはどのような諸徳であるのかを知る必要がある。しかし、私たちはそれ以上に多くのことを知る必要がある。

私たちが幼児の状態から自立した実践的推論者の状態へと移行することを可能にするうえで他者たちが果たしている役割のゆえに、私たちは、それらの他者たちが彼らの役割を卓越したしかたで遂行するとはどういうことであるのかを、すなわち、世話する者や教育する者に求められる諸徳とはどのような諸徳であるのかを知る必要があるし、それらは実践的推論者の諸徳との間にどのような関係を有しているのかを知る必要もある。それゆえ私たちは、〈ヒトに固有の開花とはいかなる人生のうちに存するのか〉という問いを立てるや否や、まさにアリストテレスがそうであったように、この問いが〈徳とは何か〉という問いに、また、〈それらの徳の行使が要求する類の生きかたとはどのような生きかたたか〉という問いに変化したことに気づく。だが、それは少しも驚くべきことではない、と切り返されるかもしれない。私がそうしたように、もし誰かがアリストテレス的な用語を用いて問いを立てることから出発するならば、それらの問いに対する答えを定式化する試みもまたアリストテレス的な筋道で展開するのはきわめて自然なことであると。しかし、私のようなやりかたで出発することがそもそも論点先取の虚偽である、とその批判者はいうであろう。〔つまり〕私がおこなったような議論の進めかたは、ある種の形態のアリストテレス主義が、当面の問題に関連を有するその他の哲学的見地よりもすぐれているということを証明するのではなく、むしろ最初から前提してしまっている、というわけである。なるほど、以上のような批判は甘んじて受け入れなければならない。だが、それを受け入れるにあたっては、二つのことを指摘しておく必要がある。

それはまず第一に、いかなる哲学的探究の出発点も、まさに上記のようなしかたで当初は論点先取であるということ。つまり、いかなる前提にも依拠しない出発点など存在しないということである。ある出発点を正当化するのは、その後に続くもの、すなわち、そこから生みだされる探究であり、その探究の帰結としてある主題についてある特定の種類の理解が得られることである。そして、そのような理解が適切なものであることを示す一つの指標は、それが回顧的に、その理解を達成するべく企てられたその探究がなぜ他の出発点ではなく、まさにその出発点から始めるべきであったのかを説明してくれる点に存する。最終的に、その主題に関連をもつ一連の基礎的諸原理の適切な定式化にいたることによってはじめて、私たちが当初から依拠していた想定や〔探究の〕手続きの正当性が立証されるのである。

だが、以上の主張に対しては、次のようにいわれるかもしれない。すなわち、あなたは、多かれ少なかれアリストテレス的なやりかたで議論を始めたばかりでなく、いまやそれに加えて、探究の進めかたについても、多かれ少なかれアリストテレス的な考えを標榜したがゆえに、新たに別の非難の種を提供したにすぎない、といわれるかもしれない。そして、やはり私はこうした批判をも受け入れなければならない。つまり、なされるべき哲学上の仕事はまだまだ数多く残っているのだが、私はここでそうした仕事をおこなうつもりはない。そして、このことはある特殊な問題領域について特にあてはまる。

さきほど私は、何かに善を帰する多様なやりかたについて、すなわち、「善い」ということばやその同族語の多様な用法について、分類をおこなった。その分類は、ある植物や動物の種のメンバーに対して、その種のメンバーとしての開花を、直接的にであれ間接的にであれ、帰する用法を、「善い」ということばの中心的用法とみなしている。そして、この中心的用法こそが、何かに善を帰する複数のやりかたをその根底において結びつける絆を――それゆえ、何かに善を帰する複数のやりかたがそれにもとづいて説明されるべき絆を――提供している。これまで私は、どのような場合にある特定の種のメンバーが開花しているといえるかは、事実に関する問いであると考えてきたがゆえに――それは、ときにいくつかの点で異論の余地のある問題であるのだが――、私は善について、また「善い」ということばについて、ある意味では、自然主義的説明をおこなうことにコミットしてきたわけである。[*12] なぜなら、ある植物や動物が開花しているとすれば、それはその個体がある一連の重要な自然的諸性質を備えているがためである〔と私は考える〕からだ。だが、もちろん、このように述べることは、「善い」ということばの意味は、たとえそれがある非常に長い選言的なリストであるにせよ、ある自然的諸性質のリストをつくることによって明らかにされうる、と述べることと同じではない。また、善とはある一連の自然的諸性質の存在に随伴する一つの属性であると述べることは、善とそのような自然的諸性質の間の関係性をいかに理解するべきかという問題に一つの名前を与えることにすぎず、その問題を解決することではない。

この領域では、よく知られた難解な哲学的諸問題が生じているが、ここで私はそうした諸問題を脇に置こうと思う。だが、以下のことだけは指摘しておきたい。それは、上記のようなしかたで「善い」の用法を分類することがすでに、「善い」ということばに関するいくつかの形態の哲学理論をまず一見してありそうもない〔それゆえ受け入れがたい〕ものにしているようである、ということだ。つまり、ある特定の種のある特定のメンバーに関して、それが開花しているとか、それが善を達成しようとしているとか、その開花に資するがゆえにある特定のことがらがその個体にとって善いことであるなどと述べること——すなわち、「開花」や「善い」といったことばを、アザミやキャベツやロバやイルカに対して、まったく同じ意味合いで適用することによって生みだされるような諸言説——がいかなることを意味しているにせよ、そのような言いかたをすることによって私たちが、〔そこで言及している事態に対して〕ある非自然的な属性を帰しているとか、〔その事態に対する私たちの〕態度や感情や是認を表明している、などと考えることは困難なのである。*13

第八章　私たちはどのようにして自立した実践的推論者となるのか。また、諸徳はどのようにしてそれを可能にするのか

では、それらなしには、私たちが自立した実践的推論者になることはできない社会関係とはどのようなものであろうか。また、私たちが自立した実践的推論者であり続けるうえで欠かせない社会関係というものも存在するのであろうか。そして、そのような諸々の社会関係を生みだしたり、維持したりするうえで欠かすことのできない諸徳とはどのようなものであろうか。これらの問いに答えようとするならば、私たちはまず、子どもがその幼児期の依存性から脱しつつ発達を遂げていく過程の諸側面について、引き続きより詳細な考察をおこなう必要がある。

たいていの道徳哲学は、その出発点においてすでに、成熟を遂げ、自立した実践的推論者たちの存在を想定しており、彼ら相互の社会関係は大人の世界の諸関係であると想定している。［それゆえ、そのような道徳哲学において］子ども時代というものは、ときに注目されることがあるとしても、それはほんのつ

かの間、何かに付随してのことにすぎない。(80) だが〔実際には〕、実践的推論者たちは、彼らが子ども時代や思春期に獲得したさまざまな関係性や経験や態度や能力をたずさえて大人の世界に入っていくのであり、それらは彼らにとって、つねにある程度、また、ときにかなりの程度、捨て去ることも断ち切ることもできない性質のものである。

有能かつ自立した実践的推論者になることは、一つの達成事ではあるが、それはつねに他者たちがそれに対して本質的な貢献をなすような達成事である。そうした他者の貢献のうち、もっとも初期の段階で必要とされる貢献は、私たちの動物としての存在のありかたに、すなわち、私たちが成長する過程で他の知的な種の構成員たちと共有していることがらに、直接かかわりをもつような貢献である。〔つまり〕私たちは、受胎の瞬間から誕生と乳児期を経て子ども時代にいたるまで、両親（特に母親）や、叔母や、祖父母や、彼らの代理を務める人々から、イルカもまた母親などの年長者から施してもらうようなケアを、施してもらう。また、イルカの一生においてと同様、ヒトの一生においても、受けとることと与えることがそれぞれどのようなかたちで現れるかについては、個人の生涯を通して、また、それを越えて、一定の諸パターンが存在する。イルカたちは、ケアを施された後には、他者たちにケアを施すようになり、ときにはそのようなケアを、みずからの種の枠を越えてヒトにまで施すことがある。だからこそプルタルコスは、海の生き物たちの卓越性を陸上の動物たちの卓越性になぞらえて論じた対話篇の中で、イルカに対し――彼がツバメの狭隘な利己心としてとらえたものとは対照的に――「最良の哲学者たちによって非常に熱心に追求されてきたかの徳、すなわち、無私の友情を抱く能力」を帰したのだ。(81) とはいえ、イルカについてのこのような見解は、魅力的ではあるものの、〔ヒトとイルカの間の〕違いを曖昧にするという犠牲を払って、類似性を強調している。

イルカが他のイルカに対して施すケアは、彼らがその共同生活を維持するうえで決定的に重要な役割を果たしている。だが、その役割は、彼ら自身が検討することのできないものである。というのも、彼らには、ヒトがそうするように、みずからの幼児期をふりかえったり、年をとってやがて死んでいく未来を思い描いたりする能力が欠けているからだ。イルカもヒトも、動物としての自己同一性を有し、動物としての歴史を有している。だがヒトはときに、この事実を無視したり、この事実から目をそむけたりすることができる。それはおそらく、そのような事実を直視する代わりに、みずからをロック的な「人格」や、デカルト的な「精神〔コギト〕」や、プラトン的な「魂」とみなすことによってである。[82] だが、イルカとは違って、ヒトは、受胎の瞬間から死の瞬間までを貫く自分たちの動物としての自己同一性を理解することもできるし、それを理解することで、自分たちがその人生の過去と未来のさまざまな段階において、他者のケアを必要としてきたことを、また、必要とするであろうことを理解することもできる。すなわち、ヒトは自分自身を、他者たちからケアを施されてきた後に、今度は折にふれて他者たちにケアを施すことを求められる者として、また、他者たちにケアを施してきた後に、もう一度他者たちから折にふれてケアを施してもらう必要に迫られる者として、理解することができる。私たちが、生まれた当初から私たちに備わっている動物的な諸力を発揮するばかりでなく、自立した実践的推論者としての諸力をも発達させようとする場合に、他者たちから与えられる必要があるのは、次のような能力を育むうえで欠かせない〔他者たちとの〕諸関係である。すなわち、自己の実践的判断を評価し、ある場合にはそれを修正し、またある場合にはそれを退ける能力、換言すれば、私たちがある行動の善い理由とみなすものが、本当に十分に善い理由であるのか否かを問う能力。ならびに、実際に生じうる未来像の中から合理的な選択をおこないうるために、それらをリアルに想像する能力。ならびに、私たちの善の追求がいまここで私たちに何を要請しているのかを合理的に探究できるようになるために、また、そうした善を達成するために私たちは自己のさまざまな欲求をいかに統御すべきなのか、また必要な場合、それらをいかに再教育すべきなのかを合理的に探究できるようになるために、自己の欲求から身を引き離す能力。これらのうち私たちがまずはじめに考察すべきなのは、最後に挙げた能力である。

すでに指摘したことだが、実践的推論者としての不適切さを生みだす初期の要因の一つは、自分が抱くさまざまな欲求から自己を適度に切り離し、必要な場合には、外的な観点からそれらの欲求の是非について判断をくだしうるようになることに失敗することである。また、すでに示唆してきたように、この能力の欠如は、私たちが、まず幼児期には生命を維持するうえで、また、それ以降は実践的推論の手順について手ほどきを受けるうえで依存する他者たちから十分に自立することができない場合に典型的に生じがちである。というのも、幼児はいまこの瞬間うるさく感じられているニーズをただちに満たしてもらうことを欲求しているだけではない。その欲求はやがて、それが誰であれ、何であれ、そのようなニーズを満たしてくれる当のものに焦点を合わせるようにもなるからだ。それゆえ、そうした欲求の諸対象に対する子どもの態度は、愛着や愛情によって――また、それらに伴う欠如態としての苦痛や恐怖によって――命を吹き込まれている。そして、それらの感情が、その子どもにとっての最初の社会関係を規定するのである。

これらすべてはあまりにも自明なことであり、わざわざ指摘する価値もないことであるかのように思われるかもしれない。だが、それらは、いまだ他者に依存している幼い子どもたちを自立した推論者にすることをめざす――すなわち、〔自分がいまここで追求すべき善は何かについて〕みずからの結論を導き出す能力を備えているばかりでなく、そうした結論について他者たちに説明責任を果たしうるような、また、他者たちがそうした結論を理解可能なものとして受けとめてくれるような、自立した推論者にすることをめざす――両親やその他の人々が直面する困難を私たちが十全に理解しようとする場合、ぜひとも認識しておく必要のあるさまざまなことがらを私たちに思い出させてくれる。こうした課題を果たすうえで彼らが利用できる資源の大部分は、子どもの当初の依存性に由来するものだ。自分の欲求を満たすためには母親やその他の大人たちを喜ばせる必要があるということを、子どもは、〔彼らに対して〕愛着や愛情を抱く経験を重ねることを通じて学んでいく。それゆえ、子どもは大人たちを喜ばせるために行動する。だが、子どもが本当の意味で自立した実践的推論者になるために、大人たちが子どもに教える必要があるのは次のことである。すなわち、子どもが大人たちを喜ばせるとすれば、それは、子どもが彼らを喜ばせるために行動することによってではない、むしろ、そのような行動をとることが大人たちを喜ばせるか否かにかかわらず、子どもが善いことや最善なことを達成するために行動することによってである、ということである。とはいえ、すべての大人にとってそれを子どもに教えることは難しく感じられるし、それを不可能だと感じる大人もいる。それゆえ、子どもの初期の学びは、それが、彼らの下ではその子どもが相互に矛盾する諸要求や諸反応に直面することになる不完全な教師たちの下でなされる場合――かりにその教師たち自身はそのような難題にうまく対処できるとしても――、典型的に不完全な学びとなる。だが、そのような教師のそのような不完全さは、たんに課題の困難さに起因する問題であるばかりでなく、同時にまた、その教師自身もかつては〔不完全な教師の手で教育を施された〕不完全な学習者であったという事実に起因する問題でもある、という点に留意しなければならない。

それゆえ、自分自身の欲求と大人たちの不当な影響力の双方から適切なかたちで自立を遂げえた子どもは、概して、一連の葛藤を通じて自己を解放してこなければならなかったであろう。自己に対しても他者に対しても破壊的な帰結をもたらすことなく葛藤に処する術というものは、早い時期に習得される必要のあるもう一つの技能であり、それもまた概して不完全なしかたで習得されがちな技能である。それゆえ私たちは子ども時代の初期に特徴的な〔その時代に形成されがちな〕愛着や反感から完全に身を解き放つことはけっしてないだろうし、おそらくそれらから完全に身を解き放つことは望ましいことでもないだろう。だが、精神分析の仕事に関する反省的考察から、そして、そうした考察のうち、とりわけD・W・ウィニコットの考察から私たちが学んでおくべきことがらは次のことである。すなわち、子ども時代の初期に形成されたさまざまな態度や関係性を変容させることに失敗する場合、その一つの帰結として、私たちはかりに自立を遂げたとしても、自分が〔他者たちに〕依存していることや愛着を抱いていることを事実に即してリアルに認識しうるような類の自立は達成できなくなり、そのためにかえってそうした依存や愛着や葛藤に囚われたままの状態になる、ということである。依存の承認は、自立への鍵である。というのも、いま述べたような囚われの状態から脱することに失敗する場合、おそらくその帰結として、私たちは、行為者としての統一性を備えた自立した人格として自己をとらえる適切な自我意識をも獲得できなくなるからだ。ウィニコットは、そうした自我意識が次のような過程を経て獲得されることを私たちに教えてくれる。すなわち、「経験にもとづく信頼という条件下で安らぎを覚える状態」の後に、「遊びのうちに、創造的な身体的・精神的活動が示される状態」が続き、その後、最終的に「それらの経験が積み重なって、自我意識の基盤をかたちづくる」と。(83)（ウィニコットは私が引用した一節において、ある精神分析の経過を物語ろうとして、以上のような過程を記述しているのだが、そうした過程は子ども時代の初期の〔自我の〕発達史にもあてはまる。）遊びは重要である。なぜなら、遊びとは探究的なものであるから。また、遊びはそれに参加する者たちを、彼らが感じているニーズ〔欲求〕の圧力から解放してくれるから。また、遊ぶことによって、それ自体として追求する価値があるとみなされる活動の範囲が広がり、同時に、それらの活動を通じて感受される快楽の範囲も広がるから。さらに、遊びかたがヒトとイルカの双方によって示されるタイプのものから、より洗練された形態へと移行するのに伴い、私たちは〔たんなる〕動物の知性の段階から、ヒトに特有の推論の段階へと進むがゆえに、遊びは重要である。(84) 問題のある幼少期を過ごした人々に対して精神分析医がしばしば提供しうるのは、善い母親やそれ以外のケアを施す大人たちが現に〔その子どもに〕与えている次のような状況である。すなわち、それは、そのような大人たちに対する子どもの無条件の信頼が、遊びにおいて表現される彼らの創造的な身体的・精神的諸能力を解き放ち、やがて、実践的推論の自立性の程度を高めていくのに十分な自我意識を子どもの中に生じさせる、そうした状況である。

私が適切な自我意識を獲得した場合になしうるようになること、それは、私が現在抱いている一連の欲求や動機と私の善との間の関係を問題にすることである。私にとって、あれではなくこれをなすべき善い理由とは、あるいは、あれをしたいという欲求ではなくこれをしたいという欲求にもとづいて行動すべき善い理由とは、私があれではなくこれをなすことが私の善〔の達成〕に役立ち、私のヒトとして、の開花に寄与する、ということである。だが、私の欲求が〔私の善の達成につながる欲求とは〕異なる方向に向けられている場合、どうなるのであろうか。子どもはまだきわめて幼い頃には、彼らが現に抱いている欲求や感じているニーズの充足を越えた善というものをいっさい顧慮することなく、もっぱらそれらの充足を追求するほかない。そして、大人の場合にも、彼らにとってそれをおこなうことが善いことであり最善のことであるはずのことが、彼らが実際におこないたいと思っていることとまるで異なるということは、特定の状況下でしばしば起こりうることだ。つまり、そのような子どもと大人のいずれのケースにおいても、そこにはあるギャップが生じているのであり、それは、〔一方で〕彼らがそれをおこなうことについて〔真に〕善い理由を有していることがらと、〔他方で〕いまこの瞬間抱かれているある欲求、ないしはバーナード・ウィリアムズが「行為者の主観的な動機群」[85]と呼んだものの一部を満たしうるようなことがらとの間のギャップである。なおウィリアムズは、「行為者の主観的な動機群」というものを、「価値評価における諸々の傾向性や、情緒的反応の諸パターンや、個人的なこだわり」、そして多様なプロジェクトへのコミットメントなども含むものとして、幅広く定義している。[86]

ウィリアムズは、ある特定の行為者にとって、その人の〔主観的な〕動機群の外部にあって、しかも動機群の諸要素から独立した行動の理由というものは存在しえない、と論じている。だが、一方で彼は注意深く、私たちはそのような動機群を「静的な、所与のもの」とみなすべきではない、とも指摘している。[87]それゆえウィリアムズは、ある行為者が、現時点ではその人の行動を動機づけていないさまざまな考慮によって、やがて動機づけられることになる場合があることをたしかに認めているのであり、換言すれば、かつて〔当該行為者にとって行動の〕外的理由であったものが内的理由に変化する場合があることを認めているのである。とはいえ、ウィリアムズの結論が排除しているのは、ある特定の行為者について次のことが真でありうる可能性である。すなわち、ヒトとしての、あるいは叔母としての、あるいは農民としてのその人にとって、あることをおこなうことは善いことであり最善のことであるということ、そしてそれゆえに、その時点において当人がそれをおこなうのに必要な動機をもっているか否かにかかわらず、あるいはまた、当人の置かれた環境に照らして、将来のある時点において当人がそうした動機をもつにいたる可能性があるか否かにかかわらず、その人にはそれをおこなうべき善い理由がある、ということが真でありうる可能性である。そして、ウィリアムズがそのような可能性を排除してしまうのは、彼が次の二つのことをまったく別のこととみなしているからであろう。すなわち、〔一方で〕ある行為者について、その人があることをおこなうことは善いことであり最善のことであろうと述べることと、〔他方で〕同じ行為者について、その人にはそれをおこなう理由があると述べることはまったく別のことである、とみなしているからであろう。たしかにウィリアムズの説明は、人がある種の道徳的成長を遂げうる可能性を認めてはいるのだが、他方でその説明は次のことを私たちの目から覆い隠してしまう。すなわち、行為者〔としてのヒト〕は人生のさまざまな段階で、その時点までの彼らの〔主観的〕動機群の限界を乗り越えていく術を学ぶ必要があるのであって、もしも彼らがそうした限界を乗り越えられないとすれば、彼らは道徳的な成長を遂げることにまったく失敗してしまうことになる、ということである。

たんに動物的な知性を行使している幼児期の段階から、自立した実践的推論能力を行使する段階へと移行を遂げつつある子どもが達成しなければならないこと、それは、彼女ないしは彼の〔主観的な〕動機群を変容させることであり、それによって——いまや違ったかたちで理解されるにいたったウィリアムズの用語を用いていえば――当初は外的理由であったものを内的理由へと変化させることである。それは、〈私が x を欲求し、x に対する私の欲求が満たされることを望むのは、たんにそれが私の欲求だからである〉という状態から、〈私が x を善いこととして欲求し、x に対する私の欲求が満たされることを望むのは、それが、私にとってそれに対して欲求を抱くことが善いことであり最善のことであるようなことへの欲求だからであり、かつまた、その場合にかぎる〉という状態へ移行することである。〔その場合〕子どもが、まず最初は自分が抱いている欲求を違う方向に向け変えたり変容させたりするために、またそれをなし遂げた後は、自分の欲求を自分の人生のさまざまな段階の善に向けて一貫して方向づけるために、発達させなければならない性質とはどのような性質であろうか。実はそうした性質こそが、諸々の知的な徳や、諸々の道徳的な徳である。それらの徳を身につけることに失敗する場合、私たちは上記の移行を達成できなくなるがゆえに、それらの徳はヒトの生活において現に占めているような位置を占め、現に果たしているような役割を果たしているのである。では、それらの徳はどのようなしかたで、私たちがこの移行をなし遂げることを可能にしているのであろうか。この問いに対して最低限適切な答えを与えるためにも、子どもが経験しなければならない移行過程について、また、その移行の完成状態についてより詳細な説明をおこなう必要がある。とはいえ、この問いに対するある種の答えが〔不適切な答えとして〕排除されるべきことは、これまでに述べてきたことからすでに十分明らかである。

〔たとえば〕私たちがまずは諸々の徳を身につけることにどの程度成功するか、失敗するかということが、またその後、身につけた諸徳を実践することにどの程度成功するか、失敗するかということが、私たちにとって何が快適で有用なことと思われるかを相当程度規定する以上、諸徳を、ヒューム的な言いかたで〈一般的かつ自然的に快適で有用な諸性質〉として特徴づけることはミスリーディングである。*15

〔たとえば〕節制 temperateness という徳、すなわち、飲食や性行動などの身体的な諸活動や身体的な諸状態に伴う快楽や苦痛にかかわりをもつ徳について考えてみよう。この徳を身につけることは、放埓で中毒的なまでの快楽の追求という一方の極端と、野暮で不感症的なピューリタニズム〔道徳的な潔癖主義〕というもう一方の極端の両極端を避ける術を知ることであるばかりでなく、アリストテレスも指摘するように、私たち一人ひとりが身を置く特定の状況に即してそうした術を知ることでもある。節制という徳がトレーニング中のスポーツ選手に対して命じることが、それが体力を取り戻す必要のある病み上がりの人に対して命じることとは異なる。また、この徳が過食症の人に対して命じることと、熱に浮かされたようにフィットネスやダイエットにのめりこむ悪習に染まった人に対して命じることは同じではないのだ。

節制という徳を身につけた人は、肉体的欲望の適度な追求を楽しむようになるだろうし、それらの過剰な追求を不快で、ときに苦痛に満ちたものとさえみなすようになるだろう。その人はもはや、過剰な快楽への欲求を抱いているにもかかわらず節制を実践するのではなく、欲求そのものが変容したがゆえに節制を実践するようになる。その人が快適で有用だと思うことは、かつてその人がそのように思っていたこととはもはや同じではない。いまやその人にとって、節制そのものが快適なものとなり、有用なものとみなされているのである。つまり、さまざまな徳の種類の中には、少なくとも節制のように、その徳を備えた人にとっては快適であり有用なものと認識される一方、その徳に対応する悪徳を備えた人々、および他人がそうした悪徳を身につけることが彼らにとって有用であるような、そうした諸目的をもつ人々にとっては、不快であるだけでなく有害なものとみなされるかもしれない、そうした諸徳が含まれている。それゆえ、ある種の消費財を市場で売りさばいている人々にとって、節度のない intemperate 消費者が存在することは非常に快適で有用なことであろう。〔その場合〕彼ら自身の貪欲 acquisitiveness という悪徳が、他者に備わる節度のなさ intemperateness という悪徳を、彼らにとって快適で有用なものにしているのである。

それゆえ、子どもが、みずからのさまざまな欲求から距離を置き、それらの価値を比較衡量しうる状態へと進歩を遂げるにあたっては、諸徳に相当する諸々の習慣を時間をかけて彼らに身につけさせることがその鍵をなす。そして、子どもの教師たちは、子どもにそれらの徳を教えうるためには、彼ら自身がある程度それらの徳を身につけている必要があるだろう。だが、そうであるからといって、子どもの教育はその一部が特別に道徳教育に割りあてられねばならないと考えるならば、それは誤りである。諸徳は私たちの活動の全領域において発揮されるものであって、そうであればこそ、それらは同じく私たちの活動の全領域において学ばれるものである。つまり、私たちが他者から、最初は家族や家庭の一員としての私たちの役割や務めを果たす方法を学ぶ文脈において、そしてその後は、学校生活における私たちの役割や務めを果たす方法を学ぶ文脈において、そしてもっと後には、農民や大工や教師や漁船の乗組員や弦楽四重奏団の一員としての私たちの役割や務めを果たす方法を学ぶ文脈において、諸徳は学ばれる。というのも、関連する技能とともにさまざまな徳を教え込まれることこそが、それらの役割や務めを拙いやりかたではなく上手なやりかたで果たす方法を教わることにほかならないからだ。（もちろん、学習者を徳の習得へと向かわせるような教育とはいかなる教育であるのか、また、そのような効果をもたない教育とはいかなる教育であるのかについては、多くのことが語られうる。だが、そうした問題についてここでは触れない。）

その場合、一般に教師というものは、すなわち、両親やその他の家族のメンバーやさまざまな職業において新人に教育をおこなう人々は、彼らが〔その生徒たちに〕教え込もうとしている諸々の習慣を、相当程度身につけている必要がある。だが、彼らはそれ以外の諸徳も身につけている必要があるのであって、それらがいかなる徳であるのかは、彼らの役割がいかなるタイプの教育を要請しているかに応じて異なる。いかなる教育においても、その教育の主題を重んじることが求められるばかりでなく、生徒を生徒として重んじることもまたある程度求められる。だが、たとえばピアノやバイオリンの教育がそうであるように、才能のない者をさらなる教育から容赦なく排除すること（それは、その教師やまわりの第三者にとってのみならず、その生徒にとってもためになる処置である）が善い教師たる者の特徴の一つであるような、そうした種類の教育も存在する。そうした教育においては、才能のない者を見分ける力や、彼らをその教育の課程から排除する力は、教師が備えるべき徳の一つなのである。だが、子どもの誕生の時点から――母親の場合には特別で、その子を妊娠した直後から――その幼い子どもをケアし始める人々の場合、やがて教育的なものへと変化する彼らのケアは、それら〔才能のない者を見分ける力や、彼らをその教育の課程から排除する力〕とはまったく異なる諸徳を伴った、ある特別な種類のケアである必要がある。実際、いまだ非常に幼い子どもがその母親から受ける必要のあるケア、すなわち、ウィニコットが「ふつうの善い母親」(88)と呼ぶ者がその子に施すであろうケアは、その子がいずれさまざまな実践的諸活動に従事できるようになるために施される教育とはまるで異なったものにみえるので、その段階における母親の役割を教育者のそれとして理解すること自体、奇妙なことと思われるかもしれない。だが、彼女はまさしく教育者であって、彼女が施すケアの質こそが、その子がその後、学習者としていかなる成長を遂げうるかを決定的に左右するのである。それでは、子どもはその人生の初期に彼女から何を学ぶのであろうか。

ふつうの善い母親は、子どもに対して次のような環境を提供する。すなわち、子どもがみずからの生活の中で何をあてにしてよいのか、あるいは何をあてにすべきではないのかを、ときには破壊的な方法に訴えてでも実地に試すことができるほど十分にその安全が確保された環境を提供する。子どもはそうした環境を提供されることによって、次のような自己意識をもつようになる。すなわち、つねに子どものニーズに応えようとしてくれる母親で、子どものほうが私の願望や都合に合わせるべきだなどと主張したりせず、たとえ子どもが何か悪さをした場合にもめげることなく、そのことについて子どもに仕返しをしてやろうとすることもない、そうした母親からその存在を承認された者としての自己意識をもつようになる。〔他方で〕自分自身のニーズと、それに対する自分の母親の冷淡な態度との組み合わせによって、母親の要求に強制的に服従させられるようになる子どもは、外部世界のリアリティに関する適切な意識も、自己に関する適切な意識も獲得できなくなる。つまり、そうした子どもは、幻想と現実を適切に区別しうる人間になるうえで必要とするものに恵まれない[89]。そして、この区別こそその後の学びを支える基盤の一つなのである。

正しい種類の安全と、〔子どものニーズに対する〕正しい種類の反応的認知を〔子どもに対して〕提供するためには、母親は、また父親やその他の家族はどのような徳を備えていなければならないのだろうか。親たちは彼らの子どもたちとの間に、その他の教師たちが彼らから学ぶ者たちとの間に有する関係とは異なる関係を有しており、それらの違いは以下の三点に存する。〔まず第一に〕親たちが、そしてとりわけ母親が、子どもたちに彼らの必要とする安全と認知を提供しうるためには、彼らが彼らの永続的なケアと献身の対象として〔ほかのどの子どもでもない〕この子どもを選ぶ理由はただ、〔この子どもがまさに彼らの子どもであって〕彼らはその子どもについて、また、その子どもに対して独自の責任を負っているということに存するのでなければならない。第二に、彼らの〔子どもに対する〕当初の関与は、いくつかの重要な側面において無条件的なものでなければならない。つまり、〔子どもに対する〕親の、そしてとりわけ母親の態度は、「これからどのようなことが起きようとも、私はあなたのためにここに〔あなたのそばに〕いる」というかたちの誓いを表現するものでなければならない。そして第三に、彼らがこの子どもを彼らの責任の対象とするのは、その子が彼らの子どもであるためであるにせよ、つねに優先されるべきは、その子どもとの関係における彼ら自身のニーズではなく、その子どものニーズである。それゆえ、この〔親子の〕関係のこれら三つの側面すべてが、子どもをその資質や才能に比例するかたちで遇することを原則的に否認する含意を有している。

一般的に親というものは、子どもが誕生する以前には、その子がある種の理想に合致した人間として生まれてくることを――ただし、理想の詳細な中身については帰属する文化ごとに異なるが――望むものである。それゆえ典型的には、彼らは醜い子どもよりは容姿のよい子どもを望むであろうし、病弱な、あるいは肢体不自由の子どもよりは、健康な、そしてできれば運動能力の高い子どもを望むであろうし、知的発達の遅い子どもよりは、通常の、そしてできれば通常以上の知的発達を遂げる子どもを望むでああろう。だが、ふつうの善い親がある特定の子どもに対して、その子が必要とする安全と認知を提供しうるためには、その子をケアすることに対するその親の関与は、かりにその子が醜くて、病弱で、発達障害をもつ子どもであることが判明した場合にも、揺らぐことがない類のものでなければならない。そしてこのことは、肉体的な奇形や脳の機能障害に悩まされる子どもにとっての善い親についていえるばかりでなく、正常な発育過程を示す、健康で、聡明で、容姿のよい子どもにとっての善い親についてもまったく同様にいえることである。〔つまり〕子どもに対する親の善いケアというものは、部分的には、子どもが深刻な障碍〔能力の阻害〕に見舞われる可能性を考えてみることによって定義される。もちろん、現実に深刻な障碍を抱えている子どもをもつ親は、しばしば、子どものケアにかかわる諸徳を発揮するうえで、健常児の親には求められないようなしかたで英雄的な努力を発揮する必要がある。彼らはこの世に存在する仕事の中でもっとも要求が厳しい仕事の一つを引き受けている。しかし、善い母親や善い父親といったものの範型として、すべての親にその仕事のあるべき姿と、その仕事を適切におこなううえでの鍵を指し示しているのは、そのような深刻な障碍を抱えた子どもたちの親なのである。

善い親としての役割や務めを果たす人々が達成すること、それは、その子どもを彼ら自身によって、また、その他の多様な種類の教師たちによって教育を施されうるような状態にいたらしめることである。そして、このことがその子どもを〔実践的〕推論者として自立した状態にいたらしめるうえでの最初のステップに相当する。なぜなら、子どもがそのような教育を施されうる存在になるためには、あらかじめ、自分自身が抱えているさまざまな欲求から距離を置く術を学んでおかなければならないし、ある特定の欲求をいまここで満たすことが自分にとって最善のことであるのか否かを問う術を学んでおかなければならないからである。また、子どもはそのような術を学ぶことによって、〔たんに〕あのようにではなくこのように行動する諸理由をもつ〔だけの〕当初の動物的な状態を越えて、そうした諸理由を比較衡量したうえで、それらを修正したり、放棄したり、他の理由ととりかえたりすることができるような、ヒトという種に固有の状態へと移行する。そして、この段階に達したとき、子どもの依存は新たな種類の依存へと変化する。

すでに注目してきたように、この新たな依存は、子どもや青年に対して各種実践の手ほどきを授けることを務めとする人々への依存であり、そのような手ほどきには、〔子どもや青年に〕種々の技能を獲得させることだけでなく、各々の実践に内在する諸々の善を認識させることも含まれている。そして、ある特定の実践に関する卓越性とは、まさにそのような諸々の善の達成によって定義される。ある人間の精神や人格に備わる諸性質のうち、当該実践に関連をもつそれらの善の認識を可能にし、かつまた、それらの善を達成するうえで必要な技能の行使を可能にするところの諸性質こそが、〔当該実践にかかわる〕卓越性や徳なのであって、教師とは、それらを備えていることによってその弟子や生徒から区別される、ないしは区別されるべき存在なのである。そのような諸々の徳は、相互に密接な関連をもつ、二つの異なるしかたで特徴づけられる。すなわち、それらは一方で、さまざまな種類の状況に対する適切な反応のうちに示される諸性質として特徴づけられる。たとえば、どのような場合に危険を冒すべきか、また、どのような場合に慎重になるべきかを心得ていること。仕事をどのような場合に他者に委ねるべきか、また、どのような場合にみずから引き受けるべきかを心得ていること。称賛に値することに対して惜しみなく称賛を捧げるべきなのはどのような場合で、非難に値することへの非難をあえて慎むべきなのはどのような場合かを心得ていること。自分自身ないしは他者に対して、どのような場合に厳しく臨むべきか、また、どのような場合によりくつろいだ態度で臨むべきかを心得ていること。どのような場合に冗談をいうことが求められるのか、また、怒ることがふさわしいのはどのような場合かを心得ていること等々、そうした諸性質として、諸々の徳は特徴づけられる。それらの諸性質は、伝統的な徳の目録に含まれていた諸徳として、すなわち、危険を冒す勇気やあえて自重する勇気、仕事の分担や賞賛の分与における正義〔公正さ〕、規律の維持に必要とされる節制、気立てのよさをあらわす快活な機知といった諸徳として、すでに私たちに馴染み深いものである。だが、これら同じ諸徳は、行為者の実践的推論において示される場合もあれば、示されない場合もある諸性質として特徴づけることも可能である。

健全で有効な実践的推論から導き出される結論、それは、当該行為者が個々の特定の環境下でそれをおこなうことが最善であるような行動である。そのような行動を帰結する推論というものは、その特定の状況下で問題となっている善とはいかなる善なのか、また、いかなる障害や困難によってその善の達成が妨げられるのかについて、一定の諸前提を踏まえるところから出発しなければならない。だが、みずからが取り組む実践において、この特定の状況下で問題となっている善とはいかなる善なのか、また、その善の達成にとって何が脅威なのかを認識し、そのような善〔についての認識〕を論証の前提に据えて、その論証の結論として、ある適切な行動をとるということは、諸徳を特徴づける反応〔前の段落において「さまざまな種類の状況に対する適切な反応」と称された諸反応〕を示すことである。たしかにこの後の段階では、次のような状況も生じるだろう。すなわち、子どもや青年がそれまでは、各人の初期の学びにもとづいて善いと思ってきたことが、本当に善いのかどうか、そして、それが本当に、いまこの特定の状況下でその達成に取り組むことが最善であるような善であるのかどうか、というさらなる問いが生じうる状況である。そして、このような問いに答えるためには、さらなる推論が必要とされるだろう。とはいえ、さしあたってその子どもが学ぶ必要があるのは、どのようにして〔ある特定の実践に取り組む際に直面する〕個々の状況の重要な諸特徴を即座に認識しうるかである。すなわち、個々の状況に関連をもつ善と危害と危険はそれぞれ何かということ、また、諸徳はそれら個々の状況に対してどんな反応をとるよう命じているのかということをどのようにして認識しうるかである。

さきに私がその分類をおこなった、「善い」という語とその同族語のさまざまな用法を区別して用いる方法を子どもたちが学ぶのは、そのような〔個々の状況に対する適切な〕反応のしかたを学ぶ過程においてである。彼らは多様な実践の文脈に即して、〈これをおこなうことが善いのは、これをおこなうことがあれを実現するうえで利用しうる最善の手段であるからだ〉ということを正しく判断できるようになるか、あるいはそのことに失敗する。また彼らは、〈ある一定の環境の範囲内で、あれを実現することは無条件に善いことである〉と判断できるようになるか、あるいはそのことに失敗する。さらにまた、彼らは〈自分がいまここでその達成に向けて行動しうるすべての善の中で、あれこそが、自分にとっていまここで達成することが最善であるような善である〉ということを学ぶか、あるいはそれを学ぶことに失敗するのである。

正しく反応する術を知るうえで、〈規則に従うこと〉がしばしば必要になるとはいえ、いかなる規則も、また、いかなる一群の規則も、それだけでは必ずしも正しい反応のしかたを決定しない。というのも、たとえば「罪のない者の命を奪ってはならない」という規則のように、つねに遵守されるべき規則の場合、それらは私たちがいかに行動すべきかを決定するにたるものではないし、他方で、その他の規則の場合、〔もしその規則に従おうとするならば〕この規則はたったいま直面しているケースにあてはまる規則であるのか否かということが、また、あてはまるとすれば、それをどのように適用すべきかということが、つねに問われざるをえないからだ。そして、それを参照すればいついかなる場合にもこれらの問いに対して答えを与えてくれるような、より高次の規則というものは存在しないのである。子どもたちはごく早い時期に、たとえば、見知らぬ人が現れた場合のふるまいかたについて学ぶ必要がある。それゆえ、〔子どもがそれをきちんと学びえているかどうかを確かめるためには〕たとえば〔子どもに〕こう問うてみる必要があるだろう。すなわち、〈こういう場合は、見知らぬ人に対して親切にふるまうことを命じる規則に従うべきケースかしら？　それとも、むしろ、自分に危害を加えるおそれのある人々に対して警戒心や猜疑心をもって接することを命じる規則に従うべきケースかしら？〉と。規則というものは、それがある種の行動を禁止する不可侵の規則であれ、積極的に何かをなすことを指示する規則であれ、それだけでは十分な行動指針たりえない。有徳なしかたで行動する術を知ることのうちには、つねに〈規則に従うこと〉以上のことが含まれているのである。

すでにみてきたように、実践的推論にはさらなる諸側面が存するため、それに従事しようとする人々は、さまざまな徳だけでなく、さまざまな技能も必要とする。また、その両者だけでなく、〔適切な〕自己認識も必要とする（もちろんその場合、適切な自己認識をもつことを、徳の一つに数えることも可能ではあるが）。というのも、それらなしには、彼らは次のような可能な未来の選択肢について想像することができなくなってしまう。すなわち、彼らを取り巻く社会環境や彼ら自身の諸特性を踏まえる場合、彼らがそれをみずからの未来とするべく努力することが現実的であるような未来の選択肢について想像することができなくなってしまうからである。それゆえ彼らは、彼らに影響を与える自然界や人間社会の諸領域に関する個別具体的な知識と、それらに関する一般的な知識――それを備えることで彼らは、ある種の状況下である種の行動をとった場合に生じうるさまざまな帰結が各々どの程度の蓋然性で生じうるかを判断することができるようになる――の双方を適切に備えている必要がある。また、彼らはみずからの身体能力や気質や性格や技能に関する〔適切な〕自己認識も備えている必要がある。いうまでもなく、自然界や人間社会に関して私たちがもっている知識の大部分は、私たちが〔それらを獲得するうえで〕みずからの個人的な経験の貧しさを補うべく、他者たちが私たちに伝達してくれるものに頼らねばならないものであって、そのような他者たちの多くは、私たちが直接面識をもたない人々である。しかるに、私たちの自己認識も、その鍵となる部分は、私たちが自己に関して他者たちから学ぶことに依拠しているし、それ以上に、私たちが自己に関してくだす諸々の判断に対して私たちのことをよく知っている他者たちが与えてくれる承認に、あるいは、そのような他者たちだけが与えうる承認に依拠している。

私たちは、ウィトゲンシュタインから影響を受けた多くの哲学者たちによって、人間の自己同一性は不可避的に二面性を備えている、ということに気づかされてきた。私たちが、かつて自分はあることをおこなうことに成功した、ないしは失敗したということを思い出しているとき、また、そうしたことを思い出しながら、いまここにいる自分は、あのときあの場面でそのことをおこなうことに成功した、ないしは失敗した人間と同一の人間であると判断ないしは想定しているとき、〔そのような判断をくだすうえで〕

私たちは何らかの規準に依拠しているわけではない。それゆえ、私に対して〈あなたが、それをおこなうことに成功した、ないしは失敗した人間と同一の人間であることを、あなたはどのようにして知りうるのか〉と尋ねることは無意味であろう。だが他方で、〔私ではなく〕他者たちが、いまここにいる私は、あのときあの場面でそれをおこなうことに成功した、ないしは失敗したことを彼らが覚えているあの人間と同一の人間であるという判断をくだすとき、そうした彼らの判断はある規準に立脚した判断であろうし、そうであらざるをえない。それゆえ、彼らに対して〈私が、かつてそれをおこなうことに成功した、ないしは失敗した人間と同一の人間であることを、あなたはどのようにして知りうるのか〉と尋ねることは、問題なく意味をなすであろう。私たちが〔自己に関して〕現にもっているような、ヒトとしての同一性という概念をもつことができるのはただ、圧倒的大多数のケースにおいて、次のような二つの判断が一致するがゆえである。すなわち、私たちが何らかの規準に立脚することなく〔異なる時点におけるさまざまな私たちに対して〕帰する判断とが相互に一致するがゆえである。そして、この〔異なる時点におけるさまざまな〕自己に対して同一性を帰する判断と、他者たちがある規準にもとづいてそうした同一性をような判断の一致があればこそ、私たちの誰もが、自己の同一性に関するみずからの判断を、概して信用に値するものとみなしうる。自分が誰であり、いかなる人間であるかを本当に知っていると私がいわれうるのは、ただただ、私が誰であり、いかなる人間であるかを本当に知っているといわれうる他者たちが存在するからなのである。

自己認識というものがこれと同様の二面性を備えていることはなんら驚くべきことではない。というのも、私たちの自己認識は、私たちが自己に同一性を帰することを前提としているし、同時にまた、何らかの自己認識は自己に同一性を帰する際に前提とされてもいるからだ。私が自己についてくだすさまざまな判断が、私のことをよく知っている他者たちによってくだされる私についてのさまざまな判断と一致していればこそ、また、そのかぎりにおいて、私は概してそうしたみずからの判断を信用することができる。それゆえ、私がそのような他者たちに対して自己をさらけだすことを拒むほど自己を過剰に防衛しようとする場合、私は私自身の〔私自身に関する〕幻想の餌食となりがちである。もちろん、人がそうした自己欺瞞的な幻想の虜になることを防いでくれるどころか、むしろそうした状態を生みだしたり、強化したりするような他者との交わりや他者との関係が存在しないわけではない。だが、まっとうで広範な自己認識というものは、私たちが〔自分自身に関する〕自己の判断を修正するうえでぜひとも必要とするものをそのつど提供してくれる諸々の社会関係の所産として、はじめて成立しうるのだ。〔それゆえ〕適切な自己認識が達成される場合、それはつねに〔他者たちとの〕共同達成であろう。そして、私がそれらの間から選択しなければならないさまざまな未来の選択肢を、私はリアルに想像できなければならないとして、そのためには適切な自己認識が不可欠である以上、そうした私の想像の精度もまた、部分的には、他者たちの貢献に左右されるのである。

必要とされる程度の自己認識と、自己欺瞞へと向かわせるすべての影響力にあらがう力の双方を獲得するうえで不可欠な徳は、いうまでもなく誠実〔正直〕さ honesty であり、とりわけ、自分自身について他者を欺くこともないし自己を欺くこともないという意味での誠実さである。この徳は、私たちがみずからのおこないを反省する際に発揮されるばかりでなく、私たちが次のような特定の他者たちに対して説明責任を果たす際にも発揮される。すなわち、彼らのニーズを満たす手助けをすることを私たちに期待してしかるべき理由をもつ他者たちに対して、そうすることが適切な場合にはいつでも、私たちの無力さや過ちを認めることによって、彼らに対する説明責任を果たそうとする際にも発揮される。それゆえ、私たちが自立した実践的推論者になるべきであるとすれば、この徳もまた必要とされる。さて、この時点で、これまで徳について述べてきたことを要約しておくことがおそらく適当であろう。私はまず最初に、イルカやゴリラにおける行動の理由と比較した場合に、ヒトにおける行動の理由に特徴的なことは、私たちが自分の有する諸理由について、一方が他方に比してより善いとかより悪いと評価することができる点に存する、と指摘した。そのうえで私は、この能力を発揮することによって健全な実践的推論者となるべき人々に備わっていなければならないいくつかの特質を列挙した。すなわち、それは、〔第一に〕自分が抱えている欲求の直接性から自己を引き離す力であり、〔第二に〕未来に関して現実的な種々の選択肢を想像する能力であり、〔第三に〕多様な善の種類を認識し、それらについて正しい実践的判断をくだす傾向性であった。そして私は、これらの特質はいずれも、ある一連の知的・道徳的な諸徳を身につけた者だけが備えうる特質であると主張した。私たちが、そのつど直面するいくつかの選択肢の中から自分自身で選択をおこないうるような自立した実践的推論者となるためには、それらの諸徳を身につける必要があるのだ。だが、私たちがそうした必要な徳や技能や自己認識を獲得しうるとすれば、それは重要な点において、私たちがかつて依存しなければならなかった特定の他者たちのおかげである。私たちが概して成年期の初期に、ついに自立した推論者となる頃には、もちろん、そうした依存の関係の多くは終了する。とはいえ、それはそうした依存の関係のすべてにあてはまるわけではない。というのも、私たちは人生の最後にいたるまで、私たちの実践的推論を支えてくれる他者たちを必要とし続けるからである。なぜそうなのか。

私たちはその実践的推論において、いつ何時でも知的な誤謬のゆえに道を誤りうる。すなわち、私たちはことによると、自己の置かれた状況の特殊性について十分な情報を得ていないかもしれない。また、誤った推論に導かれるようなしかたで、証拠が指し示す以上のことがらを信じ込んでいるかもしれない。また、十分に実証されていない何らかの一般論に過度に依拠しているかもしれない。そうした種々の知的誤謬のゆえに、私たちは実践的推論においてつねに道を誤りうる。だが他方で私たちは、道徳的な誤謬のゆえに、道を誤る場合もある。たとえば、私たちは、誰かに対する嫌悪感から過度の影響をこうむっている場合がある。また私たちは、自分がその虜になっている幻想を自分の置かれた状況に対して投影してしまっている場合もある。また、他の誰かの苦しみを十分に思いやることができない場合もある。そして、私たちが陥る種々の知的誤謬は、つねにそうであるわけではないにせよ、しばしば私たちの道徳的誤謬に根ざしている。これら双方のタイプの過ちから身を守る最善の防御は、友人や仲間との交流である。

特定の実践の文脈において、ある具体的活動に取り組んでいる際に私たちがある特定の過ちを犯したことを、また、その過ちが、徳や技能の観点からみた私たちのどのような失敗に起因するものであるのかを私たちに気づかせてくれる存在として、私たちが頼りにできるのは、概して、その実践にともに取り組む熟練の仲間たちだけである。また、そのような実践の文脈の外部において、同様の助言を与えてくれる存在として私たちが頼りにしなければならないのは、家族のメンバーを含む私たちの友人たちである。私たちが仕事仲間や友人たちに頼ることができない場合に、みずからの判断に自信を抱くことは、つねに錯誤を生みだす原因となりえよう。それゆえ、私たちが有効な実践的推論をおこないうる人間になるためには、みずからの結論に関して、〔他者たちによって〕正当化された自信を抱く必要がある。〔とはいえ〕私たちが一般的かつ典型的には、実践的推論をおこなううえで他者たちに依存し続けているということは、次のことを意味しない。すなわち、通常私たちが彼らの同意にもっとも信を置いている人々を含む、いかなる他者たちの判断とも一致しない結論を私たちはけっして支持すべきではないし、そうした結論にもとづいて行動すべきでもない、ということを意味しない。精神の自立を維持するためには、そうすることも必要である。だが、私たちがそうするにあたっては、つねに特別に善い理由がなければならない。

以上からいえるのは、自立した実践的推論者へと発達を遂げつつある時期と、現に自立した実践的推論者としてその能力を発揮している時期のいずれにおいても、私たちが特定の他者たちに依存することをまったくやめてしまう時点など存在しない、ということである。とはいえ、もちろん、私たちの依存する他者たちが、私たちの実践的推論能力を育んだり維持したりするうえで必要な諸徳を欠いているという事態もつねに起こりうる。また、実際に彼らがそうした諸徳を欠いているがゆえに、たとえばネグレクトによって、あるいは、たとえ善意からではあっても結果的に有害な誤った教育を施すことによって、あるいは、私たちを自分の都合に合わせて操作したり、搾取したり、犠牲にすることによって、さもなくば回避できたであろう障碍から私たちを保護することに失敗してしまう場合もあるし、彼ら自身が――ときには意図的に――そうした私たちの障碍や発達不全の積極的要因となる場合もあるだろう。（こう述べるからといって、私は、多くの障碍は避けることのできないものであるという事実を無視しているわけではない。〕イルカにイルカを恐れる理由はない。ヒトにヒトを恐れる理由があるようには。

私たちはこれまでに、諸徳が、次の二つの重要な点に関して、ヒトの開花に不可欠であることをつきとめていた。すなわち、〔まず第一に〕私たちはある一連の知的な徳や道徳的な徳を育むことなしには、まずさしあたって実践的推論能力を発揮できるようにはならないし、その後、その能力を発揮し続けることもできない。また〔第二に〕、私たちは同様の諸徳を育んでいなければ、他者たちがまずさしあたって実践的推論能力を発揮できるようになるうえで、またその後、その能力を発揮し続けるうえで必要としているケアや教育を、彼らに対して適切に施すことができない。だが、いまや私たちは、〔諸徳がヒトの開花に不可欠である〕第三の理由を見出すにいたった。つまり、私たちは諸徳を身につけることなしには、ネグレクト、共感の欠如、愚かさ、欲深さ、悪意などから自分自身を、またお互いを十分に守ることもできないのである。しかしながら、諸徳はどのようなしかたでこれら三重の機能を果たすのかを理解するためには、私たちはまずもって、諸徳の行使が要求するような秩序づけられた社会関係と、諸徳に関する従来の説明においては必ずしも正当な評価を受けてこなかったいくつかの徳の重要性の双方をより十全なしかたで特徴づける必要がある。

第九章　社会関係、実践的推論、共通善、そして個人的な善

私たちは、私たちが必要とするものを私たちに与えることができる特定の他者たちとの一連の諸関係に参加することを通じて、自立した実践的推論者となっていく。私たちが自立した実践的推論者となるとき、(つねにそうではないかもしれないが) 概して私たちには、かつて私たちが必要としたものを現在必要としている他者たちに与えようとする場合に私たちが必要とするものもまた身についている。私たちは、〈与えることと受けとることとの諸関係のネットワーク〉の中のある特定の地点にみずからが位置を占めているのを見出すが、そうしたネットワークにおいては、一般的かつ典型的には、私たちが何をどの程度〔他者たちに〕与えうるかは、部分的には、私たちが何をどの程度〔他者たちから〕受けとったかによって決まる。

ヒトの自己同一性を動物としての自己同一性として考えることを前提に、このような諸関係が、時間的にみて、いかに受胎の瞬間から死の瞬間まで及んでいるかということを考えてみよう。私たちは、両

親やその他の年長の家族から、また、教師たちや、私たちに仕事を教えてくれる人々から受けとる〔ケアや教育を施してもらう〕。また、病気やけがをしたとき、あるいは年をとって体が弱ったとき、あるいはその他のしかたで力を奪われているとき、私たちの世話をしてくれる人々から受けとる。その後、子どもたちや生徒たち、そして、さまざまなしかたで力を奪われている人々といった他者たちが、また、差し迫った極度の苦境に陥っている他者たちが、私たちに与えてもらうことをあてにしなければならなくなる。私たちに与えてもらうことをあてにするそうした他者たちは、ときに、かつて私たち自身に与えてくれた人々と同一の人々である。だが、ある一群の人々から受けとり、それとは別の人々に対して（によって）与えることを求められる、ということもわたしたちにはしばしば起こりうる。そのように理解する場合、そこから自立した実践的推論者が立ち現れるとともに、それに支えられてその人間が自立した実践的推論者であり続けることができる諸関係とは、人が〔特定の他者たちに対して〕当初から恩義を負っているような、そうした諸関係である。さらに、その恩義に報いるということは、厳格に互酬性の原理に従うことではないし、そうではありえない。その理由は、人が与えることを求められる相手は、非常に多くの場合、かつてその人に与えてくれた人々と同一の人々ではない、ということにのみ存するわけではない。私たちが受けとるケアや援助が、私たちが与えることを求められているケアや援助と同じ種類のものであるときでさえ、〔その両者を比較した場合に〕一方が他方に対してはるかに大きな、またより骨の折れるものであることもあるだろう。また、私たちが受けとるものと私たちが与えるものは、きわめて多くの場合、同じ尺度で比較しえないものである。たとえば、私たちの両親が私たちに対してケアや教育を施すことを通じて私たちに与えてくれたものと、その両親が病気になったり、年をとったりした際に、私たちが彼らの世話をすることを通じて彼らに対して与えることを求められているものとを適切に比較する方法など概して存在しない(90)。

とはいえ、以上が〔与えることと受けとることの諸関係を特徴づける〕唯一の非対称性ではない。私たちは自分がどのような人々から受けとったのかを知っており、それゆえ、どのような人々に対して恩義を負っているのかを知っている。ところが、多くの場合、私たちは自分が将来どのような人々に対して与えることを求められるのかを知らない。つまり、もしも両親や教師たちがそのときまだ生きながらえているならば、おそらく私たちは彼らに対して与えることを求められるだろう。また、もしも私たちに子どもができるなら、私たちは彼らに対して与えることを求められるだろう。また私たちは、偶然何かの縁で私たちに彼らのケアを託された人々に対しても与えることを求められるだろう。そのうえ、私たちはそうした人々がまさに何を必要とすることになるのかについても知りえない。私たちは彼らが抱えうるニーズにあらかじめ一定の限界を設けることはできないのであって、それはちょうど、かつて私たちの世話をしてくれた人々が、私たちのニーズのありように前もって一定の限界を設けることができなかったのと同じである。たとえば、私たちは、生まれてくる際にこうむった脳の損傷によって障碍を負っていたかもしれないし、重度の自閉症を患っていたかもしれない。その場合、当時私たちの世話をしてくれていた人々は、もともと私たちに潜在的に備わっていたはずの諸能力を育むことはもはや不可能であると悟ったことだろう。また、私たちを、私たちが現にそうなりえたところの自立した実践的推論者にするうえで当時必要とされた種類のケアは、それが実際に有効なケアとなるためには、その結果がどうであれ、ヒトという存在そのものに対する無条件のケアでなければならなかった。そして、いまや私たちが他者に対して与える義務を負う番になった、もしくは、いずれ与える義務を負う番が回ってくるケアとは、まさにそうした種類のケアなのだ。脳に損傷がある人々や、ほとんど体を動かすことができない人々や、自閉症の人々、そうしたすべての人々について、私たちは「それは私たちの運命であったかもしれない」といわざるをえない。彼らの不運は私たちのものでありえたし、私たちの幸運は彼らのものでありえたのだ。(91)

それゆえ、私たちが受けてきたケアや教育と、私たちが与えなければならないケアや教育との間には、複雑な関係が存する。しかし、それにもかかわらず、私たちが与える義務を負っているのは、私たちがこれまで受けてきたもののためである。だがその場合、これまで受けることがなかった人々はどうなるのであろうか。ある者は、そのことの結果として、まったく不必要なしかたで障碍を負うことになったであろう。また、ある者は首尾よく自立した実践的推論者になることができたにせよ、彼らには、自分が受けた教育をふりかえってそれに感謝すべき理由などなく、それに恩義を感じるべき理由もほとんどないか、まったくないであろう。彼らは子どもの頃、性的虐待やその他の虐待の犠牲者であったかもしれない。また、生きていくうえで必要なものがおおいに奪われていたかもしれない。また、体系的に不公正な扱いを受けてきたかもしれないし、自分自身で生みだした以外の学びの機会はほとんど、あるいはまったくもてなかったのかもしれない。そうした事情にもかかわらず、彼らは彼らの前に立ちはだかった種々の困難に自力で立ち向かうことを通じて、自立した実践的推論者になりえたのだとすれば、彼らがこれまで他者から受けた恩義というものは、他者から受けた不正に比してごくわずかであろう。だが、ここで注目したいのは、右のように述べるとき、私たちは彼らの置かれた状況を、まさに次のような観点から特徴づけているということ。すなわち、自立した実践的推論者というものが、一般的かつ典型的には、そこにおいて育まれ、そこにおいて支えられているような、そうした諸関係のうちに具体化されている〈与えることと受けとることを律する諸規範〉の観点から特徴づけているということである。私たちはそうした諸規範を参照することによってのみ、〈他の人々とは違って、自分は〔他者に〕恩義を負っていない〉という彼らの主張の正当性を理解することができるのだ。そして、そうした彼らの主張に対する唯一適切な反応とは、第一にそのような彼らの主張の正当性を認めることであり、第二に、そのように主張する人々は、彼らがこれまでこうむってきた不正の本性とその諸帰結ゆえに、いまこそ私たち残りの者が、彼らに対して与えることを緊急に求められている、そうした人々であるということを認めることである。

そのような不正には二つの異なる源泉がある。一つは個人によって犯される道徳的失敗であり、それらはある人格に備わる種々の悪徳に起因するものである。また、もう一つの源泉は、与えることと受けとることとの諸関係がその中に埋め込まれている、ある特定の一群の社会関係の構造的欠陥のうちに見出される。これら二つの源泉は互いに無関係ではない。〔たとえば〕欠陥をもつ社会関係のシステムは、欠陥をもつ人格を生みだしがちである。だが、たとえそれがもっともすぐれた社会関係の集合体であったとしても、そのような社会関係の集合体の中ではすべての人間が健全な成長を遂げうるというわけではない。また、もっともすぐれた社会関係の集合体でさえ、ある有意な程度において欠陥をもつものだ。それが欠陥をもたないなどということはほとんどありえないのである。

フーコーは、私たちに次のことを気づかせてくれた思想家たちの長い系譜――アウグスティヌス、ホッブズ、およびマルクスは、もっとも著名な彼の先駆者たちである——に連なる最新の思想家にすぎなかった。すなわち、彼らが気づかせてくれたのは、制度化された〈与えることと受けとることのネットワーク〉とは、つねに、権力が不平等なしかたで配分されている社会組織であり、しかも、そのような不平等な権力の配分を隠蔽し保護する巧妙な仕組みを備えた社会組織である、ということである。そうである以上、そのようなネットワークへの参加は、つねに、不当な差別や不当な搾取をこうむる可能性と結びついており、現にしばしばそうした可能性は現実のものとなる。私たちがそのような事実をきちんと認識していない場合、私たちの実践的判断や推論はかなり的外れなものとなってしまうだろう。そうしたネットワークへの参加を通じて、みずからの善と他者たちの善の双方を達成するために私たちが必要とする諸徳は、〔当該社会における〕権力の配分のされかたや、権力の行使が陥りがちな腐敗の諸形態に関する認識を踏まえつつ発揮される場合にのみ、本物の徳として機能するのである。これは私たちの人生全般においていえることだが、この点においてもまた、私たちは権力の実情に即して生きる術と、それに抗して生きる術の双方を学ぶ必要があるのだ。

そういうわけで、家族や家庭、学校やある実践における師弟関係、地域コミュニティやより大きな社会といった、一連の、持続する制度化された諸関係の中で自己がある立場を占めているのを見出すことが、また、ふつうは時の経過とともにその立場が移り変わっていくことが、ヒト〔の生〕に特有の条件である。そして、そのような制度化された諸関係は、二つの様相を呈して現れる。〔すなわち、一方で〕それらは、これまで私が描写してきたような、〈与えることと受けとること〉という種類の諸関係であるかぎりにおいて、それらなしには私も他者たちも自分たちの善を達成する力を獲得できなかったし、そうした力を維持することもできなかった、そうした諸関係である。つまり、それらは、開花という私たちの目的を達成するうえで欠かせない手段である。しかしながら〔他方で〕、それらはまた一般的に、支配と略奪の道具として機能することで私たちの善の追求をしばしば妨げる、そうした既存の権力のヒエラルキーや権力の用途を具体的に表現している諸関係でもあるだろう。

その場合、私たちは概して、そうした二重の性格を備えた社会状況のうちに身を置いていることになる。そして、そのような二重の性格は、私たちの諸々の社会関係の構造を支配し、それらを作動させている諸規則や諸規範を、私たちがあまりにも安易に、「その諸規則」とか「その諸規範」などと呼ぶとき、私たちの目から覆い隠されてしまうものである。ときとして二種類の規則群〔私たちの善の達成に寄与する規則群と、私たちの善の達成を妨げる規則群〕は並存しているだろう。あるいは、同一の規則ないしは規則群が、あるときは一方のしかたで、またあるときは他方のしかたで機能するということもあるだろう。一方の規則群と他方の規則群が真っ向から対立しあっている生活様式もあるだろうし、一方の規則群が他方の規則群に従属させられている、もしくは、吸収されてしまっている生活様式もあるだろう。これら二種類の規則の間の、このように多様で、しばしば変化しつつある関係が反映しているのは、〔個々の規則間の〕大小さまざまな葛藤や闘争のその帰結である。〔その場合〕最悪の帰結とは、与えることと受けとることに対して課せられる諸規則が、権力の諸目的に実質的に従属しているか、さもなければそれらに奉仕させられている状態である。また、最善の帰結とは、与えることと受けとることを律する諸規則がそこにむけて方向づけられている諸目的に権力が奉仕しうるようなしかたで、権力の配分が達成された状態である。

西洋の歴史が歩んできた多くの段階のどの一つにも見出されるようなある家族を例として考えてみよう。その家族の両親は、彼らが生きたその特定の時代と場所において彼らが利用できた最良の規準に照らして、概して、彼らの子どもたちに対するその務めをよく果たしていた。母親は、彼らが出生する以前も以後も彼らに対してすばらしいケアを施してきたし、父親や叔母や叔父や祖父母たちもそのような母親をよくサポートし、各々が子どもたちの教育の各段階において適切にその役割を果たしてきた。父親と母親は、概して子どもたちをすぐれた教師たちの手に委ねたばかりでなく、そのような教師たちに対して積極的な支援もおこなった。つまり、この両親は彼らの〔親としての〕権威を賢明に行使することを通じて、自分たちがその権威にふさわしい存在であることを証明したのである。そして、それによって子どもたちも、そうした賢明な権威〔の行使〕というものが、彼らを現にそうであるような自立した実践的推論者にするべく、ケアや教育というかたちで彼らに与えられたものに欠かせない要素であったことを認識するにいたった。また彼らは、その思春期の終わり頃か、成年に達してすぐの頃に、自分たちが両親やその他の家族や教師たちに対して恩義を負っていることを理解するにいたった。それゆえ彼らは、今後、両親やその他の年長者たちが援助を必要とする場合には彼らに対して、また、将来自分に子どもができた場合にはその子どもたちに対して、さらにいえば、そのニーズに応えることが自己の責務となるすべての人々に対して、今度は自分自身が与える義務を負うようになることも理解するにいたったのである。だが、このような状況下で、ある対立の火種が生じる。

父親はかつて、妻と子どもたちに対する彼の責任を果たすために、長期にわたる厳しい訓練を必要とするが、将来的には大きな富と権力と名声の獲得が見込まれる何らかの職業に就く夢を諦めたのであった。そして、いま彼は、本来なら彼自身がかなえていたかもしれないその職業に対するみずからの憧れを一人の子どもに託している。彼自身がなりえなかったものにその子どもはなるべきだという熱烈な望みを抑えきれない彼は、そのために、子どもがいまや自立する必要があることを正しく理解できなくなっている。そして、自立した実践的推論者としてのみずからの力をすでに発揮しつつあるその子どもは、自分がその職業をめざさないことに関して、それを正当化する申し分のない理由を見出している。父親は、経済的制裁等をちらつかせながら、また、親の権威に訴えてそのことを正当化しつつ、その子どもにその職業をめざすよう命じている。また、母親は母親で、子どもが父親の命令に従わないことを恥ずべきこととみなしている。この種の父親と母親の態度を正当化するような権威が、親の権威として、確立された諸規則によって認められているような文化はこれまで数多く存在したであろうし、いまだに数多く存在するであろう。

しかしながら、もしもその子どもが自分の両親の命じるとおりに行動するとすれば、その子どもは、相互に密接なかかわりをもつ二つのしかたで失敗を犯すことになるだろう。〔すなわち、まず第一に〕その子どもは、自立した実践的推論にかかわる諸徳を自分が不完全にしか備えていない事実を暴露することになるだろう。また〔第二に〕、その子どもは、自分が実際に他者たちに対して負っている義務について、重大な判断ミスを犯すことになるだろう。すなわち、与えることと受けとることの諸規則に従う場合、自分はこれまで受けてきたものに照らして、他者たちに何をどのくらい与えることが求められているのかに関して、重大な判断ミスを犯すことになるだろう。それゆえ、このようなタイプの事例においては、親の権威を規定する、社会的・文化的に確立された諸規則は、与えることと受けとることの諸規則と齟齬をきたしており、同時にまた、後者の諸規則が正当なものとして認めている親の権威についての考えかたと齟齬をきたしているのである。

このような二種類の規則群同士の対立は、西洋の諸文化においてこれまで繰り返し生じてきたし、歴史や文芸は私たちに、〈悪い父親〉や〈悪い母親〉の実例を、また、それらに対応する人物像である〈悪い王〉や〈悪い女王〉や〈悪い教皇〉の実例を数多く提示している。もちろん、そうした悪さというものは、異なる時代ごとに、異なる社会的・文化的形態を帯びてはいるのだが。たとえば、自分の息子を彼が絶対になりえなかったものにしようとして、そのための教育を彼に無理やり押しつけたリットン・ストレイチーの母親のような、ヴィクトリア時代の悪い親は、ドミニコ会の修道士になることを断念させる目的でトマス・アクィナスを一年間監禁した彼の母親のような、十三世紀の悪い親とけっして同じではない。しかし、その根底に、相互に異なる要求を備えた二種類の規則群同士の対立が横たわっている点は同じである。それゆえ、いかなる時代のいかなる家族も次のようなスペクトルの上のどこかに位置づけることができる。すなわち、一方の端には、権力の既存の配分状態への強制的な順応を表現している家族のパターンが、また他方の端には、ヒトの開花のために必要な〈与えることと受けとることとの諸関係〉を表現している家族のパターンがあるような、そうしたスペクトル上のどこかに位置づけることができるのである。

悪い親の悪い親たるゆえんとしては、二つのことがらが存する。〔まず第一に〕子どもが親に対して与える義務を負っていないものを与えるよう子どもに要求している点で、悪い親は不公正である。また〔第二に〕そのようなみずからの要求を公正なものとして提示する点において、悪い親は概して自己を欺いているし、かりに自己を欺いていないとしても、他者を欺こうとしている。私たちがこれらの判断〔ある種の親を悪い親とみなす判断〕を正当化するためには、悪い親がそれらの諸規範に照らして非難されるような諸規範、すなわち、与えることと受けとることの諸規則を、私がこれまでおこなってきた以上に十全なしかたで正当化できなければならない。それゆえ以下では、私がこれまで主張してきたことを繰り返すとともに、多少詳細に述べることをどうか許していただきたい。

まず最初に指摘しておきたいのは、自立した実践的推論能力の発揮は、ヒトの全面的な開花に欠かせない要素の一つであるということであり、この点についてはおそらくもっとも異論が少ないだろう。ただし、すでに強調してきたように、それは、推論能力を欠く場合、誰しもまったく開花できないということを意味しない。とはいえ、実践のレベルにおいて健全なしかたで推論する能力を欠くということは、やはり一つの由々しき障碍ではある。また、みずからの推論に関して自立を遂げていないということも一つの欠陥である。その場合、私が〈自立〉ということばで意味しているのは、他者からその人に対して提示された行動の諸理由を比較衡量する能力と意志を備えているということであり、またその結果として、自分自身がくだした実践的結論について説明責任を負えるばかりでなく、他者が導き出した実践的結論を自分が支持する理由についても説明責任を負える、ということである。したがって、みずからの推論について他者に理解可能な説明を提示できない場合、その人は自立した実践的推論者ではありえない。だが、その説明は、実質的な意味において理論的な説明である必要はない。健全な実践的推論者であるために、農民やフルート奏者は、同時に論理学者でもなければならない、ということはないのである。

実践的な熟慮 practical deliberation とは、たんに手段に関する熟慮のことであって、目的に関する熟慮のことではない、とアリストテレスは述べている。(92) そこから帰結するのは、私たちは特定の目的について熟慮することはないということではなく、むしろ、特定の目的について熟慮するかぎりにおいて、私たちはそれらの目的をよりいっそう高次の目的に対する手段として扱っているということにすぎない。行動とは「ある目的を達成する手段」であるという、アリストテレスの行動概念は、次のような二種類の行動のいずれをも含んでいる。すなわち、一方で、眠っている誰かに大声で呼びかける行動がその誰かを目覚めさせる手段である場合のように、手段と目的の間に何らかの偶発的な因果関係があればこそ、ある目的を達成しうるような行動。また他方で、チェスのゲーム中にある駒を特定のしかたで動かすことがチェスというゲームをおこなううえでの手段であるように、あるいは、与えることと受けとることの諸規則に従うことがある種の生きかたの構成要素であるように、ある行動がある統一体の構成要素として実践され、それゆえ、その行動の実践によってその統一体が成立しうるような行動である。必ずしも明示される必要はないにせよ、実践的推論者がそれについて熟慮し、何がしかの判断や行動というかたちでそれに対して答えを与えるべき問いというものは、「これこれの目的が達成されるべきであるとすれば、その目的を達成する手段としてなされるべき最善の行動とはいかなる行動か」という形式を備えた問いである。もしもこのような問いに対する最初の応答が、「ところで、この特定の目的はこの特定の個人ないしは集団がいまこの場所で追求すべき最善の目的だろうか」というさらなる問いであるとすれば、この第二の問いに対する回答は、何らかのより高次の目的を参照ないしは前提するものとなるだろうし、「これこれのより高次の目的が達成されるべきであるとすれば、この目的は、この特定の個人ないしは集団によっていまこの場所で追求されるべき当面の目的である（ではない）」という形式を備えた回答になるだろう。アリストテレスの説明によれば、実践的な判断や行動を十分に正当化する推論をおこなおうとすれば、私たちは最終的には、あらゆる健全な実践的推論の鎖がそこから出発するところの第一前提にまでさかのぼる必要があるし、そうした第一前提は「善いこと、そして最善のこととは、これこれのことであるがゆえに……」という形式を備えている。(93) だが、もちろん、いまこの場所で何をおこなうのが最善かについて健全な推論をおこなうために、その人間の当座の実践的推論が暗に前提している正当化の推論の鎖を〔すべて〕はっきりさせる必要などめったに生じないし、かりにそのような必要が生じたとしても、関連をもつ諸徳を備えた人々──特に、分別のある判断という徳を備えた人々──でさえ、それをなしえないことがありうる。とはいえ他方で、それらの諸徳を欠く人々は、健全な実践的推論をなしえないだろう。その場合、自立した実践的推論者の説明にとって、この暗に前提されている〔十分な〕正当化のための推論を参照することはなぜ重要なのだろうか。そこには二種類の重要性がある。

第一に、それは次のことを明らかにしている。すなわち、手段に関して合理的かつ有益なしかたで互いに議論しようとする人々は、あらかじめその〔手段の〕目的については意見が一致していなければならない、ということである。ただしそれは、目的に関する合理的な意見の不一致など存在しえない、ということではない。むしろ、そのような意見の不一致が道理にかなったものであるためには、また、議論が不毛なものとならないためには、目下その妥当性が争われている目的の達成がそのための手段であったり、なかったりするところの〔より高次の〕目的については、より根本的なレベルで、少なくとも部分的な意見の一致が存在しなければならない、ということをそれは意味している。このことがなぜ重要なのだろうか。その理由の一部は、すでに強調してきたように、「ことがらが重大である場合、私たちは、さまざまな選択肢の中から適切な判断をなしうる者として自己を信用できないため、そのことがらを熟慮するにあたって他者たちを頼りにする」という点にある。(94) だが、〔第二に〕次のこともまた重要である。すなわち、私たちは実践的な推論をおこなうにあたってしばしば、「私にとって何をなすことが最善か」という問いに答えなければならないだけでなく、「私たちにとって何をなすことが最善か」という問いにも答えなければならない、ということである。そして、私たちが通常この後者の問いを提起しうるのは、いわんやそうした問いに答えうるのは、ただただ、個々の善や善そのものに関する、基礎的な〔見解の〕一致が私たちの間にある程度存在するからなのである。

私が採用している、概してアリストテレス的な見解によれば、実践的推論とは、その本性上、他者たちとともにおこなわれる推論であり、一般的には、ある一群の明確な社会関係の内部で他者たちとともにおこなわれる推論である。そもそもそうした諸々の関係は、私たち一人ひとりがまずはそれらを通じて自立した実践的推論者としての地位を獲得し、その後も引き続き、それらに支えられてその地位を維持していくような、そうした諸関係として形成され、発展を遂げてきた。一般的かつ典型的には、まずもって家族や家庭といった諸関係が、続いて、各種学校や徒弟制度における人々の諸関係が、さらには、その特定の社会や文化に属する大人たちが従事する多様な実践における人々の諸関係が、そうした諸関係である。そのような諸関係の成立と存続は、各人がそれらを通じて自立した実践的推論者になることへと方向づけられる、諸々の傾向性や活動の発展から切り離しえない。それゆえ各人の善は、それらの関係に参加するすべての人々の善を同時に追求することなしには追求されえない。というのも、私たちは、そこに自分が位置づけられているのを見出す一群の社会関係全体の開花〔繁栄〕とは独立に、それとは切り離されたものとして、みずからの善やみずからの開花について実践的に適切な理解を得ることはできないからである。なぜできないのだろうか。

もしも私がヒトにとって可能なかぎりの開花を遂げたいと思うならば、私の人生の全体は次のようなものでなければならない。すなわち、自立した実践的推論者として諸々の活動に参加し、そこで一定の成功を収めるばかりでなく、幼少期や老年期や病気をしたときやけがをしたときに、そうした状況下で私が必要とする細心のケアを受けとることができるような、また、そのような状況下で細心のケアを受けとることを合理的に期待しうるような、そうした人生でなければならない。そうである以上、私たち一人ひとりがみずからの善を達成できるのは、ただ次のような場合だけである。すなわち、私たちが何らかの障碍を抱えている時期に、私たちが、諸徳を身につけ諸徳を発揮することを通じて他者たちの善を自己の善とみなして追求できる種類のヒトになれるよう他者たちが手助けしてくれる場合、また、そのようにして他者たちが私たちの善を彼ら自身の善とみなして追求してくれる場合だけである。そして、このように各人が他者の善を自己の善とみなして追求しうるとすれば、それは、〈私たちが他者を助ける場合にかぎって、彼らもまた利得の交換という意図で、私たちを助けてくれるだろう〉という具合に、私たちがあらかじめ計算をおこなったためではない。そのような計算をおこなうのは、そうすることがみずからの善である場合に、そしてただその場合にかぎって、他者の善を考慮に入れる種類のヒトであって、そのようなヒトは、〔ここで考察している種類のヒトとは〕まったく異なる種類のヒト、すなわち、すでに私がその特徴づけをおこなってきた諸徳の欠如したヒトであろう。

というのも、上記のような与えることと受けとることの諸関係のネットワークに、諸徳が要求するようなしかたで参加するためには、私は次のことを理解していなければならない。すなわち、私が与えることを求められるものは、私が受けとったものに比してひどく不釣合いなものかもしれないということ。また、私が与えることを求められる人々は、私が彼らから何も受けとることがない人々であるかもしれないということを、私は理解していなければならない。さらに私は、私が他者に与えるケアは、ある重要な意味において無条件のものでなければならない、ということも理解していなければならない。なぜなら、私にどの程度のことが要求されるかは、たとえそれだけによって決定されるわけではないにせよ、主として彼らのニーズによって決定されるからである。

家族や隣近所や仕事にかかわる諸関係のネットワークが開花した〔繁栄した〕状態にある場合、すなわち、ある開花した地域コミュニティが存在する場合、その理由はつねに、そのコミュニティのメンバーたちが彼らの共通善をめざしておこなう諸活動が、彼らの実践的合理性によって適切に導かれているということに存するだろう。だが、そうしたコミュニティの開花から恩恵を受ける人々の中には、自立した実践的推論をおこなう能力がもっとも乏しい人々、すなわち、幼児や高齢者や病気にかかった人々やけがをしている人々や、その他さまざまなしかたで障碍を負っている人々も含まれるだろう。そして、そのような人々一人ひとりの開花は、コミュニティ全体の開花を示す一つの重要な指標であろう。というのも、ある特定のコミュニティのメンバーたちに対して行動の理由を提供するのが〔障碍をもった人々のニーズを含む〕ニーズである場合にかぎって、そのコミュニティは開花するからだ。

右の説明において、個人の善はコミュニティの善に従属しているわけではなく、また、その逆でもないことに注意されたい。個人はたんにみずからの善を追求するためばかりでなく、そもそもみずからの善を具体的なことばによって定義づけるためにも、まずはコミュニティの善を、みずからのものとして引き受けるべき善として認識する必要がある。それゆえ、共通善というものを、諸個人の善の総計として、すなわち、それらを単純に足し合わせたものとして理解することはできない。と同時に、あるコミュニティにおける共通善の追求は、そのことに寄与しうるすべての人間にとって、彼らの個人的な善の不可欠な構成要素であるとはいえ、一人ひとりの個人の善はそうした共通善以上のものである。また、いうまでもなく、コミュニティ全体の善としての共通善以外にも、家族や家族以外の諸集団にとっての善や、さまざまな実践における善のような共通善が存在する。〔それゆえ〕各人は自立した実践的推論者として、それら個々の善が各々、みずからの人生においていかなる位置を占めるのが最善かという問いに答える必要があるのだ。

適切な形態のコミュニティは、与える人々と受けとる人々からなる——また、そのいずれもが諸徳を身につける必要のある——ネットワークとして構成されている以上、そのようなコミュニティにおいては、種々の善についてのみならず、種々の規則についても共通の合意がなければならない。というのも、私たちがそのようなネットワークにおいて自己の担う役割を適切に果たそうとする場合、規則に従うことは、私たち自身と他者たちの双方が身につけていなければならない諸徳の中のある種の諸徳に欠かせない要素であるからだ。〔とはいえ〕ある特定の徳が要求するタイプの行動を、遵守すべき規則のリストを示すことによって余すところなく列挙するということは不可能である。しかしながら、ある種の規則に従えないということは、おそらく、その人にある重要な諸徳が欠けていることを示すにたる事実であろう。

たとえば、信じるに値するとか、頼りがいがある、といわれる個人に備わる諸徳について考えてみよう。もしも私が真に信じるに値する人間であり、頼りがいがある人間であるとすれば、あなたの信頼を裏切ることが私にとって非常に大きな利益をもたらす場合にも、あるいは、あなたの期待に応えることが私にとって非常に大きな不都合をもたらす場合にも、あなたは私を信じ、私を頼りにすることができなければならない。〔また、あなたが真に信じるに値する人間であり、頼りがいがある人間であるとすれば〕私は日常生活の通常のやりとりの中で、あなたを信じ、あなたを頼りにすることができなければならないだけでなく――もちろん、それも重要なことだが――、私の抱えている障碍ゆえに私があなたにとって厄介なお荷物であるような時期にも、そしてとりわけそのような時期にこそ、私はあなたを信じ、あなたを頼りにすることができなければならない。それゆえ、あなたがある場所に行くと約束した場合には、私はあなたが実際にそこに行くことを確信できなければならない。私は、あなたがそもそも道理にあわない約束などしないということを確信できなければならない。私は、緊急の事態に直面したあなたが、そこで必要とされる行動をとるだろうということを確信できなければならない。また、あなたがひとたび責任を負った仕事が、人の嘔吐物を処理するとか、出血が止まらない人や泣きわめき続ける人に対処するといったことを伴う、予想していたよりもはるかに不快な仕事であったり厄介な仕事であったりすることが判明した場合にも、あなたはそれによってたじろぐことがない、ということを私は確信できなければならない。

また私は、あなたがそれを誰か別の人間に話してしまうのではないかと恐れる必要なく、あなたに対して内緒話を打ち明けることができる、と確信できなければならない。さらに私は、あなたが悪意に満ちたうわさ話に参加することはないと確信できなければならないし、たとえ私がどれほど愚かであろうと、また、あなたがどれほど機知に富む人間であろうと、あなたが私のことを侮辱するような冗談を口にすることはない、と確信できなければならない。これらすべての事例において、私があなたについて確信できなければならないことは、あなたがみずからを一定の諸規則に従うべく義務づけられた存在とみなしているということである。すなわち、私たちに対して道理にかなった約束を守るよう命じる規則や、時間を厳守するよう命じる規則や、真実を述べるよう命じる規則や、不快感や嫌悪感のために誰かをケアする責任から後ずさりしないよう命じる規則や、他人の秘密をもらさないよう命じる規則のような諸々の規則に従うべく自分は義務づけられているとあなたが感じているということを、私は確信できなければならないのである。

だが、たとえば右に述べたようなある一連の規則に従うだけで、信じるに値する、頼りがいのある人物になれるわけではない。信じるに値し、頼りがいがあるということのうちには、私たちを導く規則が存在しない状況で〈信じるに値すること〉や〈頼りがいがあること〉〔という徳〕が私たちに要求していることを正しく理解しうることも含まれている。私があなたにある情報を伝えることが正しいことだとしよう。その場合、私が〔あなたにその情報を正しく伝えないことによって〕嘘をつくことを禁じる規則に違反するとすれば、私は〈信じるに値すること〉という徳を発揮することに失敗することになるだろう。だが、私があなたに関するある特定の情報を別の誰かに打ち明けるべきか否かという問いに直面しているとして、この問いに答えてくれるようないかなる規則も存在しないという状況が生じる場合もあるだろう。[*16] とはいえ、そのような場合に、もしも私が正しい判断をくだすことに失敗したとすれば、私はいかなる規則に違反したわけでもなく、それにもかかわらず、自分が信じるに値する人間であることを示すことに失敗したことになるだろう。あるいは、もう一つの例で考えてみよう。

私は、実践的推論者として、次のような問いについて他者たちと会話を交わす必要があるとしよう。すなわちそれは、私にとって、もしくは彼らにとって、もしくは私たちにとって、この場所でいま、もしくは来週、もしくは来年、何をなすのが最善かという問いである。その場合に、ここで関連をもつ徳の一つが〈会話における正義 conversational justice〉である。〈会話における正義〉が何よりも要求していることは、第一に、私たちの誰もが嘘をついたり、相手を欺いたり、相手を攻撃したりするような態度をとることなく、率直に話をすることであり、第二に、各人が発言するにあたって、その主張内容の重要性や、それを主張するうえで必要とされる議論〔の分量〕によって正当化される以上の時間を費やさないことである。このうち前者の要求は一定の諸規則に従うことであるが、後者の要求は規則に還元できないことである。[*17] 他の徳の場合と同様に、規則に従うことは、要求されていることの一部ではあっても、その全部ではないのだ。

このような諸々の徳とその行使の一部としての〈規則に従うこと〉を欠く場合、私たちはみずからの責任を十分に果たせないばかりでなく、責任の割りあてに関して他者たちと適切に熟議することもできないだろう。そして、そのような他者たちとの熟議は、私たちの共通善を達成するうえで必要不可欠なものである以上、そのことによって私たちは共通善の達成を妨げることになるだろう。アクィナスがそのような諸規則を自然法の教えに含まれるものとして特徴づけた際、彼が注目したのは、これらの規則のそうした側面であった。アクィナスの説明によれば、ある教えが何らかの法となるためには、それは理性の教えでなければならない(95)。そして理性の教えとは、ある共通善に向けて方向づけられ(96)、必要とされる権威を備えた誰かによってコミュニティに対して公布されたものである(97)。自然法の教えは、理性を通して神によって公布されたものであり、ヒトはそれらに従わなければ自分たちの共通善を達成することができないのである。

だが、自然法の教えは、諸々の規則よりもはるかに多くのものを含んでいる。というのも、諸徳が私たちに要求するあらゆることをなすべしと私たちに命じる教えもまた、自然法の一部であるからだ(98)。私たちは、たとえば勇気や正義や節制〔といった徳〕がある特定の場面で要求するいかなることをもなすべしと命じられているし、そうした行動をとる際にはつねに分別をもって行動するよう命じられている。ここで次のことに注意されたい。すなわち、実践的なレベルにおいては、私たちがある特定の行動をとる際に、そのことを正当化する理由としては、それがまさにこの特定の状況下で一つないしは複数の徳によって要求されている行動であるということだけで十分であり、それ以上の理由は不要であるということである。諸徳によって要求される行為はその各々が、それ自体として遂行される価値があるのだ。もちろん、それらの行為はヒトの開花を構成する諸要素であり、そうである以上、それらもまた別の何かのための手段である。だが、それらの行為は、まさにそれ自体として遂行される価値がある行為として、そのような要素であるのだ。

ある行動について〈それはそれ自体のためになされた〉と述べることと、その同じ行動について〈それは、その行動がその人の善の達成に向けてなされた個人、ないしは複数の人々のためになされた〉と述べることは、けっして両立不可能なことではない。それゆえ、寛大な行為や、正義にかなった行為や、思いやりのある行為は、〔ある特定の〕他者たちのためになされると同時に、それ自体としてなされる価値がある。そして、そうであればこそ、実践的なレベルにおいてはつねに、「なぜあなたはそれをしたのか」と問われた場合に、「それが正しかったから」とか「それが勇気ある行為であったから」とか「それはまともな人間ならばしたことであったから」などと返答するだけで十分な答えになる。だが、私たちはより理論的なレベルにおいては、「なぜそのような答えで十分なのか」と問うことができるし、そうした問いに応答する必要があるだろう。実際のところ、なぜそのような答えで十分なのかといえば、それは、個人もコミュニティも、諸徳の習得と行使を通じて、はじめてヒトに固有のしかたで開花しうるからである。

もちろん、たとえまれなことであるとはいえ、ときとして実践的なレベルの推論において、ヒトのテロス〔目的〕としての開花が明示的に参照されねばならない場合もある。〔だが〕ふつう一般的には、それは暗に前提されている概念であり、後景に退いている概念である。しかし、ある種の状況においては、その概念を前景へと引っぱり出し、明示的にそれを参照することが実践的に重要な意義をもつ。自分は正義や勇気や節制が要求していることを誤って理解していたために何らかの誤りを犯していたかもしれない、という恐れを私たちが抱く場合も、そうした状況の一つである。折にふれて私たちが、自分がまちがっていなかったかどうかを明らかにするために演繹的な推論に訴えるのは、そのような状況においてである。たとえば、私たちは次のように論じるだろう。すなわち、ヒトの開花とはこれこれのことであるがゆえに――アリストテレス的な言いかたをすれば、「善いこと、そして最善のこととは、これこれのことであるがゆえに」――、徳とみなされる精神や人格の諸性質とは、これこれこういう類のものでなければならない。ところが、私がこれまで正義や勇気や節制とみなしてきたものは、そういう類のものではなかった。それゆえ、私はそれを誤って理解していたにちがいないし、その結果、その徳が要求していることも誤解していたにちがいない、と。その場合、過去を顧みるこの種の推論において、また、それと対をなす未来を展望する推論においても同じことだが、その推論者が参照している〈ヒトの開花〉という概念のその理解は、それ自体、実践的な経験を積み重ねる過程で獲得されたものである点に注意されたい。私たちがまず最初は、自立した実践的推論者であるとはいかなることかを学ぶために、またその後は、自己の推論能力を多様な、そして変化し続ける文脈に即して展開できるようになるために経なければならない諸段階とは、次のような諸段階でもある。すなわち、私たちが、開花した個人の生活やコミュニティの生活を成り立たせている種類の諸関係と、それらの開花を妨げたり阻んだりしている種類の諸関係を識別できるようになることを通じて、〈ヒトの開花とは何か〉に関する適切な反省的理解を徐々に獲得していく諸段階でもあるのだ。また、ヒトという存在が〔「ある職業人として」とか「父親として」とか「母親として」といった条件つきではなく〕無条件にヒトとして開花したといえるためには、その人生が全体として開花する必要がある以上、個人はそのような生を享受するうえで、自分は人生のさまざまな段階のいかなる場面において自立を維持すべきであり、いかなる場面において他者たちに依存すべきであるのかということを、経験を通じて学ぶ必要がある。一人ひとりの人間は、そのようにして学びえたことがらを明確に表現できる場合にかぎって、みずからの実践的推論の第一前提〔「ヒトの開花とは、これこれのことである」という第一前提〕を、折にふれて明示することができる。それゆえ、人が実践的推論者になろうとする場合に必要とされる実践的な学びとは、人が与える者と受けとる者のネットワークの中に自己を位置づけようとする場合に必要とされる学びと同一のものであって、そのネットワークにおいては、その人の個人的な善の達成は共通善の達成と不可分のものとして理解されているのである。

しかしながら、共通善の個人的な善に対する関係性や、実践的推論において両者が占める位置に関するこうした見解は、いうまでもなく、実践的推論に関する、広範な影響力をもつ見解とはおおいに異なるものである。その見解によれば、物事の善さとは欲求の満足にかかわることであるのだが、次にそうした見解について考えてみよう。それによれば、善いこととは、私が何かを善いことと判断する場合、私にとって善いことであり、私にとって善いこととは、私の選好が満たされることである。そして、私にとって最善なこととは、私の選好充足が最大化されることである。それゆえ、〔そうした見解によれば〕私はみずからの個人的な善を特定するとともに、その善を達成しようと思うならば自分はどのような手段をとるべきかを問うことから〔私の実践的推論を〕始める。しかるにその後、私は気づく。私が他者たちと協力しあうことがない場合、つまり、彼ら一人ひとりがみずからの個人的な善を達成しようと努力していることに配慮するようなしかたで彼らと協力しあうことがない場合、それによって生じる軋轢は、私にとって、私自身の善の達成を不可能にしてしまうような――すなわち、きわめて短時間しか持続しないか、ほとんど一瞬も持続しないような善を除くいっさいの善の達成を不可能にしてしまうような――軋轢である、と気づく。それゆえ、私と他者たちはある種の協力関係を共通善とみなすことになるのだが、そのような共通善は、私たち一人ひとりにとってみずからの個人的な善を達成するための手段であり、したがって、その内容は私たちの個人的な善によって規定されるというわけである。

では、どのような条件でそうした協力関係に参加することが私にとって合理的なのだろうか。それは、一人ひとりの参加者がその協力関係に参加することを自分自身にとって合理的なこととみなしうるような条件でなければならない。それゆえ、そうした条件は、一人ひとりの参加者がこのような協力関係を自分自身にとって合理的なものと理解するうえで欠かせない、各人の選好充足最大化に対する一連の制約を含んでいなければならない。つまり、各々の参加者は、他者たちと協力的な取引関係をとり結ぶことを、またそれに関与し続けることをとりしきる諸規則によって選好充足の最大化が制約を受けている場合のほうが、その最大化がいかなる制約も受けない場合よりも、みずからの欲するものをより多く手に入れることができる、と信じるにたる理由をもたなければならない。

私は、合理的であるかぎりにおいて、それを通じて各々の参加者がみずからの選好充足の最大化をもっとも首尾よく達成できるような、公正で安定した取引関係を保証してくれる諸規則の制約を受け入れなければならない。だが、私がそれ以外の〔他者たちとの〕関係に参加するかしないかは私次第である。おそらく偶然的な事実として、私は生まれた当初から、ある家族という社会関係やそれ以外の諸々の社会関係に所属している。しかし、事実上そうした関係に巻き込まれているからといって、私がそれらに関与し続けるべきいわれはない。私はその特定の両親のもとに生まれてくることを選んだわけではないし、その叔母やその教師たちを選んだわけではない。彼らが私に何を与えてくれるかは彼ら次第であった。そして、彼らが私に何かを与えてくれたとしても、そのことに対して私が何をなすかは私次第である。借り〔恩義〕という概念は、自分の意志にもとづいて引き受けられたわけではない他者との関係や交渉に対して適用することはできない。私は、自分自身の利益にもっとも資することは何かを自由に計算することができると同時に、他者たちとどのような情緒的な絆で結ばれるかを自由に選択することもできるのだ。

それゆえ、この見解によれば、私の他者との関係は二つのクラスに分類される。すなわち一方には、その関係に参加する当事者たちに利益をもたらすべく設計されているとともに、そのような当事者たちの利益によって正当化される関係が存在するだろう。そうした関係は、合理的選択の理論[*18]から導き出される諸規範によって律せられるところの、取引的な関係 bargaining relationships といえるだろう。また他方で、〔私の当該他者に対する〕共感の産物としての、あるいは、自由な意志にもとづいて引き受けられた情緒的関与の産物としての関係も存在するだろう。そして、この両者の違いは決定的に重要である。こうした見解の古典的表現を私たちの世代に提供してくれたデイヴィッド・ゴティエが書いているように、「共感が命じることは、合理的選択が命じることとはまったく異なっている。それゆえ、両者を一緒くたに論じる場合、混乱しか生じない[99]」。

合理的選択を通じて私たちに課せられる道徳的要求は、現に私たちとの間に協力的な取引関係を維持しているパートナーたち、もしくは、そうなる可能性をもつ人々に対してのみ効力をもつ。「動物たちや、まだ生まれていない人々や、先天的なハンディキャップや心身の不調を抱えた人々は、相互性と結びついた道徳の埒外にある。道徳的な制約に従おうとする性向は……おそらく、それによって利益が見込まれる範囲内でのみ、合理的に擁護可能である[100]」。それゆえ、ヒトではない動物たちや、障碍を負う人々に対する私たちの関係にかかわるいっさいのことがらは、私たちが情緒的共感を抱く範囲次第ということになる。もちろん、その場合の私たちとは、いかなるハンディキャップもいかなる心身の不調も抱えていない私たちであるのだが。しかるに、私たちがどのような種類の愛情や共感をどの程度みずからのうちに育もうとするのか、あるいは、自分の子どもやその他の他者たちのうちに育もうとするのかは、もちろん私たち次第である。私たちがある所与の時点において、ある特定の愛情や共感を抱いているからといって、それがそのまま私たちにとって厳然たる不変の事実というわけではない。しかしながら、合理的選択の理論家たちによって理解されている類の理性というものは、私たちの共感に対していかなる方向づけも与えてはくれない。

　もちろん、右のような見解は、たんに経済学や哲学の理論家たちのみが採用している見解というわけではない。それはこれまで、多くの政府に対してその政策を正当化するイデオロギー的根拠を提供してきたし、多くの人々に対してその生きかたを正当化するイデオロギー的根拠を提供してきた。とはいえ、この見解は、それに対して全面的に一貫した支持を与えることがきわめて困難であることが判明したイデオロギーである。そして、このイデオロギーが露呈するにいたった諸矛盾は、おそらく、社会関係に関するその不適切な二分法的説明に起因するものである。すなわち、すべての社会関係は、（市場における関係がその典型をなす）お互いの利益のために交わされた契約によって律せられる関係であるか、もしくは、愛情や共感にもとづく関係であるかのいずれかである、という不適切な二分法的説明に起因するものである。それでは、この二分法が見落としてしまっていることは何であろうか。

　それは、ほんの短い期間ではなく長期にわたって持続可能な形態の社会生活においては、これら二つのタイプの関係のいずれもが、相当程度、私がこれまで描写してきたような、一連の与えることと受けとることとの諸関係のうちに埋め込まれており、それゆえ、それらによって特徴づけられる必要がある、ということである。それゆえまずは、愛情や共感にもとづく関係について、また、そうした関係が内包するいくつかの複雑な事情について考えてみよう。すでに指摘したように、私たちが抱く愛情や共感〔の種類や程度や範囲〕は、つねにではないにせよ、概してかなりの程度まで、私たち自身の制御下にあるのであって、少なくとも長期的にみた場合にはそうである。そして、このことは重要である。というのも、愛情や共感は、私たちが特定の他者たちに対して負っている〔負債として負っている、つまり、与えなければならない〕ものの一つであるからだ。*19 私たちはつねに自分の子どもたちに対して愛情を負っているし、子どもたちもまた一般に、自分の両親に対してお返しの愛情を負っている。私たちは、苦しみや悩みを抱える他者たちに対して共感を負っているし、そのお返しに〔私たち自身が苦しみや悩みを抱えているときには〕他者たちが同じように自分に共感的であることを期待する。私たちは自分の子どもたちに対して負っているのとは異なる種類の愛情を、自分の友人たちに対して負っているし、彼らが取り組んでいることや彼らが陥っている苦境に対する共感的な理解も負っている。それゆえ、愛情や共感を与えることや受けとることとは、親と子の関係や友人同士の関係のような関係を、部分的にではあるが、重要なしかたで構成する、〔たとえば、教育やケアを与えることや受けとることのような〕その他のタイプの与えることや受けとることと、当然ながら無関係ではなく、むしろ密接にかかわっているのである。

もちろん、ある種の人々は、その先天的な器質ゆえに、あるいは育った環境のせいで、適切な種類の感情を抱いたり示したりすることに他の人々よりも困難を覚える。また、それとは対照的に、さまざまな感情がたやすく湧きおこり、あふれんばかりの感情を他者に向かってひどく感傷的なしかたで表現しがちな人々も存在する。だが、ここで重要なことは、それらが概して矯正可能な欠点であるということだけではない。同時にまた、それらを欠点と判断するにあたって、私たちは、その対象に対して釣り合いのとれた、過少と過剰の中間に位置する適正な感情というものについての一定の規準に訴えているということである。そして、感情に規律を与え、その適切さや不適切さを決定するそうした諸規範は、与えることと受けとることにかかわるその他の諸規範から切り離しえない。というのも、私たちが愛情や共感を示すのは、概して、与えることと受けとることにおいてであるからだ。もちろん、そうした感情表現の形態はそれぞれの文化ごとに異なるが。

その場合、愛情にもとづくさまざまなタイプの関係において要求されていることがらを私たちが正しく理解できるのは、与えることと受けとることの諸規範の文脈の中で、また、それらを参照することによってのみである、ということになる。そうした諸規範を認識していればこそ、私たちは他者たちに一定の期待を抱くことができるし、彼らもまた私たちに一定の期待を抱くことができるのである。〔そうした意味で〕愛情や共感による結びつきというものは、つねに愛情や共感の問題に還元できない要素を含んでいる。そして、それらを遵守することが各々の参加者にとって利益になるような諸規範によって支配されている合理的交換〔取引〕の関係もまた、同様のしかたで、計算不能で予測不能な〈与えることと受けとること〉の諸規範によって支配されている諸関係の中に埋め込まれ、それらによって支えられている。したがって、そのような制度化された〔与えることと受けとることの〕諸関係があればこそ、市場における交換も可能になっているのである。

なるほど、「私たちが自分の夕食にありつけるのは、肉屋や酒屋やパン屋の善意によってではなく、彼ら自身の利益に対する彼らの関心によってである」[101]というのは、事実そのとおりである。そして、一般に肉屋や酒屋やパン屋が彼ら自身の利益に対する関心にもとづいて行動しているように、彼らの顧客たちもまた自分の利益に対する関心にもとづいて行動している。だが、かりに、馴染みの客としてある肉屋を訪れた際に、その店の主人が心臓発作で倒れるのを目の当たりにした私が、「ああ、今日は私に肉を売れるような状況ではないね。わかったよ」とだけ述べて、その足で彼のライバル店に直行し自分の買い物を済ませるとすれば、私は市場における諸規範に反することは何もしていないにせよ、経済的な関係を含む、彼に対する私の全関係を明白に、また、著しく損なうことになるだろう。あるいは私が、救急車を呼び、その結果、医療の専門家たちが到着するや否やその場を立ち去るというかたちで、万一法律上の過失を問われた場合にはそれに抗弁するうえで最低限必要なことだけをおこなうことによって、彼のこの発作に対応したとしよう。その場合、さきほどのケースほど明白に、また、著しくというわけではないにせよ、やはり私は、みずからのより大きな責任を回避することによって、彼と私の間の関係を傷つけることになるだろう。市場における関係が、現に非常にしばしばそうであるように、コミュニティの結びつきを弱めたり腐敗させたりするのではなく、むしろコミュニティ全体の開花に資するものでなければならないとすれば、そうした市場における関係というものは、当該地域における非市場的なタイプの関係の中に埋め込まれていることによって、すなわち、計算不能な〈与えることと受けとること〉の諸関係の中に埋め込まれていることによって、はじめて維持されうるのだ。

それゆえ、私たちの愛情による結びつきと、私たちの市場における関係のいずれもが、かなりの程度まで、与えることと受けとることとの諸規範を前提としている。社会的な実践においてそれらの関係を、この背景的な前提から切り離してしまう場合、それらの関係はいずれも悪徳の源泉となるだろう。すなわち、一方の関係〔愛情による結びつき〕は、感情それ自体に対するロマンティックでセンチメンタルな過大評価を生むであろうし、他方の関係〔市場における関係〕は、ヒトの活動〔のいっさい〕を経済活動に還元してしまうだろう。そして、これら二つの悪徳は、ある同一の生活様式に同時に浸透しうるし、現にしばしば浸透している、相補的な二つの悪徳なのである。だが、それらを悪徳として分類するためには、それを正当化する議論が、また、私がこれまで示唆してきた以上に長大な議論が必要とされる。また、そのような正当化をなし遂げるためには、与えることと受けとることとの諸徳について、私がこれまで提示してきた以上に詳細な説明が必要とされる。

第十章　承認された依存の諸徳

一方における利己心にもとづく市場での行動と、他方における利他的な、善意にもとづく行動との間のアダム・スミスの対比は、次のようなタイプの活動を私たちの目から覆い隠してしまう。すなわち、そこにおいて達成されるべき善が、〈他者たちのものではない、私のもの〉でも〈私のものではない、他者たちのもの〉でもなく、むしろ、与えることと受けとることとのネットワークの善がそうであるように、〈他者たちのものであるかぎりにおいて私のものでもありうる善〉、すなわち、本当の意味での共通善であるような、そうしたタイプの活動である。しかし、もしも私たちが理性的動物としての私たちの開花を達成するために、そのような共通善をめざして行動する必要があるとすれば、その場合私たちは、欲求というものを単純に利己的と利他的の二種類に分類することの不適切さを認識できるようなかたちに、私たちの当初の欲求のありようを変容させておく必要もある。ただもっぱら利己的であるような欲求の限界や視野の狭さについては、これまでもかなり頻繁に論じられてきた。それに対して、のっぺりと一般化された善意というもののそうした問題点が注目されることはあまりにも少なかった。そのような善意が私たちに提示しているのは、ある一般化された他者[20]——そのような他者と私たちとの関係はただ、私たちの善意を発揮する機会を彼らが与えてくれるという点に、またその結果、私たちは自分自身に親切心が備わっていることを確認して安心できるという点にのみ存する——であって、次のような特定の他者たちではない。すなわち、私たちにとって、彼らとともに共通善をわかちあうことを学ばねばならない、そして、現に成立している諸関係に彼らとともに参加し続けなければならない、そうした特定の他者たちではないのである。では、そのような諸関係に参加するうえで必要とされる資質とはどのような資質であろうか。

この問題を問うことは、私たちを、徳に関する議論に、また、それらはなぜ必要とされるのかに関する議論に連れ戻す。徳に関するこれまでの説明において私が強調してきたのは、私たちが、主として両親や教師といった他者たちの推論能力に依存している状態から、独力で実践的推論をおこなう状態へと移行するうえで、諸徳がその移行に不可欠な役割を果たしているということであった。また、その場合、私が主として注目してきた諸徳は、正義、節制、誠実、勇気といった、アリストテレスやその他の人々が掲げた徳の目録において馴染み深い諸徳であった。しかし、私たちは諸徳というものを、私たちが自立した実践的推論者になることを可能にしてくれるものとして理解すべきであり、それというのもまさに、諸徳は、実践的推論者としての私たちの諸目的がそれらを通じて達成されるような、与えることと受けとることとの諸関係に私たちが参加することを可能にしてくれるがゆえであるとすれば、私たちは次のことを認識することによって、私たちの探究をよりいっそう拡張する必要がある。すなわち、徳へと導く適切な教育とは、それがどんなものであれ、〈自立の諸徳 virtues of independence〉にとって不可欠な対をなす〈承認された依存の諸徳 virtues of acknowledged dependence〉という一連の諸徳に私たちがしかるべき位置を与えることを可能にしてくれるものであろう、ということである。

諸徳に関する伝統的な理解はおそらくこの点の認識に役立たないし、諸徳の伝統的な呼称さえそうであろう。たとえば、与えることと受けとることとの諸関係において示されるべき中心的な徳にふさわしい呼称を探す場合、私たちは、「気前のよさ〔大度〕generosity」も「正義」も、これまで通常理解されてきた意味においては、ここで求められていることがらを十分にあらわすことばではないことに気づく。というのも、これらの徳に関する一般的な理解によれば、人は正しくなくとも気前がよかったり、気前がよくなくとも正しかったりすることがある。ところが、ここで述べているような〈与えることと受けとること〉を維持するうえで要求される中心的な徳は、気前のよさと正義という二つの側面を同時に備えているからである。その点、ラコタ族の人々が使用する「ワンカントグナカ wancantognaka」という表現は、現代英語のいかなる表現よりも、ここでいわんとしていることがらに近いことがらをあらわす表現である。このラコタ族のことばは、自分自身が直近の家族やより広範な親族や部族全体に対して負っている諸々の責任を自覚するとともに、そのような自覚を、〔これを与えれば、あれを受けとれるといった〕計算ずくではない贈与のための儀礼的行為や、感謝や追憶や名誉授与のための儀式に参加することによって表現する人々が示す徳を意味することばである。つまり、「ワンカントグナカ」は、私に対して気前のよさを負っている〔気前のよさを示さなければならない〕すべての他者に対して、私もまた負っている〔示さなければならない〕気前のよさを意味することばなのだ。(102) 私はそれ〔特定の他者たちを名宛人とする気前のよさ〕

を負っているので、それを示しそこなうことは、正義という観点からみて、過ちを犯すことである。また、私が負っているのは、計算ずくではない贈与なので、それを示しそこなうことは、気前のよさという観点からみて、過ちを犯すことでもある。だが、正義と気前のよさの間にこの種の関係を認めているのはラコタ族の人々だけではない。

アクィナスは、〈度量の大きさ〔気前のよさ〕liberality は正義という徳の一部である〉という見解に対する一つの反論として、次のような見解について検討している。すなわち、〈正義とは、人が〔他の誰かに〕負っているものにかかわることであり、それゆえ、私たちがある他者に対して、その者に負っているもののみを与える場合、私たちは度量の大きさから行為しているわけではない〉という見解である。この見解によれば、正義が要求する以上のものを与えることが、度量の大きい、つまり、気前のよい人間のしるしなのである。この見解に対してアクィナスは、厳密な意味での正義に、そしてたんに正義にのみ属することがらであるような義務と、度量の大きさが要求するデケンチア *decentia*〔品位〕、すなわち、他の人々に対してたしかに正しく帰されるべき行動ではあるが、同時に、他の人々に対して帰されるべきもの〔つまり私たちの義務としてなされなければならないこと〕の考慮においてはもっとも小さいものであるような行動とを区別することによって応じている。(103) アクィナスがここでいおうとしていることを理解したければ、私たちはそれを前後の脈絡の中でとらえる必要がある。つまり、神やヒトに対する慈愛 charity ないしは友愛 friendship の徳について、また、憐れみ pity、すなわちミセリコルディア *misericordia* の徳について、さらには、善をなすこと doing good、すなわちベネフィケンチア *beneficentia* の徳について、彼がどのように論じているのかをあわせて考慮することによって、そうする必要がある。

アクィナスが善行 beneficence について論じる際に強調していることは、ある単一の行動のうちに、上記のさまざまな諸徳が体現されうるということ、すなわち、単一の行動のさまざまな側面が、さまざまな諸徳を体現しうるということである。ある人間が、非常に困窮している別の誰かに対して、困窮する一人のヒトとしてのその他者への敬意から、彼が必要としているものを惜しみなく与えるとしよう。そして、その人間がその他者に対してこのようにふるまうのは、それがその他者に負っている〔つまり与えなければならない〕最低限のことだからであり、かつまた、その他者の苦しみを和らげることによって、その苦しみを目の当たりにするみずからの苦しみをも和らげうるからである、としよう。その場合、アクィナスの説明では、その個人は一度に多様なしかたで、すなわち、気前よく〔度量の大きい者として〕、慈愛の善行から、正しく、そして、憐れみから行動しているのである。とはいえ、もちろん、度量の大きさによって要求されはするが、正義によっては要求されないことがらも存在するし、憐れみからなされるのは正当であっても、慈愛からなされるのは正当ではないことがらも存在する。だが、諸徳が私たちに要求していることは、典型的には、正しくて、気前がよくて、善行であって、憐れみからなされるタイプの行動である。そして、まさにそうしたタイプの行為をなす傾向性を育む教育こそ、〈計算ずくでなく与えることと、品位を失わずに受けとること〉の諸関係を維持するうえで必要とされるものなのである。

そのような教育は、すでにみてきたように、一定の愛情や共感や気質を育む教育を含むものでなければならない。身体的なケアや知的訓練の欠乏だけが、典型的に、それに対して、正しい気前のよさ just generosity〔という徳の行使〕で応じることが適切な〔他者を苛む〕欠乏ではない。他者たちの注意深く愛情に満ちた心遣いに恵まれていないことも、他のいかなるものの欠乏にもましてそうした欠乏の典型である。それゆえ、ある他者に対して、正しい気前のよさが求めるとおりにふるまうということは、その他者に対して、注意深く愛情に満ちた心遣いをもってふるまうということである。しかるに、この点に関してときにいわれるのは、〈私たちの愛情は、私たち自身の力で制御できるものではない〉ということだ。だが、そうした主張は特殊な状況においては真でありうるにせよ──たとえば、私はいまこの瞬間、意志の力で自分がこれこれの感情を抱くことにしようと決めることはできない──、やはりすでにみてきたように、私たちは訓練を通じて自分の行動の傾向性を変えることができるし、それと同じように、訓練を通じて自分の感情の傾向性を涵養していくこともできる。それゆえ、私たちはある種の感情を伴って行動する傾向性や、ある種の感情にもとづいて行動する傾向性を、訓練を通じて身につけることができる。また、そうであればこそ、正しい気前のよさは、私たちに、ある種の愛情に満ちた心遣いを動機として、また、そうした心遣いを伴って行動することを要求しているのである。私たちがそうすることを要求されているにもかかわらず、ある一定の気質にしたがって行動しない場合、そのことはつねに、道徳的に十全でないことの、また、私たちが義務の命じるとおりに行動しそこなっていることのサインである。ヒュームは、カントとは違って、この点を非常によく理解していた。「かりに自然な愛情〔を抱くこと〕が義務でないとすれば、子どもを世話することも義務ではありえないだろうし、私たちが自分の子や孫に対して払う注意のうちに義務を見出すことも不可能になるだろう[104]」。とはいえ、私たちは本来一定の気質にしたがって行動すべき場合に、気質ではなく義務感から行動することもしばしばあるのではなかろうか。この問いに対してヒュームは答える。しかり。私たちは自己のうちに、ある必要な動機の欠如を見出す場合にそうするのだと。「自己の心を省みて、その動機を欠いていると感じる人間は、そのことゆえに自己を憎むであろう。そして、その有徳な原理を実践によって獲得しようとして、あるいは少なくとも、有徳な原理の欠如を自己に対してできるだけ隠そうとして、その動機なしに、ある種の義務感からその〔有徳な〕行動を遂行しようとするだろう[105]」。

私はこれまで次のように論じてきた。すなわち、〔さまざまな種類の徳の中で〕とりわけ正しい気前のよさによって命を吹き込まれた〈受けとることと与えること〉の実践がまずもって行使されるのは、私たち自身のコミュニティに属するその他のメンバーたちに対してであり、そこにおいて彼らが担う役割と私たちが担う役割ゆえに私たちと関係をもつ人々に対してである、と。だが、そうした主張は、いくつかの点で誤解を招くものであったかもしれない。というのも、まず第一に、私たちはしばしば、同時に二つ以上のコミュニティのメンバーであって、それゆえ、同時に二つ以上の〈与えることと受けとることのネットワーク〉のうちに位置を占めているからである。さらにいえば、私たちはあるコミュニティに新規に加入することもあるし、それまで所属していたコミュニティから離脱することもある。それゆえ、以下においても私は、話を単純化するために、誰かが所属している「そのコミュニティ」とか、誰かが所属している「そのネットワーク」といった言いかたをし続けるが、その場合、読者はそこにあるはずの選言肢を補って、それらを「あるコミュニティ、ないしは、諸々のコミュニティ」や「あるネットワーク、ないしは、諸々のネットワーク」を意味するものとして理解していただきたい。第二に、コミュニティが機能するうえで重要なこととして、その共同生活において一定の役を演じる役割の一つに、「よそもの stranger」という役割が存在する。それは、私たちのコミュニティの外部からたまたま私たちのもとに訪れた人間のことであり、私たちは、まさにその人間がよそものであるがゆえに、彼らに対して歓待 hospitality を負っている〔彼らを歓待しなければならない〕。そして、歓待もまた、一定の気質にもとづいて発揮されるべき義務である。というのも、それは自発的に、かつまた、物惜しみせずになされるべきことであるからだ。だが第三に〔正しい気前のよさに命を吹き込まれた〈受けとることや与えること〉を、まずもってコミュニティの内部で一定の関係をもつ人々の間で実践されるべきこととして論じることが、誤解を招く理由として〕、正しい気前のよさの範囲は、コミュニティの境界線を越えて広がっている。このことについて、非常に異なる文化からの二つの証言を考察してみよう。一方はソフォクレスの、また他方は孟子の証言である。

ソフォクレスによれば、幼いオイディプスの殺害を命じられた羊飼いは、この幼子への憐れみから、危険を冒してその命令に背き、この子を養育してくれる家を見つけるべく、ひそかに別の羊飼いにこの子を託した。また、フィロクテテスの膿んだ傷口を目にし、さらには、彼の苦痛に満ちた叫び声を耳にしたネオプトレモスは、やはり憐れみから、彼がもともと約束していた行動とは異なる行動に出たのである。[*21] 孟子は次のように述べている。「すべての人間は、他者の苦しみを黙って見ていることに耐えられない心を備えている……人は誰でも、子どもが井戸に落ちるのを見れば、気がかりや心痛といった感情を抱くものである」。そして、それは、そうした感情にもとづいて行動する場合、他者の称賛を得られると彼らが考えているためではない（また、その子どもが彼らの家族、ないしはコミュニティの一員であるためでもない）。かりに、その子どもが陥っている切迫した恐るべき苦境に対して、それが切迫した恐るべき苦境であるというただそれだけの理由で救いの手を差しのべることができない人々がいるとすれば、そのような人々に欠けているのは人間性 humanity である。そして、人間性とは、それなしには私たちが諸々の社会関係において支障をきたすものである[*22][106]。もちろん、そんなふうに人が憐れみに動かされて行動を変えてしまうということは、ときとして、その人物が不合理な感情のたかぶりに押し流されて、十分な反省もなしに、ある行動に駆り立てられたというただそれだけの話にすぎない。だが、アクィナスが主張しているのは、「ミセリコルディア」ということばは（英語の「憐れみ pity」ということばには人を見下ろすような意味合いが伴うので、それを避けるために私は英語ではなくラテン語を用いるのだが）、その現れが適切な合理的判断に導かれているかぎり、ある徳を意味しているのであって、たんなる情念を意味しているのではない、ということである[107]。そしてそれは結局、コミュニティの義務〔の紐帯〕を越えたところまで及ぶミセリコルディアの能力は、それ自体、コミュニティの生活にとっても決定的に重要である、ということである。だが、どうしてそうなのだろうか。ミセリコルディアは、それが誰の苦境であるかにかかわらず、切迫した極度の苦境というものに注意を向ける。何がなされるべきかを決定するのは、その苦境の種類や程度であって、それが誰の苦境であるかではない。そして、私たち一人ひとりがコミュニティ内の諸関係に参加する際に理解していなければならないのは次のことである。すなわち、私たちの切迫した極度の苦境、また、障碍を抱えている〔能力を阻害されている〕ことに特有の苦境に対して差しのべられるべき援助の程度は、〔苦境に陥っている人間と、その苦境を目撃した人間の間の〕関係に応じて決まるのではなく、その苦境の程度に応じて決まる、ということである。しかるに、私たちが自分に対してそのような援助を与えてくれることを期待してよいのは、ミセリコルディアという徳を備えた人々だけである。だからこそ、コミュニティの生活それ自体が、コミュニティの生活の領域を越えていくこの徳を必要としている。そして、その場合、必要とされているのはあくまでも徳であって、たんなる感情の能力ではない。感情は理性によって導かれない場合、感傷と化してしまう。そして、感傷は道徳的失敗のサインである。だとすれば、この〔ミセリコルディアという〕徳はどのような徳であろうか。私はここで即座にアクィナスの説明に立ち戻りたいと思うのだが、それは部分的には次のような理由による。すなわち、この徳の存在は概して実践的には幅広く認識されているとはいえ、その理論的説明は稀少であるし、私の知るかぎり、アクィナスの説明ほど詳細な説明は存在しない、という理由による。それでは、アクィナスはこの徳について何を語っているのだろうか。

彼はミセリコルディアを、慈愛の結果の一つとみなしている。そして、慈愛とは神学上の徳であり、神学上の徳は神の恩寵によるものであるから、軽率な読者は、アクィナスはそれを世俗的な徳とはみなしていないと考えるかもしれない。だが、そう考えるのは誤りである。〔というのも、アクィナスによれば〕ミセリコルディアという形態をとった慈愛は、世俗の世界においてもそれと識別できるようなしかたで作用している。また、アクィナスはミセリコルディアの本性に関して、アウグスティヌスばかりでなく、〔異教徒である〕サルスティウスやキケロといった知的権威の見解をも参照しつつ、彼らの見解の不一致を解消することをめざしているのである。それゆえ〔アクィナスにとって〕ミセリコルディアは、その神学上の基礎とは独立に、〔世俗の世界における〕諸徳のカタログの中に位置を占めている。その場合、それはどのような人々に向けて発揮されるべき徳なのだろうか。

誰であれ、何らかの顕著な悪に苦しむすべての人々に対してであり、その悪がその苦しむ個人の選択から直接的に生じたものでない場合にはとりわけそうである。(108) ただし、このような条件づけは、おそらくそれ自体、さらなる条件づけを必要としている。すなわち、〔ある行為者にとって〕ある他者が極度の苦境に陥り、緊急に援助を必要としているという事実そのものが、もっとも親密な家族の絆にもとづいて発せられる要求が提供する行動の理由をもしのぐほど強力な行動の理由を〔当該行為者に対して〕提供している。[109] また、そうした他者のニーズがそれほど由々しきものではなく、かつまた、それほど緊急のものではない場合でさえ、そうした他者のニーズはしばしば、家族の絆にもとづく要求や、その他の直接的な社会的絆にもとづく要求に優先するものであると、適切にも判断されうる。[110] とはいえ、どのようなケースがそうしたケースにあてはまるのかを決定する規則など存在しないのであって、それを判断するためには思慮 prudence という徳が発揮されねばならない。[111] 以上を踏まえる場合、私たちは、ときに相互に対立しあう、二種類の異なる要求にさらされているように思われる。すなわち、私たちは一方において、私たち自身が所属するコミュニティの中でその人が占める位置のために、私たちとある明確な社会関係を有する人々の要求にさらされているだろう。また他方において、私たちとの間にそのような関係があろうとなかろうと、現に何らかのしかたでひどく苦しんでいる人々の要求にさらされているだろう。しかし、ミセリコルディアという徳に関するアクィナスの説明は、少なくとも私が右に定式化したような〔二つの要求の間の〕対比を拒絶するよう私たちに求めている。

ミセリコルディアとは、人が他の誰かの苦しみをみずからの苦しみとして理解するかぎりにおいて、その他者の苦しみに対して抱く嘆きや悲しみである、とアクィナスはいう。人がそのような嘆きや悲しみを抱くのは、その他者が以前からの友人であったり親族であったりする場合のように、かねてからその他者との間に何らかのつながりがあったからかもしれないし、あるいはまた、その人が当該他者の苦しみを理解するにあたって、ことによるとこの苦しみは自分にふりかかっていたものかもしれないと気づくからかもしれない。だが、そのような理解に必要とされているものは何であろうか。ミセリコルディアとは、私たちをして、私たちの隣人の必要とするものを彼らに提供するべく衝き動かす慈愛の一側面であって、そのようなものとしてミセリコルディアは私たちを私たちの隣人にかかわらせる諸徳のうちもっとも重要なものである(112)。したがって、ある他者の苦しみをみずからの苦しみとして理解するということは、その他者を隣人とみなすことにほかならない。それゆえアクィナスは述べている。隣人愛にかかわるいっさいのことがらに関して、「私たちが、『ヨハネの第一の手紙』第四章のように「兄弟」といおうが、『レビ記』第十九章のように「隣人」といおうが、はたまた「友人」といおうが、問題ではない。*23 なぜなら、これらすべては同じ近しさaffinityをあらわしているからである」と。だが、ある他者を兄弟や友人とみなすということは、彼らに対する自己の関係を、みずからの所属するコミュニティのその他のメンバーに対する自己の関係と同じ種類のものとして認識することにほかならない。それゆえ、ミセリコルディアという徳を他者たちに対して発揮するということは、その他者たちを自己の所属するコミュニティ内の諸関係の中に包摂するべく、それらの諸関係を拡張することである。そして、それ以降、私たちは、以前から私たちのコミュニティに属している者たちのことを気遣うように、彼らのことを気遣い、彼らの善について気にかけることを求められるようになるのである。

ここまで私は、正しい気前のよさという徳によって命を吹き込まれる諸関係の三つの顕著な特徴を挙げてきた。すなわち、〔第一に〕それらは、私たちの愛情〔や共感〕を巻き込む〔私たちが愛情や共感をもって参加することを要求する〕コミュニティ内の諸関係である。また〔第二に〕、それらは、コミュニティのメンバー同士が相互に保っている長期的な諸関係を越えて、通りすがりのよそものに対する歓待の諸関係にまで及んでいる。また〔第三に〕、それらは、コミュニティのメンバーが緊急の援助を必要とする人々に遭遇した場合に、ミセリコルディアという徳の行使を通じて、彼らを〔その関係の内部に〕包摂する。ところで、正しい気前のよさから生じるタイプの行動について語る際に、私はこれまで「計算ずくでないuncalculating」ということばを用いてきたが、いまやこの表現はその意味を限定される必要がある。正しい気前のよさ〔という徳〕は、〈与えることと受けとることの間に厳密な釣り合いがとれることを、私たちは期待することができない〉という意味において、計算ずくではないことを私たちに求めている。すなわち、すでに述べたように、私が彼らから受けとることを期待し、実際に彼らから受けとることになるであろう人々は、つねにではないにせよ、きわめて多くの場合、私が与えた人々と同じ人々ではない。また、私が〔他者に〕与えることを求められるものは、あらかじめその限度が決まっているわけではないし、私が実際に与えることを求められるものは、ことによると、私が〔他者から〕受けとったものをはるかに上回るかもしれない。私は、他者たちがこれまで私に何を与えてくれたかにもとづいて、私が〔他者たちに〕与えるべきものをあらかじめ計算することなどできないのである。しかしながら、また別の意味においては、正しい気前のよさという徳は、賢明な計算をおこなうことを許容するばかりでなく、要求しさえする。つまり、かりに私が財産を得るために働くということをしなければ、私は他者に与えるべき何ものももちえないだろう。また、私が手に入れた財産をただ消費するばかりで貯蓄することを怠れば、私の隣人が私の援助を緊急に必要とする事態が生じた場合に、私はそうした援助を提供しうるだけの資財をもたないということになるだろう。また、私が、実際には緊急の援助を必要としない人々に対してむやみに援助を与える場合、私は、そうした援助を真に必要とする人々に対して十分な援助を与えることができなくなるだろう。それゆえ、〔正しい気前のよさを発揮するためには〕財産を得るうえでの勤勉さや、貯蓄するうえでの倹約や、与えるうえでの分別が求められる。そして、これらすべては、〔正しい気前のよさという徳の諸側面であるばかりでなく〕節制という徳の諸側面でもある。

これら〈与えること〉の諸徳に加えて、〈受けとること〉の諸徳もなければならないことに注意しよう。たとえば、それが重荷であるとは思わせないように感謝をあらわす術や、無作法な与え手に対して礼節を保つ術や、いたらない与え手に対して忍耐をもって対する術を知るという徳である。これらの諸徳を発揮する場合、そこにはつねに、依存の誠実な承認〔自分が他者たちに依存しているという事実を誠実に受けとめること〕が含まれている。そうである以上、これらの徳は、次のような人々には欠如しているにちがいない徳である。すなわち、他者が自分に与えてくれた恩恵を思い出すことを嫌がるその態度が、他者への依存を忘れがちな人間であることを示している人々には、欠如しているにちがいない徳である。この種の好ましくない性格を備え、しかも、それが好ましからぬ性格であることを認識しそこなっているタイプの人間の顕著な一例、そして、おそらく典型的に顕著な例が、アリストテレスのいうメガロプシュコス *megalopsychos*〔魂の大いなる人、矜持ある人〕である。アリストテレスはこの種の人間について、肯定的に、彼は「他者から恩恵を受けることを恥じる。なぜなら、恩恵を施すことはすぐれた人間のしるしであり、それを受けとることは劣った人間のしるしであるからだ」と述べている。[113] それゆえ、このメガロプシュコスは、彼が他者から受けとったものについては忘れがちである一方、彼が他者に与えたものについてはよく覚えており、前者を想起させられることは喜ばず、後者の思い出話には喜んで耳を傾けるのである。[114] 私たちはここに自足 self-sufficiency の幻想〔自分は他者に依存することなしにやっていける、という誤った思い込み〕を見出す。それは明らかにアリストテレスも共有していた幻想であり、多くの時代に多くの場所で、特に富裕で権勢を誇る者たちによって抱かれてきた幻想であり、彼らをコミュニティ内のあるタイプの関係から排除する役割を果たしてきた幻想である。というのも、私たちがそれへの参加を通じてまず〈受けとること〉の諸徳を発揮することを学ばなければならない、そうしたコミュニティ内の関係を維持するためには、〈与えること〉の諸徳と同様、〈受けとること〉の諸徳も必要とされるからだ。だとすれば、そのような関係を重視する観点から眺める場合、切迫した苦境や窮乏というものがある特殊な光の下で理解されなければならなくなることは、おそらく驚くべきことではない。ひどい苦境に陥っている人がいまここですぐに必要としそうなものは、食べ物や飲み物や衣服や住居である。しかし、そうした最優先のニーズが満たされた後に、彼ら苦境にある人々がもっとも必要とするのは、次のような地位を与えられること、ないしは、ふたたび与えられることである。すなわち、そこにおいて彼らがコミュニティ内の熟議に参加するメンバーとして承認されるような、そうしたコミュニティ内の諸関係のネットワークの中に、ある公認の地位を与えられること――彼らを力づける他者からの敬意と自己への敬意〔自尊心〕の双方を彼らにもたらすそのような地位を与えられること――、ないしは、ふたたび与えられることである。とはいえ、そのような他者への敬意は、この種のコミュニティ内の生活において要求される、ヒトとしての配慮の基本的形態ではない。なぜそうではないのか。

それがコミュニティ内の人であれ、コミュニティ外の人であれ、ひどい苦境に陥っている人々の中には概して、その極度の障碍ゆえに当該コミュニティの受動的なメンバー以上の存在にはけっしてなりえない人々――たとえば、十分な認知能力をもたず、会話することができない、あるいは知的な会話を交わすことができない人々や、苦しみは感受しうるのだが動くことができない人々など——が含まれている。私はすでに示唆しておいたが、そのような諸個人について私たちその他の者が抱く重要な考えは、「ことによると、私があの人だったかもしれない」というものである。だが、そうした考えは、ある特別な種類の配慮へと翻訳される必要がある。私たち自身が他者たちから与えてもらう必要のあるケア、そして、彼らもまた私たちから与えてもらう必要のあるケアは、〔ケアを施される側の人間に〕けがや病気やその他の災難といった不測の事態が生じた場合にも、そのことに左右されることのないコミットメントと配慮を要求しているものである。つまり、ある他者に対する私の配慮は、その他者が私に対しておこなうこと、すなわち、重大な嘘をつくとか、残酷な仕打ちをするとか、不実を働くとか、自分の利益のために私を利用したり犠牲にしたりするといったことを通じて損なわれる可能性がつねにあるとはいえ、もしかりにそうした他者への配慮が、その他者を襲った災難によってその人の身に生じたことゆえに減少したり、すっかり失われてしまうとすれば、そのような他者への配慮は、それらを通じて私たちの共通善が達成されるコミュニティ内の諸関係——そこには、コミュニティの外部の人々に対する諸関係も含まれる——において必要とされている種類の配慮とはいえないのである。

第十一章　共通善の政治的・社会的構造

私たちの個人的な善と共通善がそれらを通じて達成されうるような〈与えることと受けとること〉の諸関係を具現化しうる社会とは、政治的・社会的にみて、いかなるタイプの社会であろうか。そうした社会は次の三つの条件を満たしている必要があるだろう。すなわち、第一に、そうした社会は、特定のコミュニティのメンバーたちが共有された合理的な熟議を通じて共通の判断にいたることが重要な意義をもつすべてのことがらについて、〔まさにそのような手続きを通じて〕自立した〔実践的〕推論者たちがくだす政治的意思決定に表現を与える社会でなければならない。それゆえ、そうした社会には制度化された熟議の仕組みがなければならないし、そのような熟議の仕組みは、コミュニティのメンバーのうち、訴えたい提案や反論や意見をもつ者すべてがアクセスしうるようなものでなければならないだろう。また、熟議と熟議を通じてもたらされる決定の双方がコミュニティ全体の所産とみなされうるよう、意思決定の手続きは一般的に受容可能なものでなければならない。

第二に、〈正しい気前のよさ〉が中心的な徳の一つとみなされる社会においては、確立された正義の諸規範がこの徳の実践と矛盾をきたさないことが必要であろう。さまざまな種類の〈正しい関係〉の維持に必要な、さまざまな種類の規範をそれ単独で包括的に説明しうる単純な公式など存在しない。自立した実践的推論者同士の間の諸規範は、マルクスが社会主義社会における正義の格率として提示した、〈各人はその貢献に応じて受けとる〉という格率を満たすものでなければならないだろう。また、〔一方における〕他者に与えうる人々と、〔他方における〕子どもや高齢者や障碍者といった、もっとも依存的で、他者から受けとることをもっとも必要とする人々の間の諸規範は、マルクスが共産主義社会における正義の格率として上記の格率を修正して提示した、「各人はその能力に応じて働き、かつまた、できるかぎりそのニーズに応じて受けとる」という格率を満たすものでなければならないだろう。(115) もちろんマルクスは、彼が示した第二の格率は、いまだ実現不可能な未来の社会においてのみ適用可能であると考えていた。そして私たちも、経済的資源が無限に存在するわけではない社会では、この格率は不完全なしかたでしか適用されえないということを認識しておく必要がある。とはいえ、たとえ不完全な、あるいは、ひどく不完全なしかたであろうとも、ともかくこの格率が適用されないかぎり、私たちは次のような生活様式を維持することはできないだろう。すなわち、〔みずからの取り分を確保するうえで〕功績に訴えることとニーズに訴えることのいずれもが効果的である点に特徴をもつ生活様式を、それゆえ、自立した人々と依存的な人々の双方にとっての、また双方のための正義に特徴をもつ生活様式を維持することはできないだろう。

第三に、そうした社会の政治構造は、自立した実践的推論能力を備えた人々と、そうした推論能力を限定的にしか備えていないか、まったく備えていない人々のいずれもが、右に述べたような正義の諸規範が要求していることは何かをめぐって交わされるコミュニティ内の熟議において、意見を表明しうるようなものでなければならない。そして、後者の人々についていえば、彼らがそのようなしかたで意見を表明しうるのは、彼らの代理人を務める能力と意志をもつ他者が存在するとともに、当該政治体制の中でそうした代理人の役割に公的な地位が付与されている場合だけである。

それゆえ、ここで私が思い描いているのは、その社会の内部において次のことが当然視されているような政治社会である。すなわち、障碍に見舞われ、他者に依存せざるをえない事態は、私たちの誰もがその人生の折々に体験することであり、しかも一人ひとりの個人がそのような事態をどの程度体験することになるかはあらかじめ予測不可能であるということ。また、そうであるがゆえに、障碍をもつ人々が彼らのニーズを適切に表明できること、また、そうしたニーズが適切なしかたで満たされることは、ある特定の集団だけがその恩恵を受けるような特殊な利益ではなく、むしろ、その政治社会全体にとっての利益であり、その社会で共通善とみなされているものの不可欠な要素をなす利益であるということ。これらのことが当然視されているような政治社会である。だとすれば、そのようなしかたで理解された共通善を達成するために必要な諸々の構造を備えた社会とは、いかなる種類の社会であろうか。

この点に関して近年の社会哲学や政治哲学に助言を求めるとすれば、多くの場合、私たちは失望することになるだろう。なぜなら、ごくまれなケースを除いて、この領域におけるそれらの研究は、一方における国民国家と、他方における個人や核家族という二つの極の中間に位置する種々のアソシエーション〔人々の結合〕や社会関係の共通善に関する諸問題を無視してしまっているからである。しかるに、この中間的な領域こそ、まさに私たちが関心を寄せるべき領域にほかならない。というのも、彼ら相互の関係が、〈実践的推論者の自立の認知〉と〈ヒトの依存性に関する諸事実の承認〉を具現化しているような人々、またそれゆえに、〈正しい気前のよさ〉という徳が彼らにとって鍵をなす徳であるような人々は、彼らの活動に従事するにあたってときに明示的に、だが、たいていの場合は暗黙のうちに、共通善の共有を前提しているものだが、そうした共通善の共有は、近代国家の諸形態においても、今日的な家族の諸形態においても実現されえないタイプのアソシエーションを構成する本質的要素であるからだ。

だが、どうしてそうなのだろうか。近代国家や今日的な家族のいかなる要素が、それらをして、右に述べたタイプの共通善がその中で達成されうる類の人々相互の結びつきを提供できないものにしているのであろうか。以下では、それら各々について順に考察しよう。近代の国民国家は、多かれ少なかれ相互に対立しあう多様な経済的・社会的利益集団が、互いに一定の譲歩をおこなうことを通じて運営されている。ある利益集団の利害にどの程度の重みが付与されるかは、その利益集団が政治的・経済的な交渉力をどの程度もっているかによって決まるし、その集団の指導者たちが交渉のテーブルにおいてどの程度の発言力をもっているかによって決まる。また、個々の利益団体がそうした交渉力や発言力をどの程度もつかは、主として、その資金力によって決まる。すなわち、選挙に勝つための諸々の資源や、メディア戦略のための諸々の資源や、各種団体との協力関係といった、その団体の政治力を維持するうえで必要な諸々の資源をまかなうのに用いられるお金を、その団体がどの程度もっているかによって決まる。そうしたお金の使い方によって、個々の利益団体が保持する政治的影響力の程度や種類は非常に異なったものとなるのである。そして、その結果として次のような事態が生じている。すなわち、ほとんどの市民が、その程度は非常に異なるとはいえ、〈最小限の安全な秩序〉のような公共財はわかちあっているものの、他方で政府による財の配分は、合理的探究の諸規範に律せられつつ社会全体で幅広く交わされた熟議を通じてたどりついた〔国民全体の〕共通の判断を反映するものではまったくない、という事態である。実際、近代国家の規模の大きさそれ自体がそのことを妨げているのであろう。だが、そうであるからといって、〈承認された依存の諸徳の政治〉を実践する人々にとって、国民国家との関係は、あるいはそれを構成するさまざまな統治機関との関係は重要ではないということにはならない。国民国家が保有する膨大な資源や法的強制力ゆえに、また、その軽率かつ歪んだ善意が突きつける種々の脅威ゆえに、誰もが自分自身と国民国家の間の関係について重大な利害関心をもつことを避けられない。だが、それが個人であれ団体であれ、近代国家の被治者たちが国家の統治機構との間に合理的な関係を保とうとする場合、彼らに求められるのは、統治機構から引き出しうる便益と、統治機構とかかわりをもつ際のコストの双方を秤にかけることである。少なくとも、その国家が巨大な公益事業体であることを標榜し、現にそうである場合に、国家のそうした側面に関するかぎりはそうである。

もちろん、近代国家には別の側面もある。それは、私たちの諸価値の守護者としてみずからを示し、ときにみずからのために死ぬことを私たちに要請する、そうした側面である。そして、そのような要請は、その被治者たちに対する正統にして正当化可能な政治的・法的統治権を保持していることを主張するすべての支配権力によって発せられる要請である。というのも、いかなる国家も、その被治者たちに対して、他国からの侵略や国内の犯罪等の脅威に対する、少なくとも最小限の安全を提供できないかぎり、そうした主張を正当化することはできない。そして、被治者たちにそうした安全を保障するためには、概して、その必要が生じた場合には――実際、非常にしばしばそうした必要が生じるわけだが――みずからの義務をまっとうするために命を犠牲にする覚悟をもつ警察官や消防士や兵士たちの存在が必要とされるからである。だが、公共の安全という善は、そのような人々の称賛に値する献身的な活動によって維持されているとはいえ、また、私たちがさまざまな種類の地域コミュニティにおいて自分たちの共通善を達成するうえで欠かせない善であるとはいえ、この善のそうした重要性ゆえに、次の事実が曖昧にされてはならない。すなわち、近代国民国家においてその構成員たちがわかちあう公共的な善というものは、全国規模の、本物のコミュニティの共通善ではないということ。また、それにもかかわらず、国民国家がそのような共通善の守護者であるかのごとくよそおう場合、その帰結は、ばかげたものとなるか、悲惨なものとなるか、そのいずれでもあるものとなるかのいずれかでしかありえないということである。というのも、国民国家がそのように誤って一つのコミュニティとみなされる場合に、その誤解と対をなしているのが、国民国家の市民たちを一つのフォルク Volk〔民族〕とみなす誤解である。すなわち、その紐帯が市民全体を覆いつつ、しかるに同時に、血縁や地縁のような絆と同程度の拘束力をも〔各人に対して〕もつような、そうしたタイプの集団性を国民国家の市民たちは構成している、という誤解である。〔だが実際のところ〕近代の大規模な国民国家において、そのような集団性が成立する余地はなく、それゆえ、そうした集団性が存在するという主張はつねに、邪悪な現実を覆い隠すためのイデオロギー的な偽装にすぎない。それゆえ、私の結論はこうである。ある国民国家が必要で重要な公共善を供給しているかぎりにおいて、それらの公共善は、〈承認された依存の諸徳〉がその共同体的な認知を要求しているようなタイプの共通善と混同されてはならないということ。そして、国民国家のレトリックが、事実このようなより強い意味での共通善であるようなものの供給者としてみずからを示すかぎりにおいて、そのレトリックは危険な虚構の喧伝者である、ということである。

承認された依存の諸徳と自立の諸徳は各々、それらを実践しようとする人々に対して、非常に異なる種類の、共通善の共有された追求〔共同追求〕を要求する。承認された依存の諸徳が実践される場面では、依存する他者たちのための、彼らに対する種々の責任がどのように分担されるべきかに関して、また、それらの責任の履行の成否を判定する規準としてはどのような規準が適切かに関して、共通の判断が存在しなければならない。また、自立した実践的推論の諸徳が実践される場面では、そのような共通の判断は、各種責任に関する社会的合意が合理的に正当化されるのみならず、合理的に正当化されたものとみなされもするよう、共有された熟議を通じて生みだされなければならない。それゆえ、これら二種類の徳の双方を実践する人々は、国民国家に対して二重の態度をとることになるだろう。〔すなわち、一方で〕彼らは、国民国家というものは現代世界の情景から消し去ることのできない要素であると認識しているだろうし、国家が与えてくれるさまざまな資源の価値を軽んじてはいないだろう。国家はある場合には、人道的な諸目的の達成を妨げる諸要因を除去するための唯一の手段を提供しうるし、現にしばしばそうした手段を提供してくれている。それゆえ、たとえば、障碍をもつアメリカ人法 the Americans with Disabilities Act を通過させた人々や、その法律の条項を建設的かつ創造的なしかたで活用してきた人々に対して深い感謝の念を抱くべき理由を私たちの誰もが有している。とはいえ他方で、与えることと受けとることのネットワークにおいて追求される共通善の達成に不可欠な〈正しい気前のよさ〉によって命を吹き込まれた政治的枠組みを、近代国家は提供できない、ということも彼ら〔二種類の徳の双方を実践する人々〕は認識しているだろう。

国民国家が、ここで問題にしているタイプの共通善に向けて方向づけられたアソシエーションの形態を提供できないとして、それでは家族はどうであろうか。家族とは、それが最良の状態にある場合、子どもたちがまずそこにおいて養育され、その後、大人たちの世界の諸活動に関して教育を受けたり、それらの諸活動へと導かれたりするようなアソシエーションの形態であり、両親は自分たちが大人たちの世界で参加している諸活動を通して、子どもたちがやがてそのような諸活動に参加していくうえで必要とする諸々の資源や模範を子どもたちに提供していく、そうしたアソシエーションの形態である。その場合、ある家族の生活の質を、その鍵となる部分において規定するのは、当該家族の個々のメンバーが、職場、学校、教会、スポーツクラブ、労働組合の下部組織、カルチャーセンターの教室といった家族以外の多様な制度やアソシエーションとの間に、また、それらの内部で保持している諸関係の質である、ということになる。それゆえ、そのようなアソシエーションや制度の下でおこなわれている諸実践に内在的な諸々の善を、子どもたちが認識し、彼ら自身の善として追求できるようになるかぎりにおいて、また、その両親やその他の大人のメンバーたちも、そのような善を認識し続け、追求し続けるかぎりにおいて、家族生活の諸々の善も実現されるのである。家族が開花〔繁栄〕しうるのは、その家族を取り巻く社会環境もまた開花〔繁栄〕している場合だけである。そして、家族を取り巻く社会環境のありようはきわめて多様なので、家族の開花のしかたもきわめて多様である。幸福な家族というものはすべて似たりよったりというわけではなく、あるきわめて偉大な作家のみがそのように語って済ませることができたにすぎない。[24] それゆえ、家族生活というものが発揮する強みや長所が多種多様であるように、それが抱える弱みや欠陥もまた多種多様である。家族の強みや弱みもまた、その家族を取り巻く社会環境のありようと不可分な関係を有しているのである。(このように述べるからといって、私は、家族はきわめて恵まれない状況下ではけっして開花できない、といいたいわけではない。そうした状況下でも、開花できるし、現に開花している。だが、そうした状況下でも家族が開花でき、現に開花しているとすれば、それはつねに、その家族のメンバーたち、とりわけその両親たちが、よりよい社会環境が与えてくれるはずのさまざまな活動や活動の機会を、社会になりかわって、その家族に提供できているからである。それゆえ、たとえば、もっとも近くの隣人が一〇〇マイル〔約一六〇キロメートル〕も離れたところに住んでいるような、非常に孤立した状況下でまずまずの生活を営んでいる家族にとって、職場や学校や教会での活動、および、娯楽的な活動はすべて、家庭内での活動ということになるだろう。そして、そのような家庭はもはやたんなる家族ではなく、一個の自立したコミュニティとしての小宇宙をかたちづくることになるだろう。とはいえ、こうしたことは明らかに例外的な事例にちがいない。)

それゆえ、家族生活の諸々の善は、一般的かつ典型的には、多様なタイプの地域コミュニティの中で、また、それら地域コミュニティの諸々の善とともに達成される。また、ある家族の共通善というものは、一般的かつ典型的には、その家族を構成要素とする地域コミュニティの共通善が達成される過程においてのみ達成されうる。承認された依存の諸徳によってその認知が求められるタイプの共通善が、少なくとも一個の独立した社会的単位とみなされるかぎりでの家族という場で達成されえないのは、そのような家族が自足性を欠いているからである。とはいえ、もちろん、家族は地域コミュニティの基本的かつ不可欠な構成要素であって、家族生活の中には、承認された依存の諸徳の実践が要求される領域が数多く存在する。それどころか、すでに示唆してきたように、〔家族生活における〕両親の幼い子どもたちに対する関係や、大人たちの年老いた両親に対する関係はいずれも、それらの諸徳を実践することによってのみ維持されうる関係の範例である。さらにいえば、家族の中で、有能であり自立しているメンバーと、一時的、もしくは恒久的な障碍を抱え、かなりの程度、もしくは全面的に他者に依存しているその他のメンバーとの間に成立している関係もまた、そのような範例である。

それゆえ、国家も家族も、承認された依存の諸徳によってその共通善が達成されたり維持されたりするようなアソシエーションの形態ではない。むしろ、そうしたアソシエーションは、家庭、職場、学校、病院、ディベート・クラブ、各種ゲームやスポーツのクラブ、宗教団体等における諸活動が、各々その内部でしかるべき位置を占める地域コミュニティの形態をとらなければならない。ではその場合、一時的、もしくは恒久的な障碍を抱える人々は、そのようなコミュニティの中でどのような位置を占めうるのであろうか。また、彼らの自己への敬意〔自尊心〕を維持するばかりでなく、障碍をもつ人々と障碍をもたない人々双方に対する敬意をも維持するうえで必要とされる認識とはいかなる種類の認識であろうか。そのような認識は、さきに私がその特徴を述べた、各人に対する配慮に、すなわち、その人間がどれほど重い障碍を抱えているにせよ、彼に対して示されるべき配慮[*25]に立脚したものとなるだろう。だが、そのような配慮には次のような認識が伴うだろう。すなわち、そのコミュニティのいかなるメンバーも、私たちが私たちの共通善や自分自身の善について彼から何かを学びうる、また、何かを学ぶ必要のある人物であるかもしれず、私たちがそれらの善について他所では学びえないことがらを私たちに教えてくれる可能性をつねにもつ人物である、という認識が。私たちは、まずもって私たちの達成したことがらに他者たちが価値を見出すからこそ、彼らにそうした敬意を負ってもらえる〔彼らは私たちに敬意を示さなければならない〕というわけではない。というのも、私たちは障碍を抱えているために価値ある企てに参加することができない時期においてさえ、やはり他者たちに思いやりのあるケアを負われている〔他者たちは私たちに思いやりのあるケアを施さなければならない〕し、私たちもまたそれを〔そうした時期の〕他者たちになおも負っているのであって、そうしたケアなしには、私たちも他者たちも、お互いに教える必要のあることを学びえないからである。

〈私たちの共通善とは何かを学ぶ〉という場合に私が意味しているのは、これまで同様、そうした善についての実践的知識を私たちはどのようにして得るかということである。つまり、それについてのある一連の理論的公式をマスターすることではなく、むしろ、日常的な実践の中に具体的なかたちで示されるそうした善へと方向づけられた態度を身につけることである。すでに強調してきたように、私たちが共通善とは何かということを学ぶのは、否それどころか、私たち自身の個人的な善とは何かということをも学ぶのは、主として理論的な内省によってではないし、ひとえに理論的な反省によってではまったくない。私たちはそれらを、〔他の人々と〕共有された日常的な諸活動の中で、また、そうした諸活動が課してくるさまざまな選択肢を比較衡量する中で学ぶのである。また、これもすでに強調してきたことだが、私たちは、〔共通善や自身の個人的な善について〕学ぶ必要のあることがらを学びそこなうこともある。そして、そうした事態は、私が挙げた三種類の失敗——すなわち、(一)自分自身の欲求から身を引き離すことができず、その欲求について判断する位置に立てないこと、(二)適切な自己認識の欠如、(三)

私たちの他者への依存の本性を認識しそこなうこと――をはじめとする、いくつかのタイプの失敗に起因するものである。以下において私は、障碍をもつ人々との関係を通じて学ばれうる、もしくは、概して障碍をもつ人々との関係を通じてしか学ばれえないことがらの一例について考察したいと思う。そのような学びを通じて私たちは、一連の間違った実践的判断や人を誤りに導く実践的判断をその帰結として伴う、上記三つの誤謬の原因のいずれかをみずからのうちに発見することがある。

体の一部の表面が腫れていたり、炎症を起こしていたり、傷跡があったり、膿んでいたりすることでその美観がひどく損なわれている点にその本質が存する障碍について考えてみよう。そのような障碍に苦しむ患者の、恐れや嫌悪を抱かせる外見は、〔周囲の人々にとって〕一人のヒトとしての彼女や彼に接することを困難にする一因である。患者のそうした外見を肉体のより奥深いところで生じている現象の一連の徴候として理解することを仕事とする看護師や医師の場合、おそらく私たちほどそのような困難を感じないだろう。だが、看護師や医師ではない私たちは、次のような二つの〔両極端の〕過ちのいずれをも回避する道を探りあてる必要がある。すなわち、〈その患者は、実際のところ、恐れを抱かせるような外見を示してはいない〉と強弁する場合に犯すことになる過ちと、その患者の外見に気をとられるあまり、その人に対して不合理なしかたで接してしまう場合に犯すことになる過ちである。そして、そのような困難な課題に取り組むことを通じて、おそらく私たちは自分自身に関して、少なくとも次のようなことを学ぶだろう。すなわち、自分はこれまで他人の見栄えのよさや自分自身の見栄えのよさにどのような価値をどの程度見出していたのかということを学ぶだろうし、同時に、そうした従来の価値判断が犯していた誤りについて学ぶだろう。

この点、社会心理学の諸研究は、日常の観察が示唆していること、すなわち、私たちの多くがさまざまな場面で、顔をはじめとする人間の外見からあまりにしばしば影響を受けているということを裏づけている。[116]また、より一般的な事実として、他人の表明した意見を私たちがどの程度重く受けとめるかは、その意見を述べたのが誰であり、その人間はどのような声や表情でその意見を述べたかによってある程度左右されがちである。それゆえ私たちは、誰かの人柄やその誰かの表明した意見を、その人の容姿や話しかたから切り離して評価する術を学ぶ必要がある。そして、そうした術を学ぶ過程において、私たちはそれまでの自分が考えてもみなかったことに気づくかもしれない。すなわち、自分がいままで、あるタイプの容貌をもつ他者と接する際に、〔その他者の容貌によって引き起こされる〕不快感や嫌悪感や、ときには恐怖感といった感情から自分自身を切り離すことができずにいたこと。そして、それゆえに、そのような感情に対して批判的判断をくだすことができずにいたことに気づくかもしれない。また、自分自身のくだすさまざまな判断がそのような感情から不当な影響をこうむっていたことに気づいていなかった点で、自分がこれまで適切な自己認識を欠いていたことに気づくかもしれない。また、これまでの自分が、その外見が私たちの気分を害するような人々に応答する際に、自分には少なくとも彼らから学びうることは何もないと決めてかかっていたことに気づくかもしれない。つまり私たちは、そのような障碍をもつ人々との出会いにおいて、これまで認識されずにいた、みずからの実践的推論の誤謬の原因を発見するのである。そして、それら実践的推論の誤謬の原因が、私たちの社会環境においてこれまで支配的であった諸規範に由来するものであるかぎりにおいて、私たちが自分たちの共有された熟議による推論においてそうした誤謬から解放されるためには、私たちは自己を変革するのみならず、そのような社会環境をも変革する必要がある、ということになるだろう。

もしも私たちがそれら誤謬の原因から自由になることができない場合、私たちは、さまざまな文脈において私たちがまさにそれに対して応答すべき、自分自身における何かや他者たちにおける何かを曖昧にし続けるであろうし、それゆえ、私たち自身、歪んだ生活を送り続けるであろう。ただし、以上のように述べることは、〈私たちは人の見栄えのよさと見栄えの悪さを区別すべきではないし、その両者と恐れを抱かせる容姿を区別すべきでもない〉とか、〈美しい容姿や魅力的な態度は保持するに値する善いものであるという認識を、私たちはいつまでももち続けるべきではない〉ということを意味するのではないことに注意しよう。しかし、私たちがそれらの〔美しい容姿や態度の〕魅力を重視するあまり、見苦しい容姿や不自由な肢体を通じてしか表現されえない人柄や議論の価値を過小評価してしまうならば、私たちはそれらの善さの本性や限界を見誤ることになるだろう。

私たちをみずからの自己認識の欠陥に対して盲目にしているその原因は、私たちを他者たちの諸性質に対しても盲目にしているかもしれない。それゆえ、あまりにも人の容姿や外見に心を奪われがちな人々は、容姿の醜さや肢体の不自由に苦しむ人々がそのような苦しみを味わい続けた結果ようやく手に入れた勇気と精神の優美さの実例を識別できないだろうし、ましてや、それらを理解することなどできないだろう。そして、それは結局、承認された依存の諸徳のうちのいくつかの徳の重要性を理解しそこなうことであろう。私たちはこれらの諸徳を識別し、理解することができないかぎり、いつか自分自身が容姿の醜くなる障碍に見舞われた場合に、あるいは、これら同じ諸徳によって提供される資源を必要とするその他の形態の障碍——そこには、通常の加齢による能力の阻害も含まれる——に見舞われた場合に、自分自身はそれらをどのように実践すべきかわからないということになりがちである。

以上の主張に対しては、次のような反論があるかもしれない。すなわち、筆者がここで取り上げたのは比較的異論の余地のない事例であって、この事例に関してあてはまることが、障碍や依存のより極端な形態についてもひとしくあてはまるわけではない。たとえば、重度の障碍によって肉体的にも精神的にも無力化しているため、他者の呼びかけに対してまったく応じることができないか、最小限の応答しかなしえないヒト、つまり、ロック的な意味における人格の地位を有していないか、もはや有する見込みがなく、合理性を発揮する能力や情緒的反応を示す能力の発現が永久に阻まれているようなヒトの場合、私が右に論じたことはあてはまらないのではないか、という反論である。〔その反論によれば〕、この種の人々に関していえることはただ、〈彼らはせいぜい、彼らの苦しみの緩和を意図する善意の受け手でしかありえず、彼らの存在は他者たちにとって、負担すべきコストではありえても、けっしていかなる意味においても利益ではありえない〉ということである。そんな彼らがどうして私たちの教師たりうるのか、というわけだ。これは強力な、そして現に広範な影響力をもつ見解である。この見解が依拠する想定は、〈自分にケアを施してくれたり、何かを与えてくれる他者に対して自発的に返礼をなしえない人々にケアを施したり、何かを与えたりすることは、たんなるコストや負担でしかありえない〉ということである。それゆえ、〔この想定に従えば〕私は彼らに対して善意に満ちた態度をとりうるとはいえ、彼らと私との関係はあくまで一方通行的なものとならざるをえない。しかし、これは誤りである。彼らが私たちに与えてくれるのは、ある本質的なことを学ぶ機会、すなわち、他の誰かにとって、その人が私たちのケアに完全に身を委ねているということ、そしてその結果、私たちがその人の幸福について答えうるanswerable〔つまり責任を負う〕者となっているということがどのようなことかを学ぶ機会である。幼児期には私たちの誰もが他の誰かのケアに完全に身を委ねていたし、その結果として、そのような他者たちは私たちの幸福について答えうる者であった。しかるに、いまや私たちには、そのように〔誰かの幸福が自分の手に〕委ねられているということがどういうことであるのかを自分で体験することによって、まさにそのような〔私たちがかつて身を委ねていた〕人々に私たちはどのようなことを負っているのかを学ぶチャンスがあるのだ。そのような〔一方が他方のケアに完全に身を委ねている点に特徴をもつ〕いかなる関係も次のような二つの側面を備えている。すなわち、それは一方において、現実に、相手の生命を維持したり苦痛を和らげたりするうえで必要な肉体的ケアを施す側面を、また、ときとして精神的ケアをも施す側面を備えている。具体的にいえば、下の世話、吐瀉物の処理、シーツの交換、相手がむずかったり、かんしゃくを起こしたり、支離滅裂にふるまったりする事態への対応、薬を飲ませる、傷口に包帯をする等の、厄介でひどく骨の折れる仕事のいっさいがそこには含まれる。他方でそうした関係には、自力で発言することができない障碍者のために、〔彼らの幸福に責任を負う人間が〕彼らの代理人の役割を果たすという側面も含まれている。そうした代理人の役割は、コミュニティの内部と外部において、そのようなしかたで障碍を負っている人々のために発言することであり、もしかりにその特定の障碍者がいまなお話をする能力を有していたとすれば、その人自身がみずからのために語ったであろうことがらを語ることである。障碍によって徹底的に能力を阻害されている個人は、いわば第二の自己として、彼女ないしは彼のために発言してくれる誰かを必要としている。そして、いかなる人間も潜在的にはそうした極度の苦境に陥る可能性をもつ以上、私たちの誰もが、いま、ないしは今後、第二の自己として自分の代わりに発言してくれる誰かを必要とするかもしれない。しかし、あらかじめ私という人間のことを知らないどんな人間も、私の代理人として適切に語ることはできないだろう。一般に、私の代理人を務めるような人間は、私が過去のさまざまな状況下でみずからの善についてどのような判断をくだしたか、また、それらの判断をどのような推論によって支持したかを知っている必要がある。というのも、そうしたことを知っている場合にかぎって、彼らは私のために、あたかも私が自分自身で語るように語ることができるからである。そうである以上、徹底的に能力を阻害された人々と、だからこそ彼らのために語る必要のある他者たちとの間のこうした関係は、一般に、それ以前から存在する友人同士の関係に根ざしたものでなければならない。

　それゆえ、徹底的に能力が阻害されているために自力で語ることができない特定の諸個人と、彼らのために語ることができる人々との間のこうした関係は、いくつかの点で、両親とその幼子たちの間の関係とは非常に異なっていることに注意しよう。たしかに、〔各々の関係に見出される〕依存の程度は同一でありうるし、現にときとしてそうである。また、〔いずれの関係においても〕相手のケアを引き受けた人間の側に、その相手の善を見極め、それらを達成するべく努めるという同一の義務がありうるし、現にときとしてある。しかし、ある子どもの親が、〈この子はこれこれの状況下でみずからの善についてどのような判断をくだすだろうか〉と問うとしたら、それはたんなる気の迷いであろう。というのも、子どもがみずからの善についてどのような判断をくだすことになるかは、その鍵となる部分において、両親がその子どもをどのように育てるかにかかっているからである。つまり、両親こそが、まずはその子どもの善について自分たち自身の判断をくだす必要があるのだ。もちろん、ケアを施すべき相手が長期にわたる昏睡状態に陥っている障碍者で、その人がかつてみずからの善に関していかなる判断をくだしていたのかまったくわからないという場合、その障碍者をケアする人は、幼子をケアする場合と同様、相手の善について自分自身の判断をくだすほかない。しかし、そこまで極端な場合でなければ、そうした状況にはならない。それゆえ、私たちが目標にすべきは、できるかぎり一人ひとりの個人が自立した政治的推論者として、自分自身の声でそのコミュニティ内の共有された熟議に貢献するという状況である。

実践的なレベルにおける政治的推論とは、通常の実践的推論から区別されるような、特別な種類の推論のことではない。概して人は、政治的推論者としてある程度の成長を遂げることなしには、有効な実践的推論者たりえない。そして、それは次の二つの理由による。すなわち、まず第一に、〈与えることと受けとること〉のネットワークに参加する人々は、彼らの共通善を同定する過程ではじめて自己の個人的な善をも同定しうるがゆえに、また、彼らは、その共通善がその人たちのものでもある他者たちとの間で共有された熟議に貢献することを通じて、また、そうした熟議から学ぶことを通じて、はじめて彼らの共通善を同定しうるがゆえに、〔そのような彼らにとって〕共通善について〔他者たちとともに〕実践的に推論する能力は不可欠である。しかるに、共通善について他者たちとともに推論するということは、まさしく政治的に推論するということにほかならない。

第二に、私たちの善は、それが共通善であるか個人的な善であるかにかかわらず、その非常に多くが他者とわかちあわれる善であるがゆえに、ある種の善が私の人生の中でいかなる役割を果たすべきかに関する私の判断は、概して、それらの善が私たちのコミュニティの生においていかなる役割を果たすべきかに関する私たちの判断から独立したものではないだろうし、独立したものではありえない。共同資源の分配において、劇場での諸々の善の追求に一定の優先度が付与されることのないコミュニティに生きる場合、私は、みずからの人生の中に、多かれ少なかれ舞台芸術によって占められる場所というものを見出すことはできないだろう。すなわち、アマチュアの俳優やプロの俳優としてであれ、演劇の演出家としてであれ、演劇の舞台係としてであれ、オーケストラのメンバーとしてであれ、演劇やコンサートの観客や聴衆としてであれ、私は私の人生の一部を舞台芸術のために捧げることはできないだろう。私たちは、その種の〔共同資源の使い道の〕優先順位をめぐる政治的決定において、またそうした政治的決定を通じて、私たち各人にとって選択可能な人生の範囲を決定している。それゆえ、もしも私たちがそうした政治的意思決定への貢献をみずから拒んだり、他者によって拒まれたりする場合、それによって私たちは自己の意思決定の範囲や効力を減じていることになるのである。

このことが示唆しているのは、〈与えることと受けとること〉の社会的ネットワークの善がその共通善であるような政治的コミュニティの必須条件についてこれまで私が提示してきた説明が誤解を招くものとならないためには、それに対する補足説明がぜひとも必要とされる、ということである。というのも、さきに私は〈正しい気前のよさのような徳の要求に従おうとする場合、私たちは――健常者であれ、障碍者であれ――お互いに対してどのような配慮を含んだ態度をとるべきか〉という問いを探究したが、その際私は、この問いに答えた後にはじめて、第二の問題として〈どのような種類の政治構造がそのような態度を具体的に表現できるか〉を探究できるかのごとく考えていた。しかし、いまや明らかになったのは、そうした一定の配慮を含んだ態度というものは、当初から政治的態度として理解されなければならない、ということであるからだ。合理的な与え手や受け手となるために私たちがわかちあう教育に対してその人がなす何らかの貢献ゆえに、ある他者を私たちにとって配慮に値する存在として遇することは、彼らに政治的な承認を与えることである。すなわちそれは、その存在を無視したり、その声を政治的な熟議の場から締め出したりすることがまちがいであるような人間として、彼らを遇することなのだ。

政治的推論を〔特別な種類の推論ではなく〕日常的に遂行されている実践的推論の一側面としてとらえる右の見解に対応するのが、政治活動というものを、それにたずさわる能力をもつすべての大人たちの日常的な諸活動の一側面としてとらえる見解である。そして、政治活動に関するこのような見解の対極に位置するのが、近代国家において具現化されている見解である。それによれば、全国民のうち、政治に積極的にたずさわり、それに専念できる人々はプロの政治家やセミプロの政治家などほんの一握りの少数者だけであって、政治に関して消極的な大多数の人々は、選挙の際や国家の非常時など、ごく間歇的に政治に動員されるにすぎない。一方における政治的エリートたちと、他方における多数者たちの間には重大な相違点が種々存するのだが、その一例として、どの程度の情報量を要求し、どの程度の情報量を供給されているかに関して、両者の隔たりは大きい。近代国家における有権者は、提示された政治的争点に関して、かなりの程度単純化され、切り詰められた説明を与えられないかぎり、しかるべきしかたでその役割を果たしえない。それゆえ、政治的エリートたちが有権者に向かって説明する態度は、何かを明らかにすることをもくろむものであるのと同じくらい、何かを隠すことをもくろむものでもあるのだ。

これらのことが、近代国家の政治に偶然見出される特徴ではないのは、政治的意思決定のプロセスに影響を与える点でお金が果たしている役割がそうではないのと同じである。奴隷制の廃止をめざす闘争や、選挙権の拡大をめざす（特にその女性への適用拡大をめざす）闘争や、労働組合の活動を資本家による搾取や迫害から保護することをめざす闘争といった、近代的な市民権の確立に向けて種々の障壁を打ち砕いた過去の（ときとして革命的な）さまざまな闘争は、非民主的な体制において馴染みがないばかりでなく、今日の国家政治の民主的体制においても馴染みのない質と規模の、有効な政治参加を含んでいたのである。しかしだからといって、いまや国家レベルの政治は重要ではなくなった、というわけではないことは、すでに強調してきたとおりである。地域コミュニティが抱えているニーズの中には、国家の資源を利用するとともに、国家の諸機関による介入を要請することによってはじめて充足されうる重要なニーズが数多く存在する。だが、それらのニーズを適切に定義するうえで、また、それらの充足を図るうえで決定的に重要なのは、地域コミュニティにおける政治の質であろう。

それゆえ、地域コミュニティへの参加の価値や様式を国家の政治にもち込もうとするのは誤りであり、コミュニタリアン的〔共同体主義者的〕な誤りである。また、地域コミュニティそれ自体に何らかの価値が存すると考えることもさらなる誤りである。地域コミュニティの比較的小規模な性格や、そこにおける直接顔をつきあわせての交際や対話は、〈与えることと受けとること〉のネットワークの維持に必要な合理的熟議に参加する人々が彼らの共通善を共同で達成するうえで欠かせない条件ではある。とはいえ他方で、地域コミュニティは、そこに〈正しい気前のよさ〉という徳や、共有された熟議の諸徳が存在しない場合、つねに堕落の危険にさらされている。すなわち、狭量さやうぬぼれやよそ者に対する偏見や、その他地域コミュニティそのものに対する熱狂的崇拝から生じる歪みなど、あらゆる種類の歪みによる堕落の危険にさらされている。

道徳哲学者や政治哲学者の議論が歴史的・社会学的になることによって利益を得るのは、まさにこの点である。私たちは、異なるタイプの地域コミュニティの事例を突きあわせて比較研究してみる必要がある。つまり、最善の状態にあるコミュニティと最悪の状態にあるコミュニティの事例、選択肢となる複数の可能性へと開かれていた、あるいは開かれているコミュニティや、ときにはよりよい方向へ、ときにはより悪い方向へと移行するコミュニティのほとんどすべての事例を突きあわせて比較研究する必要がある。それゆえ、たとえば、ニューイングランド地方のある漁村の過去一五〇年間の歴史をひもとくことによって、その住民たちが各々の時代に、彼らの身につけていた諸徳によって、いかにして逆境の重荷や繁栄の重荷に耐えることができたのかを考察することは有益であろう。また、ウェールズ地方の炭鉱町のコミュニティの歴史をひもとき、その住民たちの生活様式を考察することも――すなわち、炭鉱夫の労働倫理や、合唱やラグビーの善に対する彼らの情熱や、炭鉱夫の組合が当初は経営者に対して、またその後は政府に対して繰りひろげた労働争議を支えた諸徳等によって特徴づけられる彼らの生活様式を考察することも――同様に有益であろう。そして、このような事例は枚挙にいとまがない。たとえば、〔アイルランドの〕ドニゴールの農業協同組合や、グアテマラとメキシコのマヤ人街や、より古い時代の都市国家などもそうした事例たりうるだろう。

そのような比較研究によって私たちが痛感させられるのは、〈与えることと受けとること〉のネットワークがその中で制度化されうる社会形態の多様性であり、そうしたネットワークが維持され強化されうるしかたの、あるいは、弱められ破壊されうるしかたの多様性である。異なる条件が異なる脅威を生み、異なる脅威は異なる対応を求める。しかし、それら各々の脅威に対処するうえで取り組まれるべき仕事には共通のものが多い。たとえば、域内の犯罪や外敵の侵入から地域コミュニティを防衛し、その安全を確保するという仕事はまさにそうした仕事であるし、それは国家の諸機関に完全に委ねてしまうことのできない仕事である。(ときには、まさにそうした諸機関がもたらす危険からコミュニティを守らなければならないのだから。)コミュニティのためにそうした仕事にたずさわっている人々は、必要な場合には命の危険を冒す覚悟で仕事に臨むことを、コミュニティから要求される。しかし、そのようなコミュニティの要求が正当化されるのは、次のような場合にかぎられる。すなわち、そのようなリスクを引き受けた人々が、〈〔職務の遂行に伴い〕自分が障碍を負った場合には自分が、また、自分が死亡した場合には自分の扶養している家族が、適切なケアを受けられる〉と確信できる場合にかぎられる。つまり、コミュニティの構造が、比較的計算ずくでない〈与えることと受けとること〉の諸規範によって律せられている、そうしたコミュニティの防衛は、それが首尾よく機能しているとすれば、それ自体、同様のしかたで構造化されているということである。だが、そうした構造がどのような形態をとるかは、各々のコミュニティの文化や歴史によって異なるだろう。

〈与えることと受けとること〉のネットワークを具現化しているコミュニティの多様な特徴に関する広範な比較研究は、私たちに次のことを教えてくれるだろう。すなわち、関連をもつ種類の、どのような〈与えることと受けとること〉の諸関係が、私たち自身の地域コミュニティの中にすでに存在しているかをよりよくつきとめる方法を教えてくれるであろうし、同時にまた、そこには、共通善についての一定の共有された認知が、おそらくそれまで考えていた以上にすでにかなりの程度存在しているということを教えてくれるだろう。その種のコミュニティに関して、私たちは以下の三つのことを心に留めておく必要がある。すなわち、第一に、そのようなコミュニティが最善の状態にあるときでさえ、共有された熟議を通じた合理性の発揮はつねに不完全なものでしかないのだが、私たちが特に銘記すべきは、ある特定の時代に犯された種々の誤りや、ある特定の時代に合理性の発揮を阻害していた種々の制約であるよりはむしろ、時を経て、また、軋轢を経て、それらの誤りを矯正し、それらの制約を克服していく能力のほうである、ということである。コミュニティにおける実践的諸関係の行使にはつねに歴史があるが、重要なのはその歴史の方向性なのである。

第二に、そのようなコミュニティが最善の状態にある場合、ないしは、少なくとも正しい方向に向かいつつある場合、そこにおける政治は、近代国家の政治がそうであるような、〈競合する諸利害の政治〉ではないということである。というのも、そこにおける基本的な政治的問題は、〈個人や集団の各々が共通善に対して特定の貢献をすべきであるとすれば、どのような資源を各々の個人や集団は必要としているか〉という問題であるからだ。そして、そのコミュニティがよい秩序のうちにあるかぎりにおいて、各人や各集団がそれぞれの貢献をなしうることは、全員にとって利益になるのである。とはいえ、もちろん、地域コミュニティはつねにある程度不完全なものであるがゆえに、利害の競合はつねに生じうる。また、そうであればこそ、できるだけ利害の競合が生じないようなしかたでコミュニティが組織されていることが重要になる。経済的観点からみて重要なことは、所得や富の格差が比較的小さいということである。というのも、所得や富の巨大な格差はつねに、それ自体が利害の対立を生みだしがちであり、人がみずからの所属する社会関係を共通善の観点から理解する可能性を覆い隠してしまいがちだからである。

いま述べたことは、〈与えることと受けとること〉のネットワークである地域コミュニティが、繁栄すべきかどうかはともかく、存続すべきであるとして、そのためには、いかに経済的な考慮を社会的・道徳的な考慮に従属させる必要があるかを示す一例にすぎない。〔そのような事例を他にも挙げれば〕家族やその他の諸制度の持続性や安定性を確保するためには、雇用の流動性に自己規制的な制限を課すことも必要であろう。また、経済的に生産的ではないタイプの子どもの教育には、経済的観点からみれば割に合わない投資というものも必要であろう。あるいは、人々を分断させる、〔所得や富の不平等とは〕別の形態の社会的不平等の発生を回避するためには、すべての人が、それぞれに可能なかぎり、退屈な仕事や危険な仕事を交代で果たす必要があるだろう。もちろん、これらは、理想郷《ユートピア》以外ではほとんど実現されえないユートピア的な諸規範であるし、これまでも示唆してきたように、[*26] 理想郷《ユートピア》以外の場所で実現しようとしても、つねに不完全なかたちでしか実現されえない諸規範である。しかし、ユートピア的な諸規範に従って生きようとすることは、けっしてユートピア的なことではない。たとえそれが、高度資本主義社会の経済的諸目標の拒否を必要とするとしても。というのも、そのような生活様式がそれを通じて実現される〔社会の〕制度的形態は、経済的観点からみて多種多様であるとはいえ、それらには次のような共通点が存するからだ。すなわち、それらの諸形態は経済成長をめざしはしないであろうし、外部の市場によって生みだされた諸力からある程度隔離され、保護されてあることを要求するだろう。そして、もっとも重要なこととして、そのような社会は消費社会が追求する諸目標に対して敵対的であり、それらと衝突するだろう。だが、この点に着目することによって私たちが気づかされるのは次のことである。すなわち、右に述べたような諸規範は、すでに家庭、職場、学校、教会のようなさまざまな場所である程度まで受け入れられているということ。また、それらの場所においては、消費社会の諸目標や諸規範に対する抵抗運動が繰り返し生じているということである。そして、そのような抵抗運動がみられるのは、典型的には、その集団を構成する社会関係が〈与えることと受けとること〉の関係であるような集団の内部においてである。

第三に、そのようなしかたで構造化されたコミュニティを見分けるしるしの一つとして、それらのコミュニティが子どもたちのニーズや障碍をもつ人々のニーズに付与している重要性がある。このことは、部分的には、注意やその他の資源の分配の問題である。子どもたちは、そのことばの近代的な意味における〈利益集団〉というものをけっして構成することができない。また、子どもたちが必要とするもののすべてが、その子どもの家族によって適切に供給されうるということはまれである。したがって、彼らに対して適切なケアが施されるのは、次のような場合にかぎられる。すなわち、彼らの受けるケアが、コミュニティの資源の限界によって不可避的に制約されることはあっても、彼らが将来お返しにどれほどのものを与えてくれるかについての予測によって制約されることはない、そうした場合である。そして、このことは、子どもたちが必要とするケアについていえるばかりでなく、高齢者や知的・身体的な弱さを抱えた人々が必要とするケアについてもひとしくいえることである。その場合、重要なことは、この種のコミュニティにおいては、子どもたちと障碍をもつ人々のいずれもがケアと注意の対象であるということ、それだけではない。そのことに加えて、また、そのことに応じて重要なことは、〔この種のコミュニティでは〕もはや子どもではない人々は、子どもたちのうちにかつての自分の姿を認知しているということ。また、いまだ加齢による能力の阻害を味わっていない人々は、高齢者たちのうちに、自分がその方向に向かって変化しつつある姿を認知しているということ。また、病気やけがに見舞われていない人々は、病気やけがをしている人々のうちに、自分の過去の折々の姿や、将来自分がなるであろう、そしてつねになりうる姿を認知している、ということである。それに加えて、これらの認知が恐怖の源泉ではないということも重要である。というのも、このような諸々の認知こそが、〈与えることと受けとること〉のネットワークによって、また、自立にかかわる諸徳と承認された依存の諸徳によって充足され、奉仕される共通のニーズと共通善の双方に十分に気づくための一つの条件であるからだ。とはいえ、そうした気づきそれ自体は、まさにそれらの同じ〔二種類の〕諸徳なしには達成されえない。

第十二章　代理人、友、誠実さ

以上のことはもちろん、〈与えることと受けとること〉の諸関係を具現化したコミュニティの政治に関する、あまりにも短く、あまりにも概括的な説明にすぎない。だが、さきに私が示唆したように、[*27] そのようなコミュニティにおいて鍵となる役割、すなわち、徹底的に能力が阻害されているがゆえに他の誰かに自己の代弁者として語ってもらわなければコミュニティ内の熟議に参加することができない、そうした人々の代理人としてふるまう人が果たす役割についてさらなる議論を展開するうえで、その土台を提供するにはおそらく以上の説明で十分であろう。私がすでに述べたのは、〈一時的ないしは半永久的に極度の障碍を負っているがゆえに自力で語ることができない他者たちのため〔代わり〕に語ろうとするならば、私たちは一般に、〔その他者との間の〕過去の友情関係にもとづいて語るほかない〉ということであった。[*28] その場合、私が念頭に置いているのは、どのような種類の友情関係であろうか。そして、私はどのようにしてその種の友情関係から、他者のために、他者になりかわって語る方法を学ぶというのであろうか。これに対する、おそらくは驚くべき答えは、〈一般的にいって、私は、私自身のために語る方法を学ぶ過程で、それを学ぶ〉というものである。私が私自身のために語ること、それは、しばしば考えられている以上に複雑で難しいことである。

この点もすでに指摘した点だが、[*29] 自立した実践的推論者として自分自身のために語ることを学ぶうえで、人は多くのさまざまな障害に直面する。〔たとえば〕私が、自分の中に元来存在した、他者に気に入られたいという幼児的な欲望をしかるべきかたちに再教育することに失敗する場合、私はある種のタイプの他者の意見に同調するよう促す圧力に際限なく屈するような、そうした意見の持ち主になるだろう。それは、私が自分の抱く意見についてその根拠を提示できないとか、洗練された根拠を提示できないということではなく、むしろ、私がいかなる根拠をすぐれた根拠とみなして提示するかは、他者の賛同を求める私の無意識の欲求によって決定づけられてしまう、ということである。あるいはまた、私は、自分が他者に気に入られる必要があることに対して元来抱いていた幼児的な憤りゆえに、やはり無意識のうちに、自分は他者の意見に追従するような人間ではないとみなされたいという欲求を抱き、そうした欲求を、たえずあえて他人と意見を衝突させることを通じて表現するかもしれない。だが、これらいずれのケースにおいても、私は一つの声というよりは、一つのこだまになってしまっている。私はなおも、みずからの声で語る方法を学ぶ必要があるのだ。だが、たとえ私がみずからの声で語れるようになったとしても、それでも私は、無意識のうちに、自己を取り巻く社会環境のある特徴に対して選択的に注意を向け、他の特徴は度外視することによって、私の推論を歪めてしまうおそれがある。もちろん、いかなる注意も選択的なものである。しかし、私の注意が意図的、意志的に選択的であって、その結果、私にとって本来考慮すべき重要なことがらを私が無視してしまうとしたら、それによって私の実践的推論は関連ある前提を欠くことになるだろう。あるいはまた、私と他者たちが私の行動の理由とみなしているものについて私が語っている際に、実はその発言は、私の行動を現に動機づけている期待や恐怖を覆い隠すものとして機能しているのかもしれない。その場合、私たちはどのようにしてこれらの障害を克服し、ふさわしい道徳的ならびに知的な諸徳を身につけることができるのだろうか。

私たちはみずからの推論について、他者たちから問いかけられることによって、また、自分自身や自分の行動について説明するよう他者たちから求められることによって、他者たちが私たちのことを吟味するように自分で自分のことを吟味するしかたを、また、他者たちが私たちのことを理解するように自分で自分のことを理解するしかたを学ぶのである。他者たちが私たちに説明するよう求めるのは、一般に、次のような場合である。すなわち、他者たちにとって、そもそも私たちが何をしようと考えているのかわからない、あるいは、私たちがある特定のしかたで行動することを道理にかなったこととみなしている理由がわからないという状況のいずれか、もしくはその双方が生じている場合である。彼らはそうした状況に直面すればこそ、私たちの行動にいかに対処すべきかを知るべく、私たち自身のことを彼らにとって理解可能にするよう、私たちに促すのである。そして、そうした問いかけをおこなう他者たちに対して自分自身を理解可能にしようと私たちが試みる際に気づくのは、私たちもまた、ときとして、自分に対して自分のことを理解可能にする必要がある、ということである。それはどのような種類の理解可能性であろうか。

それは、その人の行動がある一定の役割を担う人間に要求される行動に合致しているという意味での理解可能性ではない。つまり、それらの行動を遂行するのは一人ひとりの個人であるとはいえ、それらの行動の大部分が、たまたまその役割を引き受けることになった誰に対しても要求される行動として理解され、それゆえ、ある特定の個人の諸特性を参照することによって理解可能なものとなるわけではない、そうした場面における行動の理解可能性ではないのである。チケットのもぎりや店員や刑務所の看守といった役割を担う個人は、本質的に代替可能であって、そうした役割を担う個人と接する際に私たちが相手にしているのは、その個人ではなく、その役割である。そして、その個人が驚くべきしかたで、また、取り返しがつかぬほど、求められている行動様式から逸脱してしまったがために、いまや私たちは〔その個人が担う役割ではなく〕その特定の個人に向きあわざるをえないという事態が生じるまで、あるいは、そのような事態が生じないかぎり、こうした事情に変わりはない。社会生活がどの程度そうした役割に支配されているかは、文化によって異なるが、その程度が大きければ大きいほど、当該文化においては、それぞれの個人がその役割によって規定された役柄をどのように果たすかということに重要性が付与され、その結果、諸個人は彼らの個性を、その役割から逸脱することによってではなく、むしろその役割を果たす中で、またそのことを通じて表現するように思われる。だが、〔個性の表現のしかたがいま述べた〕どちらのタイプの場合でも、私たちは、ある個人が首尾よく果たしているさまざまな役割の中にもち込んでいるものや、それらから引き出しているものを、役割それ自体から区別する必要がある。各々の個人にはその人に固有の歴史があるのであって、ある個人に、その人自身のことを私たちに理解可能にするよう促すことは、またおそらくは、その人が自分の行動を正当化するうえで必要な予備的作業としてそうするよう促すことは、その個人に、そのとき必要な範囲でそうした歴史の一部を——たいていの場合、そのごく一部だが、ときにはよりいっそう多くの部分を――私たちに物語るよう促すことなのである。

私たちが他者のことをよく知っている場合、つまり、その人生の異なる段階において数々の異なる役割を果たしてきたある同一の個人について私たちがよく知っている場合、ふつう私たちはその人間に対して、そのような説明を求める必要がない。私たちはすでにそれを自前で調達できているのである。とはいえ私たちは、よく知っている人々によってさえ、ときに困惑させられる。それゆえ、私たちが自己の行動を正当化したいと思う場合、お互いに提示しあう必要があるのは、次のことがらに関する、少なくとも部分的な説明である。すなわち、自分は実践的推論者として、目下の行動に命を吹き込みそれを方向づけている、自分自身の善と共通善に関するその判断にいかにして到達したのかに関する、少なくとも部分的な説明である。とはいえ、他者たちが私たちに説明を求めて発する問いは、どちらの善にも明示的には触れていないかもしれない。それらの問いはしばしば、「あんなことをするなんて、君はいったいどういうつもりだったの?」とか、「私たちをこんな目にあわせることが正しい（悪くない、許される）ことだなんて、君にはどうしてそんなふうに思えたの?」といった形態をとるだろう。だが、これらの問いはつねに、「あんなことをするなんて、君は自分自身ではどのような善を追求しているつもりだったの?」とか、「君は、君自身の善や私たちの善について、どうしてこんな思いちがいをしたの?」という表現に言い換え可能である。そして、このような問いに対する答えかたとしては、問題の行動を理解可能なだけでなく正当化可能なものにもするところの、その行動によってめざされていた善について説明するか、もしくは、自分が犯した誤りを明らかにし、それによって、今後はそれとは異なるしかたで行動すべき理由をその人自身に与えるような説明をおこなうか、これらいずれかのタイプの答えかたのみが適切であろう。

こうした問いと答えからなる対話に参加することで、自分を他者たちに対して説明できるaccountable〔説明責任をもった〕者とし、また、自分をそうした者として扱えるようになるためには、私たちは他者の観点に立つことができるようにならなければならないし、その結果として、私たちが説明を与えることでそれに答えている当の関心は、事実まぎれもなく他者たちによって抱かれている関心である、ということにならなければならない。もしも私たちがそうすることに成功するならば、私たちは他者の声で語ることができるようになるだろう。そして、私たち〔私と他者〕が十分に長期にわたって会話を交わしあい、その話題も十分広範囲なものとなるならば、そのとき私たちは、体系的なしかたでその他者の声で語ることができるようになるだろう。すなわち、その他者の、彼女ないしは彼自身の善に関する考えかたに即して、あるいは、その他者の、私たちの共通善に関する考えかたに即して、意見を述べたり、問いを発したり、指図したりすることができるようになるだろう。説明能力accountability〔説明責任〕を身につける過程で、私たちは、たんに他者に対していかに語るべきかを学ぶばかりでなく、他者のために〔他者になりかわって〕いかに語るべきかをも学ぶのである。私たちは、家庭の中で、職場の中で、あるいはその他の共有された活動の中で、そのことばのある一つの意味において、友人となっていることだろう。そして、友人となることの中で、私たちは〔他者の〕代理人の役割をいかに果たすべきかを学んでいることだろう。もちろん現実には、しばしば私たちは、その障碍ゆえにみずからの声を奪われた人々の、非常に不完全な代理人である。しかし、私たちが一人の友となるために、あるいは、一人の代理人として活動するために獲得しなければならない種類の性格、すなわち、他者とそうした関係を築くうえで私たちが必要とする諸徳は、私たちが一般的に必要としている諸徳と同じものなのである。とはいえ、もちろん、そのような目的にとって、ある種の徳は特別に重要であるし、それらの徳を欠く場合、説明能力というものは存在しえない。それはどのような徳であろうか。

まず第一に、また、何より明白なこととして、他者たちが私たちから、そして私たちが他者たちから何かを学びうるために、私たちは私たちの説明において、他者たちに対し、基本的な誠実さ elementary truthfulness を負っている〔備えていなければならない〕。アクィナスは、許されざる罪 mortal sins〔一般に地獄行きの大罪と呼ばれるもの〕としての嘘とそうでない嘘を区別するために、各々の嘘について、それは「それについて知ることが誰かの善にかかわりをもつ」ことがらについての嘘であるのか否かを問うことを私たちに勧めている。[117] もしもある嘘がそうした嘘であるとすれば、そのような嘘をつくことは許されざる罪であり、私たちが本来その他者に負っている〔与えなければならない〕ものをその人から奪いとる不正な行為である、というわけである。[118] とはいえ、このような意味で他者に対する正義〔公正〕の義務をまっとうすることだけが、説明責任を果たすうえで求められている誠実さのすべてではない。みずからの行動について誠実に語るうえで、私たちが物語っている種々の出来事において自分の果たした役割を、実際よりも過大に、あるいは過小に評価しないということも、私たちと他者たちの双方にとってとりわけ重要なことである。私たちは、傲慢と卑下という二つの悪徳をともに避ける必要があるのだ。傲慢とは、たんに私たちが自分のなし遂げたことを過大に評価することだけを意味しない。それはまた、私たちが何かをなし遂げるにあたって他者たちの助けにどれほど支えられていたかを、私たちが承認しないことでもある。他方で、卑下とは、部分的には、何かをなし遂げた他者たちが、それをなし遂げるにあたって私たちの貢献に支えられていた事実を承認しようとしているのに、そうすることを彼らに許さないことである。これら二つの悪徳はいずれも、自分自身に注意を集中することで、他者たちと自分との間の関係を不明瞭にしてしまう悪徳なのである。それゆえ、誠実さとは、承認された依存の徳の一つであることがわかる。

そうであるとすれば、誠実さに対する違反の第一のタイプは、不当にも、他者たちが学ぶ必要のあることがらを彼らに学ばせないことである。また、第二のタイプは、そのような他者たちと私たちとの間の関係の本質から目を覆うことである。そして、誠実さに対する違反の第三のタイプは、私たちがみずからを他者たちに対して説明可能な者にしようとする際に、私たちが彼らとともに語る共有された言語と私たちの関係にかかわるものでなければならない。私はこのタイプの違反を、リチャード・ローティの用語法にならって「アイロニー irony」と呼びたい。ローティは、ヒトが「彼らの行動や、彼らの信念や、彼らの生活を正当化するために用いる」ところの「一連のことば」を、彼らの「最終語彙 final vocabulary」と呼び(119)、彼がアイロニストと呼ぶ人々、すなわち、自己の最終語彙に対して「根源的で持続的な懐疑」を抱いている人々のことをほめたたえている。というのも、ローティによれば、そのような人々は、選択肢となる〔彼らの採用している最終語彙とは別の〕他の最終語彙があることに気づいているし、同時にまた、そうしたさまざまな最終語彙の中からあるものを選択することを正当化する合理的規準など存在しないと考えているからだ。ローティは、アイロニストたちの「何事も、別なしかたで記述されることによって、善く見せることも悪く見せることもできるという理解」について語っているし、アイロニストたちについて、彼らは「けっして自分自身をまじめに受けとれない。なぜなら……つねに自己の最終語彙の偶然性とはかなさに、それゆえまた、彼らの自我の偶然性とはかなさに気づいているからである」と述べている[120]。

このようなしかたで特徴づけられるアイロニーを、なぜ私は、承認された依存の諸徳によって要求されるような、説明責任における誠実さへの違反であると考えるのか。この問題に関してまず注意すべきことは、〈与えることと受けとること〉の諸関係のネットワークの中で、私がそれを用いて、みずからの行動や信念や人生を〔他者たちにとって〕理解可能なものとし、正当化する、あるいは正当化に失敗する語彙は、けっしてたんに私のものであるわけではない、ということである。それはつねに私たちのものなのだ。つまり、それは、一連の、共有された使用に供される、共有された表現であって、それらの使用は、広範囲に及ぶ〈与えることと受けとること〉の共通の実践の中に、すなわち、共通の生の形式の中に埋め込まれているのである。私が、この共有された評価言語を用いつつ、実践的推論者として〔私の行動について〕説明することを求められている場合に、私が考慮するべく促されているのは、私に関する何がしかの言明が、私たちの共有する真理の規準や正当化の規準に照らして真理であるのか否か、また、正当化されうるのか否かという問題である。私がこの要求に応えることに失敗するのは、私が嘘をつく場合だけではない。たとえば、そのような文脈において私が「何事も、別なしかたで記述されることによって、善く見せることも悪く見せることもできる」などと述べて答えをはぐらかそうとする場合にも、私はその要求に応えることに失敗することになる。というのも、そのような社会の共通の生において共有された語彙においては、私が〈私の行動はいまとは別なしかたで記述されるべきである〉と正当に主張できるのは、ただただ、〈その行動はいまのところ、ある重大な点において誤ったしかたで記述されている〉ということを示すことによってのみであるからだ。たとえば、〈私は、私のある行動が他の人々に与える影響のうちもっとも直接的な影響しか考慮していなかった点で思慮に欠けていたし、無責任であった〉というほのめかし〔非難〕が、私に対してあるとしよう。その場合、おそらく私は、「そのとき私はこれこれの情報しかもちあわせていなかったので、それ以外のしかたで行動することはほとんど不可能であった」ということを示すことによって、あるいは「私が責任を負っているのは、当該行動の短期的影響に対してのみであり、長期的影響に対して責任を負っているのは他の誰かである」ということを示すことによって、そのような非難を退けることができるだろう。しかしながら、さらなる言い逃れと思われたくなければ、私がしてはいけないことは、それらを通じて私が自己の責任を果たしたり、果たすことに失敗したりする諸々の行動を、アイロニーを含んだ冷淡な態度 ironic detachment で〔他人事のように〕眺めること、あるいは、他者たちにもそうするよう促すことである。

アイロニーを含んだ冷淡な態度をとるということは、私たちの共通言語から、また私たちの共有された諸判断から身を引くことを意味しており、それゆえまた、それらの判断をくだす際にその共通言語を使用することを前提とする諸々の社会関係から身を引くことを意味している。だが、すでに指摘したとおり、私たちが他者についての知識を獲得し、それらを維持することができるのは、またそればかりでなく、他者たちの判断がそれを確認してくれることに依存している自己についての知識〔自己認識〕を私たちが獲得し、それらを維持することができるのも、まさしくそうした諸関係において、またそうした諸関係を通じてである。[*30] それゆえもし、私のアイロニーを含んだ冷淡な態度が本物で、たんなるみせかけではないとすれば、私はそうした態度をとることで、私のコミュニティへの忠誠を疑問に付すことになるばかりでなく、私がこれまで私の自己認識と考えてきたものさえ疑問に付すことになる。〔つまり〕私は、私をいま現在のような私にした諸々の関係やコミットメントのまったき外部にあって、それらを俯瞰しうる場所を見出すことになる。しかし、それはどんな場所であろうか。

この点について、ローティはこう述べるかもしれない。私が称賛しているのは、その人自身の最終語彙に対するアイロニックな態度であって、コミットメントや連帯に対するアイロニックな態度ではない。そのようなコミットメントや連帯は、他者たちが私たちに寄せる信頼の礎である、と。そして、実際のところ、ローティが社会民主主義に対する彼自身のコミットメントや連帯を表明する際の、決然たる、立派な態度には、アイロニックな様子はみじんもみられない。だとすれば、私たちはいかなる点について意見を異にしているのであろうか。おそらく、それは次の問題についてであろう。すなわち、人がそれらを用いてみずからのコミットメントや連帯を表現するところの語彙に対して抱いている態度を、その人がそうしたみずからのコミットメントや連帯に対して抱いている態度から切り離して区別することははたして可能であるのか否かという問題についてであろう。

この問題に答えようとする試みには長い歴史がある。それに対するヘーゲルの回答は、フリードリッヒ・シュレーゲルによるアイロニーの擁護に対する彼の批判の基礎をなしていた[121]。また、シュレーゲルないしローティのアイロニー概念に対する批判への応答はつねに、〈私たちはアイロニーを通してのみ、自分が採用している評価的語彙に対して、適切な批判的態度をとりうる〉というものであろう。結局のところ、アイロニストに関する説明を導入した際のローティの目的は次のことにあった。すなわち、私たちのみずからの最終語彙に対するあまりにも安易な信仰を掘り崩すうえで、最終語彙には他の選択肢もあるという気づきを育むことの重要性を強調することにあった。その場合、徳の観点からみて、こうしたタイプのアイロニーは道徳的な責任逃れの一種である、という私の主張は、みずからの最終語彙に対する私自身のあまりにも無批判な、それゆえ不当な態度を含意しているようにみえるかもしれない。だが、本当にそうであろうか。

私の主張がせいぜい含意しているのは、評価的なコミットメントに関して私が採ってきた見解と、懐疑的問いかけに関して私が採ってきた見解との間の、ある緊張関係にすぎない。私たちがみずからの属する諸関係やみずからの諸々のコミットメントに対して適切な批判的態度をとるためには、それらから身を引き、それらに対して冷ややかで懐疑的なまなざしを向ける必要があるとしよう。その場合、また、そのかぎりにおいて私たちは、まさにみずからのコミットメントに対してそのような批判的態度をとる際には、それらのコミットメントの存立を危うくしかねないしかたで、それらから距離を置いているということになるだろう。だとすれば、かりにみずからのコミットメントを批判的に吟味すべき時期というものがあるにせよ、他方では、そうした批判的吟味を控えるべき時期もまた存在するということになるだろう。また、それら二つの時期相互の関係を首尾よく調整するためにも、〔各人には〕諸徳を行使することが求められるし、諸徳に対する私たちのニーズをよりいっそう深く認識することが求められる、ということになるだろう。だが、それら二つの時期のいずれも、アイロニーを発揮すべき時期ではないのである。

しかしながら、このように述べることによって私は、〔コミットメントに対する〕ある種の批判の可能性をあらかじめ封じてしまっているかのように、たしかにみえる。というのも、コミットメントと、コミットメントの批判的吟味の間の関係を適切に調整することそれ自体が、私たちに、自立の諸徳と承認された依存の諸徳の双方に対する〔私たちの〕ニーズをたえず認識し続けることを要求しているとすれば、たしかに私には、少なくとも実践的なレベルにおいて、それら一連の諸徳の妥当性を真剣に疑ってみる余地はない、ということになるからだ。そして、それは、〔みずからのコミットメントに対する〕真に根源的な批判が成立する可能性を私はあらかじめ排除してしまっている、ということにひとしい。そのような批判は、サークルの外に身を置くことによってのみ可能になる、と私を批判する人々はいうだろう。つまり、私の中の、ある特定の諸徳にコミットしている部分を想像裡に、もしくは現実に切り捨てることによってのみ、それゆえまた、私がそこにおいて他者たちに対して説明責任を負っている諸関係からなる共通の生活からみずからを切り離すことによってのみ、そのような批判が可能になる、というだろう。そうすることによってのみ、私は、まさにその妥当性が疑問に付されるべき評価的な態度や実践に対して、十分に外的な見地に立てるというわけである。また、〈与えることと受けとること〉の諸関係やコミットメントの内部でそれらに巻き込まれ続けているかぎり、私はたんに、共有された諸々の偏見の虜にすぎないというわけである。このような非難に対して、もし可能であるとすれば、いったいどのような応答が可能であろうか。

第十三章　道徳的コミットメントと合理的探究

このような非難に対しては、私の議論の全体をもう一歩前進させることによってのみ応じうる。それゆえ、ここでこれまでの議論をふりかえっておくことがおそらく適当であろう。それはいくつかの段階を経て進んできた。すなわち、それはまず、互いに関連しているが区別されうる二つの出発点から始まった。第一の出発点は、私たちヒトがその動物的本性において、また動物的本性からいって、イルカのような、知的ではあるが言語を用いないその他の種のメンバーたちと共有しているものは何かという問題の考察であった。そして、その考察を通じて私が示そうとしたのは、たんに、それらの種のうちの少なくともいくつかの種のメンバーに対しては、行動の意図や理由を帰することは正しいということだけでなく、合理的行為者としての私たち自身の当初の段階は彼らの状態にきわめて近いということ、それゆえ、私たちの自己同一性はその当時もそれ以降も、動物的な自己同一性であるということでもあった。それに対して、第二の出発点は、ヒトの生を、その幼児期、老年期、そして、けがをしている時期や肉体的・精神的に病んでいる時期を通じて貫いている〈傷つきやすさ〉と障碍〔能力の阻害〕を、また、その帰結として、私たちがどれほど他者たちに依存しているかを強調することであった。

これらの出発点から議論を開始した私は、〈そのように傷つきやすく、依存的な理性的動物にとって、開花するとはどういうことか〉という問いに答えようと試み、同時にまた、〈私たちが、他者たちに与えてもらう必要のあるものを彼らから受けとることができるようになるうえで、また、他者たちから受けとる必要があるものを〔今度は自分が〕他者たちに与えることができるようになるうえで、私たちにはどのような性格特性が必要であろうか〉という問いに答えようと試みた。そして、これらの問いに対する答えとして、私が素描したのは次のような答えであった。すなわち、私たちが開花するためには、〔一方で〕自立した、そして、説明責任を果たしうる実践的推論者として私たちが機能することを可能にする諸徳と、〔他方で〕私たちの他者たちに対する依存の本性とその程度を私たちが承認することを可能にする諸徳の双方が、私たちには必要である。それらの諸徳の獲得と行使は、私たちが諸々の〈与えることと受けとること〉の社会関係に参加する場合にかぎって可能になる。そして、そうした社会関係は、自然法の諸規範によって律せられ、かつまた部分的にはそれらによって定義されるものである。

最後に私が問うたのは、ここで問題にしているような〈与えることと受けとること〉の諸関係に参加する人々の共通善を達成するうえで必要とされるのはどのような社会的・政治的形態であろうか、という問いであった。そして、そこから出てきた結論は、そうした共通善を達成するうえで必要とされる道徳的諸関係と政治的諸関係のいずれもが、いくつかの点で無条件なコミットメントを要求しているということ、つまり、ある一定範囲の諸善に対する無条件のコミットメントであるばかりでなく、それらの共通善の達成をともに企てる特定の他者たちに対する無条件のコミットメントでもあるような、そうしたコミットメントを要求しているということであった。〔以上がこれまでの議論が辿ってきた諸段階である。ところで、〕それらのコミットメントは、私たちが次のような実践的理解〔の妥当性〕をまじめに疑ってみる可能性をあらかじめ排除してしまっているように思われる。すなわち、私たちのコミットメントが前提とし、かつまた、右に述べたのと同じ他者たちのうちの多数と私たちが共有している、諸々の善や徳や規則や諸関係に関する実践的理解である。というのも、それらをまじめに疑う者の見地に立つということは、〔自己を成り立たせ、自己のありようを規定するものとしての〕先立つコミットメントのかたわらに立ち、それらから私たち自身を引き離すことを含意しているように思われるからである。だが、はたして実際にそうであろうか。ことによると私たちは、道徳的コミットメントと〔道徳的コミットメントの妥当性に関する〕批判的・合理的探究との間の関係について、合理的に擁護可能な説明を提示しうるのではないだろうか。すなわち、私たちをして、その両者の正当な要求を同定し、それらの要求を満たすことを可能ならしめるような、そうした両者の関係に関する説明である。批判的・合理的探究というものは、それ自体、誰にとっても自分ひとりでおこないうる類の活動ではないということを理解するとき、私たちは、そうした両者の関係をめぐる説明の提供に向かって最初の一歩を踏み出すことになる。さきに私が〈私たちは、他者たちと関係をもつことによって、また、他者たちとの関係を通じて、はじめて実践的推論者になりうるし、実践的推論者であり続けることができる〉と論じた際にその理由として挙げたのとまさに同じ理由で、私たちは、他者たちと関係をもつことによって、また、他者たちとの関係を通じて、はじめて自分たちの信念や考えや前提の批判的探究に従事しうる。合理的探究もまた本質的に社会的な活動であって、他のタイプの社会的活動と同様、それに固有の諸目的に向かって方向づけられており、その成功は、それに従事する人々の諸徳にかかっている。また、その活動のためには、ある特定の種類の諸関係と評価的なコミットメントが必要とされるのである。

それゆえ、私の実践的な信念や、私が参加している諸関係や、私の諸々のコミットメントに関する合理的探究というものは、〔ひとり〕私が、それらの信念や関係やコミットメントの総体から私自身を切り離し、それらをある外的な観点から眺めることによって企てるものではない。それは、むしろ、私たちが、私たちの共有する実践の様式の内部から企てるべきことであって、それを問うべき善い理由がある場合に〈私たちがいまこの時点まで当然のこととみなしてきた、この特定の信念や考えに対する、もっとも強力でもっとも理にかなった反論とは何か〉を問うことによって企てるべきことである。そのような合理的探究は、私たちがふだんおこなっている実践的推論を延長したものであり、それを強化したものである。というのも、自分はあのしかたではなくこのしかたで行動すべき善い理由をもつ、と私が考えているときに、〈私が善い理由と考えているものは本当に善い理由であろうか〉と問うべき善い理由を、私ないしは他の誰かが見出す可能性はつねにあるだろう。そして、私たちがこれまでさまざまな理由の善し悪しを評価する際に暗に訴えてきた規準を精査しなければ、右の問いに答えることはできないということが判明する場合があるだろう。また、その場合、〈これらの規準はどのような権威を、どのような理由で有しているのか〉というさらなる問いが生じるかもしれない。そのようにして私たちは、自分がある一定のしかたで行動することを決めるための合理的で説得力ある根拠を見出すべく、諸々の哲学的な問題を提起せざるをえない状況に導かれることもあるのだ。

そのような探究は私たちに、私たちの判断や、私たちの依拠している判断規準や、私たちの維持している関係や制度の多くについて、それらを批判すべき根拠や、それらを修正すべき根拠を与えるかもしれないし、ある場合にはそれらを拒否すべき根拠さえ与えるかもしれない。そして、私たちが現時点で保持している諸々の判断や判断規準や関係や制度に関する最善の合理的擁護とは、それらがそのような批判的吟味にさらされた後にも依然としてもちこたえているという事実、すなわち、これまでに投げかけられたもっとも強力な反論にも屈することなくもちこたえているという事実にこそ存するのである。〔したがって〕〈与えることと受けとること〉のネットワークを具現化したある地域コミュニティがよい秩序のうちにあるとき、その理由は一般的かつ典型的には次の点に存する。すなわち、そのコミュニティの判断、判断規準、関係、制度が、これまで定期的にコミュニティ内の討議や探究の主題になってきたということ。そして、少なくとも部分的には、そのような討議や探究の結果として、それらが現在のかたちをとっているということに存するのである。

とはいえ、どんなことがらであれ、それを道理にかなった公正なやりかたで疑ってみることが可能であると考えるならば、それは哲学的な誤謬であるばかりでなく、道徳的な誤謬でもあるだろう。だからこそ、私は次のように主張してきた。すなわち、ある特定の状況下で私たちがどのような理由を善い理由とみなすかは、その鍵となる部分において、当該状況に関連をもつ諸徳を私たちがすでにどの程度身につけているか、あるいは身につけることに失敗しているかにかかっている、と。それゆえまた、あれやこれやの状況下で私たち自身ないしは他者がある行動をとっている、もしくはとろうと提案しているその理由について、私たちが何を、当該理由の〔さらなる〕正当化を要求すべき善い理由とみなすかは、同様に、私たちの道徳的性格にかかわる問題、すなわち、私たちの徳や悪徳にかかわる問題なのである。次のような状況を考えてみよう。ある人間が、ひどいけがや病気で苦しんでいる、もしくは飢えに苦しんでいるよそもの〔見知らぬ人〕に遭遇したのだが、その人間は必要な助けをそのよそものに対して与えるための資源をもっており、その場には、そうした助けを与える意志と能力を備えた人間が他にはいないものと仮定しよう。その場合、そのよそものの差し迫ったニーズは、その人に救いの手を差しのべることを正当化する十分な理由を提供している。ところで、いまここに一人の傍観者がいて、その人自身はそのよそものを助けるつもりはないのだが、その傍観者が〈そのよそもののニーズが、その人に救いの手を差しのべることを正当化する十分な理由を提供している〉という判断について、その正当化を求めているとしよう。〈正しい気前のよさ〉を備えた人間であれば、そのような状況にある誰かのニーズを、その人に救いの手を差しのべる十分な理由とみなす傾向性をもつだけではない。そのような理由を、さらなる正当化を要求する理由として、あるいはそうする余地のある理由として考えることもできない。それが、この徳のしるしの一つである。そのような正当化を提供すること、あるいは、それを求めることさえ、それ自体、徳に欠けていることのサインなのである。

このことは、一見すると、実践的推論の構造に関してすでに述べられたこととは矛盾しているようにみえるにちがいない。というのも、私はその構造を演繹的なものとして描いたからである。すなわち、ヒトの善とはこれこれこれのものであるがゆえに、私たちはそれを達成するためにこれこれこれの諸徳を身につける必要がある。また、諸徳とはこれこれこれのものであるがゆえに、私たちはこれこれこれの状況においては、これこれのしかたで判断したり行動したりする必要がある。それゆえ、私たちがその道徳生活において十分な進歩を遂げた結果、私たちの実践的諸活動において、ヒトの善に関するまずまず適切な概念への志向性を具体的に表現できるようになるとともに、みずからの傾向性や情念のありようを変容させて、諸徳の基礎以上のものを身につけることができたあかつきには、私たちは自分があるしかたで行動することが合理的である理由を、一続きの推論の鎖を組み立てることによってそのつど表現できるようになる。また、そうした推論は、その第一前提がヒトの善にかかわるもので、その中間部分が〈そのようなヒトの善が達成されるべきであるとすれば、諸徳が要求していることは何か〉を特定するもので、その結論が〈私たちにとっていまここでそれをおこなうことが善いことであり最善のことであるような当の行動〉であるような、そうした一続きの推論となる〔という具合に、私は実践的推論の構造を演繹的なものとして描いた〕。

それゆえ、私の行動の根本的な正当化というものはつねに、「なぜならそのように行動することは、ヒトとしての私の善の達成に寄与するからである」という形式をとることになると思われるかもしれない。だとすれば、さきにその概要を示したタイプの状況において、私が〈正しい気前のよさ〉の徳が要求していることに従い、困っているよそものを助けるべく行動した場合に、私がそのように行動した理由は、それが善い理由であるためには、たんに〈そのよそものが緊急に助けを必要としていたから〉というものであってはならず、そのうえさらに、「そうしたニーズに応えるべく行動することによって、私は私自身の善の達成に寄与することもできたから」というものでなければならない、ということになる。そうすると、結局のところ、そのよそものを助けることには、〔「そのよそものが緊急に助けを必要としているから」ということ以上の〕さらなる正当化が必要というわけである。しかし、この反論はある誤解にもとづいている。

〈正しい気前のよさ〉のような徳が私に要求していることは、誰かの重大かつ差し迫ったニーズに応える責任が私に降りかかるような状況下で、その重大かつ差し迫ったニーズのうちに、行動するための十分な理由を見出すこと、また、その行動に関してそれ以上の理由を問うたり探し求めたりしないことである。たしかに、私には、その性格が〈正しい気前のよさ〉の徳によって命を吹き込まれた者になるべき理由が、また、そういう者として行動すべき理由がある。そうした徳なしには、私は私自身の善を達成できないのである。だが、実際に私がその徳を獲得できたかぎりにおいて——他の諸徳もそうであるように、それはさまざまな程度において獲得されうるのだが——、私は、自分の世話に委ねられている人々のニーズ以外に、いかなる正当化理由も考慮することなく、そうした〔当該ニーズに応えようとする〕行動をとりうるようになっているだろう。

それゆえ、人間の善の本性〔に関する第一前提〕から出発し、〔結論として〕個々の徳の必要性へといたる、また、諸徳が要求していること〔についての諸命題〕から出発し、〈このような特定の状況下において、どのような行動が、いまここで私によって遂行されるべきか〉という問いに対する答えへといたる、健全な正当化の推論の鎖というものはありうる。そして、その推論の鎖が健全であるか、そうでないかが、あれこれのしかたで行動することが実践的に合理的であるか非合理的であるかを決めるのである。とはいえ、理性の要求するとおりに行動しようとすれば、その行為者自身はそうした推論の鎖を参照することが許されないという場面もしばしば存在する。そして、私たちが重大かつ差し迫ったニーズに応える責任を負っている状況下で、そのようなニーズに反応して行動する場面もまた、そうした場面にほかならない。そうした場面においては、私たちがなすべきことやそれをなすべき理由について露ほども疑念を抱かないということが、〔すぐれた〕性格を見分ける試金石の一つなのである。

この種の性格、すなわち、〈正しい気前のよさ〉の徳によって命を吹き込まれた性格を、通常理解されているような利他主義 altruism と混同しないことがきわめて重要である。利他主義という概念が用いられる際に前提とされているのは、ヒトを、その傾向性や情念が自己本位的な self-regarding ものと他者尊重的な other-regarding ものとに分裂している存在とみなす人間観である。利他主義者とは、少なくともときとして、他者尊重的な傾向性や情念が自己本位的なそれらよりも優勢になる人々のことなのだ。利他主義者は利己主義者と対をなす概念ではあるが、もちろん、利他主義に関する影響力のある説明があって、それによれば、利他主義とは利己主義の偽装された形態であるか、もしくは、利己主義がその本来の目標を達成するために、より洗練されたかたちに変態を遂げたものである。

たしかに私たちは、幼児やこどもの頃に、また青年期にさえ、利己的な衝動や欲望と利他的なそれらとの間の鋭い葛藤を体験する。だが、教育の役割とは、まさにそれらの衝動や欲望の変容と統合を促して、共通善と私たちの個人的な善の双方への傾向性を生みだすことに存する。またそうした傾向性を生みだすことによって、私たちを、〈他者尊重的であるよりは自己本位的な者〉にするのでも、〈自己本位的であるよりは他者尊重的な者〉にするのでもなく、つまり、利己主義者にするのでも利他主義者にするのでもなく、むしろその情念や傾向性が、私たち自身の善であると同時に他者たちの善でもあるようなものの追求へと方向づけられた者にすることが、それが教育の役割である。その場合、自己犠牲は、わがまま selfishness と同じくらいの悪徳であり、かつまた、それと同じくらい、道徳的な発育不全のサインである、ということになる。

諸徳によって私たちが、いかにして自分自身と他者たちを〈与えることと受けとること〉のあるネットワークの現実的ないしは潜在的なメンバーとみなしうるようになるのか、また、自分自身と他者たちの関係を、そうしたメンバー同士の関係とみなしうるようになるのかについては、おそらく『ニコマコス倫理学』第九巻におけるアリストテレスの議論がそれをもっとも的確にとらえている[122]。そこで彼が論じているのは、私たちは善き者であるかぎりにおいて、友人たちに対するのとまさに同じ態度で自分自身に向きあうし、その逆もまた然り、ということである。また、アリストテレスは述べていないのだが、いうまでもなく次の点も重要である。すなわち、私の友人一人ひとりに対する私の愛情は、次のような特殊性によって特徴づけられた者としてのその友に対する愛情でなければならないということ。すなわち、その友をして、その人に特有の、〈与えること〉に用いうる能力と資源を備えた、また、その人に特有のニーズと依存性を備えた独自のヒトたらしめているところの、その人の特殊性である。各々の友に対して各々のしかたでふるまうべき理由を私に与えているのは、各人の性格、資源、環境上の独自性と、それらに対応する私自身の性格、資源、環境上の独自性である。そして、各人の特殊性と、その人に独自の〈達成すべき善〉を備えた、この特殊な個人としての各人の独自の価値が認知を得るのは、そうした友人同士の関係において、また、そのような関係を通じてなのである。それゆえ、私たちの誰もが、〈与えることと受けとること〉のネットワークの内部でみずからの善を実効的に追求しようとする場合、その種の認知を必要としている。私たちがコミュニティの他のメンバーたちに依存しているのは、なにも私たちの共通善の達成のためばかりではない。むしろ、自分たちの個人的な善の大部分を達成するためにも、私たちはある特定の他者たちに依存しているのである。だとすれば、私たちの共有している実践的に有効な信念や考えに対して、私たちがともに批判的な反省を加えようとする場合、それは、このような相互的な認知を脅かすことのないようなしかたでなされなければならない、ということになる。というのも、私たちはこのような認知にもとづいてのみ、私たちの熟議を、本当の意味でのコミュニティの熟議にすることができるから。つまり、互いに対立しあう意見を抱えた諸個人が相互に敵対的なしかたで論証の技能を発揮しあい、その結果として、コミュニティのメンバーとしての誰かの地位を掘り崩してしまったり、ときには、相互的な認知という概念の総体さえ掘り崩してしまったりするような、そうした議論ではない、本当の意味でのコミュニティの熟議にすることができるからである。〔というわけで〕ここにもまた、合理的批判や探究に対して課せられた一つの制限がある。

しかし、道徳的コミットメントと合理的批判や探究との間の関係は、たんに前者が後者に対して制限や制約を課す関係にとどまらないし、それが両者の間の主たる関係というわけでもない。共有された熟議だけでなく、そうした熟議に関する、またそうした熟議がその一部をなす生活様式に関する共有された批判的探究が可能になるのは、ただ、ある一定範囲の道徳的コミットメントが共有されている場合であり、共有されているときにかぎるのである。ちょうど、〈与えることと受けとること〉のネットワークによって構造化されているコミュニティ内ではそうした道徳的コミットメントが共有されていなければならないように。共有されている実践的経験についての誠実さ〔真実を語ること〕、参加者各人がみずからの議論を述べるために受けとる機会〔の配分に関する〕正義、〔すべての議論が〕反論に向かって開かれていること、これらすべてが批判的探究の前提条件である。それゆえ、私たちの誰もがこれらの徳を自分たちの共通善の不可欠な構成要素とみなし、それらの徳が私たちにその遵守を求める諸規範に、私たち一人ひとりの利益や欲求のありように左右されることのない独立の権威を帰する場合にのみ、私たちは真に批判的な探究に従事することができるようになるのである。それらの徳や共通善に対する道徳的コミットメントは、探究や批判に対する外的な制約ではなく、むしろ、それらの条件なのだ。

これまで述べてきたことから次のことが帰結する。すなわち、誰かが、その人生のある時点において、理論上のみならず実践上も、また、部分的にではなく全面的に、つまり、その人生のある特定の段階やある特定の側面においてではなく、その人が従事するすべての活動とその人が経験するすべての苦難において、〈与えることと受けとること〉の諸規範によって命を吹き込まれている諸々の社会関係から、そして、それらの関係を支えている諸々の徳（そうした徳の中には、障碍をもつ人々とそうでない人々の双方に対する〈正しい気前のよさ〉や〈感謝〉といった徳も含まれる）から、自己を切り離す意志と能力をもった場合、その人は、関連をもつすべての道徳的コミットメントを拒絶することによって、合理的探究や批判のあらゆる共同作業への参加からも自分自身を離脱させることになったであろう、ということである。このことが本当にそうであるということは、ニーチェの英雄的な仕事と人生が存在しなかった場合、おそらくたんなる推論にすぎなかったであろう。

私がニーチェの仕事と人生を英雄的と呼ぶのは、彼が生きたように生き、彼が書いたように書くには、いかなる規準に照らしてみても、きわめてなみはずれた勇気を発揮する必要があったからである。他の人々は同様の勇気をもたないということを、彼はひどく軽蔑的な思いで自覚していた。そして、彼のみるところ、〈自分は他者に対して説明責任を負っている〉とか〈他者の苦難に手を差しのべることは、誰にとっての善でもある〉といった幻想の道徳に囚われたままの人々に関して彼が非難したのは、まさにそうした勇気が欠如している点であった。それゆえニーチェ自身は、一連の英雄的な行為を通じて、ヒトにとってぎりぎり可能な範囲まで、承認された依存の諸徳が要求する種々のコミットメントから自己を離脱させ、それによって自己を孤立させた。かくして彼がその新しい眺望点から私たちに告げることができたのは、そこから眺めた場合に、ヒトの本性やヒトの〔生の〕条件はどのようにみえるか、ということであった。しかるに、彼が提供したその説明は、いずれの項目をとってみても、承認された依存の諸徳の実践が前提としているそれらの説明とはこれ以上ないほど鋭く対立するものであり、まさにそれらを反転させたものである。

　どちらの説明も、私たちの動物的本性の考察から出発している。だが、ニーチェが関心を寄せるのは、アリストテレスやアクィナスのように、ヒトの理性と他の知的な種のフロネーシス〔思慮〕の関係ではなく、むしろ、捕食者たる動物と家畜化された動物の対比である。「道徳的な偽装を必要とするのは猛獣の残忍さではなく、むしろ、どうにもならないほどの凡庸さと臆病さと自分自身への退屈を抱えた家畜の群れである[123]」。〔ニーチェによれば〕ヒトという動物は、まったくもって病気にかかりやすい。だが、畜群たるヒトの〔病気への〕反応である憐れみは、それ自体、ヒトを弱らせるもう一つの病気の形態である。憐れみは「滅亡の機が熟しているものを生きながらえさせ、生を廃嫡されたものたちや死刑を宣告されたものたちを弁護する。それが生のうちにとどめおくあらゆる種類の奇形のものたちがこの世にあふれかえることによって、それは生それ自体に陰鬱でいかがわしい様相を与える[124]」。

　ニーチェの考えでは、それは、私の病気が私にとって価値をもたないということではない。このような「厳しい試練」を、すなわち「最高度の意志の強さと自己充足を要求するところの、ことによると何年にもわたる病気」を与えてくれる点で、生は慈悲深くもある[125]。そして、〔そのような厳しい試練に耐え抜いて〕私が強くなったあかつきに私が学ぶことになるのは、私は私自身に対してのみ説明責任を負う、ということである。「汝は汝自身に対して、汝自身の善悪の規準を与え、汝自身の意志だけを汝自身の法として掲げることができるか」とツァラトゥストラは問う[126]。「汝は汝自身の裁判官にして、汝自身の法の執行者たりうるか。ただひとり汝の法の裁判官であり、執行者でもあるということは恐るべきことである」。

ニーチェがいわんとしているのは、人が、みずからの自発的な意志によって生じたわけではないさまざまな義務の拘束から徹頭徹尾逃れ続けるということは、ふつう想像される以上にはるかに困難なことだ、ということである。そうすることは、非情さと鋼のような心を必要とするが[127]、それらは憐れみの対極にあるものである。憐れみは滅却されるべきである。というのも、憐れみを抱くことで、人は自分自身の道を見失ってしまうから[128]。そして、もっとも重要なことは、各人が歩む道はその人自身の道でなければならないということである。ツァラトゥストラはこう述べている。「「これが私の道だ。汝の道はどこにあるのか」。私に「道」を問うてきた人々に私はそう答えた。というのも、〔ただ一つしかない〕道そのもの the way など存在しないのだから[129]」。それゆえニーチェは、自立とは何かについての、〔私たちの説明とは〕競合するもう一つの説明を提示しているのであって、それによれば、〈自立の諸徳〉というものを正しく理解する場合、真に〈承認された依存の諸徳〉と呼びうるものなど存在する余地はないのである。

諸徳に関するこれら二つの競合する説明のそれぞれにおいて、友情がどのようなしかたで理解されているかを対比するとき、そこに同様の根本的な違いが見出されることは、なんら驚くべきことではない。すでにみてきたように、〈承認された依存の諸徳〉の観点に立つ場合、私たちには次のような友情が必要である。すなわち、各々が〔困っている〕相手の救助に駆けつける、そのような友情が、また、平和なときも戦争のときも、仕事のときも休暇のときも、元気なときも苦痛や病気や障碍に見舞われているときも変わりなく持続する友情が必要である。私たちは私たちが必要としている種類の友情を特徴づけるうえで、アリストテレス主義に依拠することができる。しかし、私たちは、アリストテレス自身が提供しているもの以上のものを必要としている。なぜならアリストテレスは、私たちの友情に対する必要性が、私たちの〈傷つきやすさ〉と私たちの〈傷ついていること〉の共有とどれほど密接に結びついているかを認めることにためらいを示しているからである。〔私は本書の冒頭で次のことを指摘しておいた。すなわち、アリストテレスが、逆境や悲運の渦中にある私たちが友を必要とする特別の理由について論じていた際に、〈男らしくない男だけが、みずからの悲しみによってすすんで他者を悲しませようとする〉ということをいかに力説していたか、ということを指摘しておいた。そのような男はまるで女のようにふるまっている、と彼は考えた。男らしい男たちは、彼らの悲運を他者たちとわかちあうことによって他者たちにもその悲運を背負わせてしまうことを望まないと[130]。しかし、すでに私たちが〈承認された依存の諸徳〉から学んできたことは、この点に関して男たちはもっと女たちのようになる必要がある、ということである。〕

友情に関するニーチェの説明は、そのような〔アリストテレスが示しているような〕ためらいを示すどころではなく、それよりもさらに進んで、お互いの必要性に基礎を置く友情というものが成立する可能性さえ排除してしまっている。ニーチェが私たちに提示する友情の理想像は、見事なまでに、〈承認された依存の諸徳〉が要請する友情の理想像を反転させたものである。「汝は汝の友のうちに、汝にとって最善の敵をもつべきである。汝の心は、汝と彼が敵対するときにこそ、彼に対してもっとも親しみを覚えるべきである」[131]。さらにニーチェは、友情に関するツァラトゥストラの説教を、「女は、いまだ友情を抱きえない」という宣言で締めくくっている。かくしてニーチェは、ヒトの諸関係における依存や自立についての〔私たちのそれとは〕根本的に異なるもう一つの考えかたを私たちに突きつけている。そうすることによって彼は、〈承認された依存の諸徳〉を体系的かつ一貫したしかたで否認することが何を意味するのかを、断固たる明晰さで指し示している。また、そうすることによって彼は、ときに私たちに、それらの諸徳に関する種々の真実を教えてくれているが、それらの真実は、さもなくば私たちが学びそこねてしまうような真実である。しかし、ニーチェから学ぶことができるとはいえ、私たちには、彼を合理的な対話や批判や探究に私たちとともに参加しうる者とみなし、そのような彼から何事かを学ぶということはできない。なぜできないのか。

それは、ニーチェの説明がすでに明らかにしているように、ニーチェが私たちの精神を拘束する力とみなしたものから逃れるために拒否する必要のあったコミットメントや関係の中には、まさにそれらなしにはコミュニティ内の共有された熟議が成り立ちえないコミットメントや関係が含まれているからである。というのも、ニーチェの見解によれば、それが実践的な推論であるか理論的な推論であるかにかかわらず、これこそがこの特定の結論へといたる理由であると私が考える理由を私が提示する際に、私は、共通善という規準がそうであるような、私自身の欲求や衝動から独立した正当化の規準に訴えているわけではなく、むしろ私は（そのことに私が気づいているかどうかは別として）それがいかなる形態であれ、私自身の欲求や衝動という形態をとった〈力への意志〉[*31]に表現を与えようとしているのであり、その表現を阻むものを打ち負かそうと努めているのである。〔つまり、その場合〕共有された探究の代わりに存在しているのは、しばしば〔共有された探究であるかのごとく〕偽装された、一群の敵対的な諸関係である。私がそのような諸関係の〔真の〕性格を暴露したいと思っても、私は、私と私が語りかける人々はある共通善を共有しているということを前提とするタイプの言説を発することによっては、それをなしえない。そうした人々に対して私は、ツァラトゥストラの仮面越しに預言を語ることはできるだろう。また、彼らが犯している種々の誤謬について、その系譜学的理解を彼らに提示することもできるだろう。また、彼らの固定観念を打ち砕くべくアフォリズムや議論を展開することもできるだろうし、あるいはむしろ、論理的な思考それ自体に対して疑念を投げかけることも、それゆえ議論することそれ自体に対して疑念を投げかけることもできるだろう。しかしながら、そうしたことをする際に、私はアウトサイダーの声で、すなわち、部外の評論家の声で語らざるをえない。

またそのことに対応して、私たちもまた、ニーチェに対して、彼と同じ土俵で応答することはできない。そして、このできないということそれ自体が教訓的であって、私たちに次のことを思い出させてくれる。すなわち、〈自立した実践的推論者の諸徳〉と〈承認された依存の諸徳〉の双方を必要とする共通善という考えかたに忠実であろうとすれば、どれほど多くのことが求められるか、ということである。というのも、そのような共通善とは、成熟した大人たちばかりでなく、きわめて幼い者たちやきわめて年老いた者たちにも共通の、また、スポーツ選手や知的探究に従事する人々ばかりでなく、からだが麻痺した人々や知的発達障碍を抱える人々にも共通の善であるから。つまりそれは、私たちヒトという種に特殊な条件が私たちをその危険にさらしているばかりでなく、私たちの動物的な自己同一性や動物的な本性もまた私たちをその危険にさらしている、すべての〈傷つきやすさ〉を顧慮した善であるからだ。合理的探究はそのような共通善に資するとともに、その一部を構成するがゆえに、また、そうであるかぎりにおいて、それ自体、現にそうであるところのもの、すなわち、善なのである。

訳者解説

本書は、Alasdair Macntyre, *Dependent Rational Animals: Why Human Beings Need the Virtues*, Open Court, 1999の全訳である。著者のアラスデア・マッキンタイアは、その代表作『美徳なき時代』（一九八一年。邦訳＝みすず書房、一九九三年）等を通じて、現代の道徳哲学における「徳倫理学」の復権と、政治哲学における「コミュニタリアニズム（共同体主義）」の台頭に大きく貢献してきた思想家である。[1]

それでは、徳倫理学とは何か？　またコミュニタリアニズムとは何か？　各々について多様な解釈や説明がありうるが、少なくともマッキンタイアにおけるような両者の結合は、まずもって、近代の個人主義的自由主義に対する、以下のような批判として理解されうる。

個人の自由や自律を何よりも重んじる近代の自由主義社会においては、いかなる人間も自己の生き方を自由に――つまり、彼や彼女がたまたま帰属することになった家族、地域共同体、国家といった諸々のコミュニティの意向や要求にとらわれることなく自由に――選択し追求できる状態こそ究極的な理想とみなされている。それゆえ、そうした見地に立つ場合、「善」（人間によって追求されるべき善きこと・価値）とは、あくまで個人的なものであって、社会とは、諸個人がそこにおいて各々みずからの個人的な善を追求するアリーナにほかならない。そして、そのアリーナで自身のそれとは異なる「善の構想」（人生においていかなる価値を追求すべきかに関するその人なりの考えかた）を抱く他者たちとともに生きていこうとするかぎり誰もが遵守すべき規則として、「正義」が、あるいは道徳の諸規則が存在する。だからこそ、正義はいかなる個別的な善の構想からも独立に規定されなければならないし、道徳の諸規則はその合理性が普遍的・客観的なしかたで根拠づけられたものでなければならない。そう考えられている。

しかしながら実際には、いかなる個人も、一定の歴史や文化や社会的諸活動をわかちあう人間集団としてのコミュニティへの帰属を通じてはじめてみずからのアイデンティティや善の構想を形成しうるのであり、善というものを、あらゆる社会関係を捨象された「裸の個人」がまったく恣意的に選びとることができる個人的なものとして理解するのはまちがっている。むしろ、各人における善の構想は、各種コミュニティに所属し、そこで一定の役割を担う者としての各人のアイデンティティを基盤とするものであり、そうであればこそ、それらコミュニティの善（コミュニティにとっての善きこと）と密接不可分に結びついている。またそうした意味で、各コミュニティには、そのメンバーたちによって協働で追求されるべき価値としての「共通善」が存在する。それゆえ、この共通善の達成なしには、各人の個人的な善が本当の意味で達成されることもない。また、そうした共通善を達成するために各人が身につけ発揮することを求められる能力や性格こそが「徳」であり、そのような――各々のコミュニティの文化や生活形式の中に埋め込まれている、それゆえそうした文脈から切り離しては理解されえないものとしての——徳の概念こそが本来、道徳の中心概念であった。しかるに、近代以降の倫理学や政治学は、そのような「徳」や「共通善」の概念に即して理解されるべき正義や道徳を、コミュニティから切り離された抽象的な諸個人が普遍的に合意しうる規則としてとらえている点でそもそも道徳の本質を見誤っているし、そのような個人主義的・自由主義的な倫理に立脚した近代社会は、その本性上、解決不能な道徳的対立や混乱を招来せざるをえない。

以上のような、近代の個人主義的自由主義に対する批判としての徳倫理学＝コミュニタリアニズムの展開に先鞭をつけたのが、ほかならぬマッキンタイアの『美徳なき時代』であった。その前半部分で彼は、〈正義や道徳に普遍的・客観的な基礎づけを与えようとする啓蒙期以降の道徳理論家たちの企ては、徳や共通善の概念を喪失した貧弱な人間像や社会像にもとづくものであるがゆえに、失敗を運命づけられている〉、〈功利主義であれ、自然権論であれ、実際にそうした啓蒙主義のプロジェクトがことごとく失敗に帰したことで、現代の自由主義社会は、対立する道徳的主張を調停しうる統一的な規準を欠いた社会と化している〉、〈その結果、すべての道徳判断は話者の主観的な感情の表現にすぎないと主張する「情動主義」が、そこでは見かけ上の説得力を有している〉と論じた。さらに後半部分では、西洋社会における前近代から近代にかけての道徳の変遷を辿りつつ、また、アリストテレスやトマス・アクィナスの倫理学に倣いつつ、道徳の本性を、右にみたような〈各々のコミュニティの歴史・文化・生活形式に根ざし、そこにおける共通善の達成に向けて、徳の概念を中心に構成された、価値規準や思考様式の総体〉として同定し、そのような徳倫理の復興によって現代社会の道徳的苦境を乗り越えるべきことを説いたのである。

そのような『美徳なき時代』におけるマッキンタイアの議論は、現代の自由主義社会に対する根源的な批判として大きな衝撃をもって受けとめられ、一九八〇年代の（特に英語圏の）政治哲学界を賑わした「リベラル・コミュニタリアン論争」の火付け役となるなど、広範な反響を巻き起こした。そして、そうした反響のうちには、この書が抱えていた次のような二つの根本的問題の指摘も含まれていた。すなわち第一に、道徳の本性に関するマッキンタイアの見解は、つまるところ、道徳に関する文化相対主義を含意しているのではないか。そうだとすれば、（今日の世界においてしばしばみられるように）異なる文化や伝統を有するコミュニティ同士の間で道徳的な対立が生じた場合、それを合理的に調停する方法などないのではないか、という問題。第二に、マッキンタイアは、現代社会の道徳的・政治的混迷に対する処方箋として徳倫理の復興を唱えてはいるが、（ローマ帝国滅亡後の「野蛮と暗黒の時代」に似ていると彼自身が評する）今日の世界において、具体的にいかなる徳倫理を、いかなるコミュニティの構築や再構築を通じて、またいかなる政治的・経済的な枠組みの下で蘇生させるべきかに関する積極的な構想を示しえていない、という問題である。

そうした見地からみて、彼が〈合理性とは何か、それはコミュニティの伝統といかなる関係を有するのか〉という問いへの取り組みを通じて、第一の問題に答えようとしたのが『誰の正義？　どの合理性？』（一九八八年）と、その続編的な『道徳的探究の競合する三形態』（一九九〇年）であった。[2] そして、後者の公刊からさらに九年の月日を経て発表された本書『依存的な理性的動物』は、──徳倫理学が、生物学的な知見を媒介に、ヒトという種に普遍的な道徳理論として展開されうる可能性を示唆している点では、第一の問題への応答につながる側面ももつとはいえ、主として──第二の問題に対する、彼のはじめての体系立った応答とみなしうる。

＊

本書の序文の冒頭でマッキンタイアは、自身が『美徳なき時代』において、倫理学に対するアリストテレス的なアプローチを踏襲しつつも、アリストテレスがそうしたように倫理学を生物学に依拠させることは拒否していた点で、自分は誤りを犯していた、と反省している。そのうえで彼が本書において取り組んでいるのは、次のような一連の作業である。

⑴ ヒトの動物としての本性を理解すること。それは、ヒトがヒト以外の知的な動物たちと共有している、そして、ヒトに固有の合理性（実践的推論能力）の発達の起点にして基盤となる「原初の動物的な条件」を理解することであり、ヒトも他の種と同様、みずからの種に固有の能力を発達させることを通じて〈開花＝善き生＝幸福〉をめざす生き物であることを理解することである。

⑵ さまざまな受苦に対する「傷つきやすさ」（ヒトがその人生のさまざまな場面でさまざまな能力の阻害に苦しめられがちなこと）と、それゆえの他者への「依存」を、ヒトの生の根本的な条件として理解すること。

⑶ ⑴と⑵の理解を前提とする場合、そのような本性をもつヒトがヒトとして開花するためにはどのような徳が必要とされるかを理解すること。また、ヒトがそれらの諸徳を身につけ発揮しうるようになるうえで、参加する必要のあるコミュニティはどのようなものであるかを理解すること。

(4) (3)で明らかになった、ヒトの開花に必要なコミュニティは、どのような政治的・社会的条件の下で繁栄を遂げうるのかを理解すること。

そして、このような理路を通じてマッキンタイアは次のことを示そうとしている。すなわち、私たちヒトが幸福な人生を送るうえで、自立した合理的行為者であることが重要な意義をもつとはいえ、そのような存在へと私たちが成長するうえで、またそういう存在であり続けるうえで、私たちは根源的かつ持続的なしかたで特定の他者たちに依存せざるをえない（つまり、彼らからさまざまな施しを受ける必要がある）。それゆえ、そのような特定の他者たちとの間の互酬的な関係性のネットワークとしてのコミュニティへの参加が、私たちには不可欠であり、翻って、そのようなコミュニティの維持と繁栄のためには、私たち一人ひとりが、自立した合理的行為者としての諸徳と、他者への依存の承認にかかわる諸徳の双方を身につけ発揮することが求められる。また、同じコミュニティのメンバーは――深刻な障碍を抱えているために合理的行為者として自立できないメンバーも含めて――お互いがお互いにとって、彼らの共通善と彼や彼女の個人的な善の双方について大事なことを伝えあい教えあう潜在的な可能性を有する存在であって、そのような存在としてつねに敬意をもって遇される必要がある、ということを示そうとしている。

＊

以上のような本書をぜひ翻訳したいと訳者が考えたのは、本書が、日本社会に生きる私たちにとってもきわめて示唆に富む著作だと思われたからである。というのも、マッキンタイアの分析が正しければ、個人主義的自由主義が深く根を張るにいたった今日の日本社会も、そのことに起因するさまざまな道徳的困難を抱えており、それらの克服のためには〈コミュニティの再生に基礎を置く徳倫理の復興〉が必要ではないかと考えられるからだ。

マッキンタイアも『美徳なき時代』の日本語版序文の中で、かつての日本社会が、たとえば儒学思想をバックボーンとする徳倫理の息づく社会であったことを示唆しているように、徳倫理＝コミュニタリアニズム的な道徳のありようは、古来日本人にとっても馴染み深いものであった。しかるに、①明治以降の近代化とともに日本にも西洋から個人主義的自由主義が流入したこと。②戦前・戦中には、軍国主義化・全体主義化した国家によってそのような個人主義や自由主義が弾圧される一方、（そういうことばはなかったにせよ、実質的な意味での）徳倫理やコミュニタリアニズムが国家によって独占的に利用され喧伝される——マッキンタイアもそのことの危険性を本書の第十一章で論じているが——という不幸な歴史をもったがゆえに、戦後その反動で、「徳」も「共同体」（特に「家」や「ムラ」といった伝統的な共同体）も、多くの日本人にとってどこか抑圧的な響きをもつ概念や存在と化してしまったこと。③戦勝国アメリカの極端な個人主義的自由主義的文化の圧倒的影響力の下に、戦後日本は、個人の自由や自律を何より重んじる社会へと急速に変貌を遂げたこと。④一九六〇年代以降、さまざまな幸運な事情が重なって、かつてない平和と繁栄を享受するにいたった日本社会では、おそらく史上はじめて、個人がコミュニティに帰属してその便益を享受することなしに——それゆえコミュニティが課すさまざまな制約にとらわれることなく——自由にみずからの生きかたを選択しうる時代が到来したこと。またそうであればこそ、一方で、個人の自由や自律を妨げるとみなされた（主として血縁や地縁にもとづく）伝統的コミュニティは軒並み衰退の一途をたどり、他方で、差別や抑圧とは無縁な真に人間的なコミュニティの建設をめざす種々の企ても（マルクス主義の退潮とともに）勢いを失っていったこと。……以上のような諸原因によって、今日の日本では（ひょっとすると、マッキンタイアが『美徳なき時代』で直接考察の対象とした西洋社会以上に）徳倫理＝コミュニタリアニズム的な倫理の崩壊の程度は甚だしく、そのような倫理の土台たるべきコミュニティもほとんど消滅しかけているのかもしれない。

とはいえ、バブルの崩壊や冷戦の終結、そして経済のグローバル化とそれを引き金とした新自由主義の席巻を機に、個人が伝統的コミュニティから解き放たれて自由や自律（そして自立）を享受しえた平和と繁栄の時代は終わりを告げ、いまや多くの人々にとって、（まずは経済的な意味で）自立の困難な時代が、それゆえ他者たちと助けあって生きることなしには生きづらい時代がふたたび到来している。また、一定の価値を共有する仲間たちとその価値を継続的かつ協働的に追求することが、人間の幸福の重要な要素であるということを、多くの人々があらためて実感しつつある。そうした意味で、今日、コミュニティへの帰属を切実に必要とする人々が急増しているにもかかわらず、以前ならその受け皿となりえたであろう諸々の伝統的コミュニティは、右に述べた事情により、もはやすっかり疲弊し解体しかけているというのは、実に皮肉な話である。

さらにいえば、貧困、格差、少子化、未婚化、地方の衰退、老人の孤独死、排外的ナショナリズムの台頭、政治（政治家）の劣化、環境破壊等々、現在の日本が抱えている深刻な諸問題のいずれをとってみても、その背景には、伝統的コミュニティの衰退や消滅が、また、それに伴う徳倫理の荒廃が直接・

間接の要因としてあることは明白である（むろん、こう述べるからといって、伝統的コミュニティとそこにおける倫理のありようがすべて非の打ちどころのないものであると訳者は考えているわけではないし、マッキンタイアもこの点、同じ考えであることは本書第九章や第十一章の議論からも明らかである）。実際、多くの人々がそのことに気づいているからこそ、いまや全国各地で伝統的なコミュニティの再生や新たなコミュニティの創造に向けた真摯な取り組みが——東日本大震災などの被災地におけるそのような取り組みも含めて——数多くみられるのであろう。また、そのような実践の積み重ねを通じて、私たちは各々、〈どのような思想や哲学にもとづき、どのようなコミュニティを創造すべきか〉という問題にさまざまな視点、さまざまな立場からアプローチしつつある。そうした状況下で本書は、この問題をさらに深く掘り下げて考えようとするすべての人々に有益な示唆を与えてくれるであろう。

なお、その場合に、マッキンタイアが、コミュニティの構成原理として、メンバー間相互の「依存の承認」——偶発的・散発的ではなく、本性的・恒常的な、また相手が社会的強者か弱者かにかかわりのない「依存」の承認——ということを強調している点に、私たちは特に注意を寄せるべきである。

土居健郎氏も名著『「甘え」の構造』の中で指摘していたように、日本社会は、元来、依存的な人間関係というものを前提に社会規範や社会制度が組み立てられていた。しかるに近代以降（特に戦後）、社会全体が個人主義的・自由主義的につくり変えられていくとともに、自立や自律の理想を内面化していった日本人は、他者に依存することに罪悪感や恐怖心を覚えるようになった。また本来、依存にも作法がある（つまり、マッキンタイアも指摘するように、依存する側にもされる側にも一定の徳が要求される）のに、多くの日本人はその作法を忘れ去り、依存するのもされるのも下手になった。しかしながら先述のように、いまや多くの日本人にとって（そもそも社会情勢的に）自立の困難な時代が訪れている。また、社会の高齢化が進み、「人生百年時代」の到来も謳われる中、心身の衰弱により他者への依存を余儀なくされるお年寄りの数は今後ますます増えていくだろう。そのような社会において、これまでのような自立主義的な規範一辺倒では、ほんの一握りの社会的強者以外誰もが苛酷な生を強いられることになる。ところが今日、日本人の一部には、互いの依存を認めあい受け入れあうどころか、何らかの能力の阻害ゆえに他者に依存せざるをえない人々を敵視したり攻撃したりすることによって、自分がそのような依存を必要とする弱者ではないことを心理的に確証できなければ安心できないといった、それほどまでに〈依存への恐怖〉に取り憑かれた病的なメンタリティさえ生じつつある（生活保護受給者への不当なバッシングはその典型であろうし、一昨年知的障碍者福祉施設「やまゆり園」で起きた凶行も、畢竟、そのようなメンタリティにもとづくものではなかろうか）。私たち日本人がそのような道徳的苦境を乗り越えていくうえで、〈ヒトの善き生には自立の諸徳のみならず依存の諸徳もまた不可欠であること〉、そして〈依存の承認こそ真の自立への鍵であること〉を力説するマッキンタイアの議論はおおいに参考になるはずである。

＊

本書がなるにあたっては、明治大学の桜井直文教授に出版社をご紹介いただいたばかりでなく、訳文に関しても非常に多くの貴重なご教示をたまわった。本書の訳文が少しでも読みやすく正確なものになっているとすれば、それは先生のお力添えのおかげである。この場をお借りして心から御礼を申し上げたい。また、本書の出版を快くお引き受けくださったのみならず、当初の予定よりも大幅に訳業に手間どった訳者を、それでも温かく見守り、最後まで全力でご支援くださった法政大学出版局の郷間雅俊氏にも深甚なる謝意を表したい。どうもありがとうございました。

二〇一八年四月

高島和哉

〔1〕ただし、当人は自身のことを徳倫理学者とも、コミュニタリアンとも規定していない。それは、マッキンタイアが、彼とともに「徳倫理学」や「コミュニタリアニズム」に分類されがちな人々（チャールズ・テイラーやマイケル・サンデルなど）とみずからの間の哲学的・政治的立場の違いに敏感なためであって、彼らとの差異を強調するべく、彼自身は「トマス主義的アリストテレス主義者」を名乗っている。だが、「徳倫理学」や「コミュニタリアニズム」という概念を、以下で説明するような概括的な意味で用いるとすれば、やはりマッキンタイアは、まぎれもなく徳倫理学者であり、コミュニタリアンであろう。

〔2〕一九八四年に出た『美徳なき時代』第二版へのあとがきにおいてもすでにマッキンタイアは、文化相対主義の主張に異議を唱えるつもりはないことを表明していたが、上記二著作でも、異なる伝統ごとに異なる合理性が存すると論じており、その立場に変わりはない。ただし彼は、異なる合理性伝統の間で調停や融合が生じる可能性も認めているし、ある不適切な合理性伝統のその不適切さは究極的には経験によって検証されうることを認めている点で、底なしの相対主義者ではない。

原 注

(1) アダム・スミス『道徳感情論』第4部，第1篇。

(2) Hans S. Reinders の未完の著作，*Should We Prevent Handicapped Lives? Reflections on the Future of Disabled People in Liberal Society* を参照〔本書はその後2000年に，*Future of the Disabled in Liberal Society: An Ethical Analysis* というタイトルで University of Notre Dame Press より公刊された〕。また，Eva Feder Kittay の論考として，(1) 'Human Dependency and Rawlsian Equality' in *Feminists Rethink the Self,* ed. Diana Tietjens Meyers, Boulder, Colorado: Westview Press, 1996. (2) 'Taking Dependency Seriously: The Family and Medical Leave Act Considered in Light of the Social Organization of Dependency Work and Gender Equality', *Hypatia* 10, 1, Winter 1995. (3) '"Not *My* Way, Sesha, *Your* Way, Slowly": «Maternal Thinking» in the Raising of a Child with Profound Intellectual Disabilities' in *No Easy Answers: Mothering in the US Today,* ed. Julia Hanisberg and Sara Ruddick, New York: Beacon Press, 1998 を参照。彼女が近く公刊予定の著作，*Love's Labor: Essays on Equality, Dependence and Care,* London & New York: Routledge, 1999（岡野八代・牟田和恵監訳『愛の労働あるいは依存とケアの正義論』白澤社，2010年）は，今後の議論の重要な焦点となるであろう。また，Susan Wendell, *The Rejected Body: Feminist Philosophical Reflections on Disability,* New York: Routledge, 1996 と，アニータ・シルヴァーズ Anita Silvers によるその書評（in *Ethics* 108, 3, April, 1998）も参照。*Disability, Difference, Discrimination: Perspectives on Justice in Bioethics and Public Policy* by Anita Silvers, David Wasserman, and Mary Mahowald, with an Afterword by Lawrence Becker, Lanham, MD: Rowman and Littlefield, 1999 はさらなるランドマーク的な著作となるであろう。

(3) アリストテレス『形而上学』A, 980b 25–28.

(4) アリストテレス『ニコマコス倫理学』VI, 1140b 4–6, 20–21.

(5) 同前，1141a 26–28.

(6) 『コリント人への第一の手紙への注釈』XV, 1, 11. なお，アクィナスが

多くの現代人とは異なり，しばしばヒトではない動物たちを「〔ヒトという動物以外の〕他の動物たち」と呼んでいる点にも注意されたい。

(7) アリストテレス『形而上学』A, 981a 14–15.

(8) アリストテレス『ニコマコス倫理学』III, 1112b 10–11.

(9) 同前，IX, 1171b 6012.

(10) 同前，IV, 1124b 9–10.

(11) 同前，12–18.

(12) アリストテレスとダーウィンの関係性に関する議論については，E. Gilson, *From Aristotle to Darwin and Back Again,* trans. J. Lyon, Notre Dame: University of Notre Dame Press, 1984 を参照。また特に，Larry Arnhart, *Darwinian Natural Right: The Biological Ethics of Human Nature,* Albany, NY: State University of New York Press, 1998 を参照。

(13) Jonathan Bennett, *Rationality,* London: Routledge & Kegan Paul, 1964, pp. 8–32.

(14) Thomas I. White, 'Is a Dolphin a Person?' in *Discovering Philosophy,* Upper Saddle River: Prentice Hall, 1996; Thomas I. White and Denise L. Herzing, 'Dolphins and the Question of Personhood' in *Etica & Animali* (special issue on animals and personhood), 1998.

(15) Vicki Hearne, 'How to Say «Fetch!»' in *Raritan* III, 2, Fall, 1983: 1–33, reprinted as chapter III of *Adam's Task,* New York: Vintage Books, 1987（川勝彰子他訳『人が動物たちと話すには？』晶文社，1992 年）.

(16) Ibid., p. 16.

(17) Ibid., p. 17.

(18) 特にウィトゲンシュタインが『哲学探究』244 でいっていること。

(19) イルカの活動を説明するうえで私にとってもっとも重要な情報源は，*Dolphin Societies: Discoveries and Puzzles,* eds. Karen Pryor and Kenneth S. Norris, Berkeley and Los Angeles: University of California Press, 1991 である。

(20) K. Martin, K. Shariff, S. Psarakos, and D. J. White 'Ring Bubbles of Dolphins', *Scientific American* 275, 2, August 1996 を参照。

(21) Louis M. Herman, 'What the dolphin knows, or might know, in its natural world' in Pryor and Norris, op. cit., p. 359. また，K. S. Norris and P. T. Dohl, 'The structure and function of cetacean schools' in *Cetacean Behavior: Mechanisms and Functions,* ed. Louis M. Herman, New York: John Wiley and Sons, 1980 も参照。

(22) アリストテレス『動物誌』631a7–64.

(23) V. M. Bel'kovich et al., 'Herd Structure, Hunting, and Play' in Pryor and Norris, op. cit., pp. 69–70.

(24) トマス・アクィナス『神学大全』Ia 5, 3–5.

(25) Warren Quinn, 'Putting rationality in its place' in *Morality and Action,* Cambridge: Cambridge University Press, 1993, p. 234.

(26) V. M. Bel'kovich et al., op. cit., p. 43.

(27) Louis M. Herman, op. cit., p. 357.

(28) アリストテレス『ニコマコス倫理学』X 1174b 20–21.

(29) 同前, 23–33.

(30) イルカにとっての達成感, ならびに達成に伴う快楽については, Pryor and Norris, op. cit., p. 346 を参照。

(31) Louis M. Herman, op. cit., p. 351.

(32) Bernard S. Cohn, *Colonialism and Its Forms of Knowledqe,* Princeton: Princeton University Press, 1996, pp. 18–19.

(33) Norman Malcolm, 'Thoughtless Brutes', Essay 2, in *Thought and Knowledqe,* Ithaca: Cornell University Press, 1977.

(34) Justus Hartnack, 'On Thinking', *Mind* 81, 1972, p. 551.

(35) Norman Malcolm, op. cit., p. 50.

(36) Ibid.

(37) Donald Davidson, 'Thought and Talk', chapter 11 of *Truth and Interpretation,* Oxford: Clarendon Press, 1984, p. 157（野本和幸他訳『真理と解釈』勁草書房, 1991 年）.

(38) Ibid., p. 163.

(39) Ibid.

(40) Ibid., p. 70.

(41) Stephen Stich, 'Animal Beliefs' 5.5, *From Folk Psychology to Cognitive Science: The Case Against Belief,* Cambridge, Mass.: MIT Press, 1983. また, 彼の初期の論文, 'Do Animals Have Beliefs?', *Australasian Journal of Philosophy* 57, 1, 1979 も参照。

(42) Ibid., p. 104.

(43) Ibid., p. 105.

(44) Ibid., pp. 105–6.

(45) Ibid., p. 106.

(46) John Searle, 'Animal Minds', *Midwest Studies in Philosophy XIX: Philosophical Naturalism,* eds. P. A. French, T. E. Uehling, Jr., and Howard K. Wettstein, Notre Dame: University of Notre Dame Press, 1994, p. 210. 私

がいま展開している議論は，全体を通じて，サールのこの論文に多くを負っている。

(47) Ibid., p. 212.

(48) Pryor and Norris, op. cit.

(49) この連続講義の英訳版が *The Fundamental Concepts of Metaphysics: World, Finitude, Solitude,* trans. W. McNeill and N. Walker, Bloomington and Indianapolis: Indiana University Press, 1995 である〔邦訳版は，川原栄峰訳『形而上学の根本諸概念——世界・有限性・孤独（ハイデッガー全集第29/30巻)』創文社，1998年〕。

(50) Ibid., § 49–50.

(51) Ibid., p. 259.

(52) Ibid., pp. 255–56.

(53) Ibid., p. 256.

(54) Ibid.

(55) Ibid., p. 259.

(56) Ibid., p. 248.

(57) Ibid., p. 198.

(58) Ibid., p. 247.

(59) Ibid., p. 259.

(60) Ibid., p. 271.

(61) Ibid., p. 264.

(62) Ibid., pp. 312–15.

(63) Vincent M. Janik and Peter J. B. Slater 'Vocal Learning in Mammals', *Advances in the Study of Behavior,* vol. 26, New York: Academic Press, 1997, p. 67. ジャニックとスレイターは本書において，バンドウイルカを含む数多くの哺乳動物に関する研究成果の概要と参考文献の一覧を提供してくれている。私はここで彼らの報告を簡潔に要約しているだけである。

(64) Ibid., pp. 66–68, 81, 83, 79.

(65) Anthony Kenny, *Aquinas on Mind,* London: Routledge, 1993, p. 82（川添信介訳『トマス・アクィナスの心の哲学』勁草書房，1997年）.

(66) ケニーは注意深くも，言語にこのような重要性を付与することに関して，自分はアクィナスの見解ではなく，みずからの見解を表明している，と述べている。動物に関するアクィナスの議論を概観したすぐれた著作として，Judith A. Barad, *Aquinas on the Nature and Treatment of Animals,* San Francisco: International Scholars Publications, 1995 を参照。

(67) トマス・アクィナス『真理論』24, 2.

(68) アリストテレス『ニコマコス倫理学』VI, 1141a 22–28.

(69) Jean-Louis Labarrière, 'De la Phronesis Animale' in *Biologie, Logique et Métaphysique chez Aristote,* Séminaire CNRS-N. S. F., 1987, Paris: Editions du CNRS, 1990, p. 417.

(70) トマス・アクィナス『真理論』,「第七の反論への応答」, 24, 2. また,『神学大全』Ia, 84, 1 も参照。

(71) Marc D. Hauser and Douglas A. Nelson, "'Intentional' Signaling in Animal Communication," *Trends in Ecology and Evolution* 6, 6, June 1991, p. 189. ヒトではない動物がとる欺瞞行動をいかに特徴づけるべきかについては, Marc D. Hauser, 'Minding the behavior of deception' in *Machiavellian Intelligence II,* eds. A. W. Whiten and R. W. Byrne, Cambridge: Cambridge University Press, 1997（友永雅己他監訳『マキャベリ的知性と心の理論の進化論 II』ナカニシヤ出版, 2004 年）も参照。本書に収録された他の諸論考や, 1988 年に刊行された本書の先行巻, *Machiavellian Intelligence: Social Expertise and the Evolution of Intellect in Monkeys, Apes, and Humans,* eds. A. W. Whiten and R. W. Byrne, Cambridge: Cambridge University Press, 1988（藤田和生他監訳『マキャベリ的知性と心の理論の進化論』ナカニシヤ出版, 2004 年）においては, 私の見地からすると, ヒトではない霊長類に知性を帰することを正当化するだけでなく, 意図や, 未来を予測する能力や, 予測能力にもとづいてある特定の意図を形成する理由をも帰することを正当化するような, 彼らの活動の見事な諸事例が紹介されている。それらの卓抜な要約が, Robin Dunbar, 'The Ghost in the Machine', chapter 5 of his *Grooming, Gossip, and the Evolution of Language,* London: Faber & Faber and Cambridge, Mass.: Harvard University Press, 1996（松浦俊輔・服部清美訳『ことばの起源——猿の毛づくろい, 人のゴシップ』青土社, 1998 年）の中で提供されている。

(72) Thomas Nagel, 'What is it like to be a bat?' in *Mortal Questions,* Cambridge: Cambridge University Press, 1979（永井均訳『コウモリであるとはどのようなことか』勁草書房, 1989 年）を参照。

(73) ルートウィヒ・ウィトゲンシュタイン『哲学探究』II, xi, 223.

(74) Hans-Georg Gadamer, 'Animals have language only *per aequivocationem*', *Truth and Method,* New York: The Seabury Press, 1975, p. 403（轡田收他訳『真理と方法 I 〜 III』法政大学出版局, 1986–2012 年）.

(75) John McDowell, *Mind and World,* Cambridge, Mass.: Harvard University Press, 1994, Lecture VI, p. 115（神崎繁他訳『心と世界』勁草書房,

2012年）．マクダウェルの見解に対する批判としては，John Haldane, 'Rational and Other Animals' in *Verstehen and Human Understanding* Cambridge: Cambridge University Press, 1996, ならびにGerald Vision, 'Perceptual Content', *Philosophy* 73, July, 1998, especially section VII を参照のこと。

(76) McDowell, op. cit., p. 125.

(77) Ibid., p. 126.

(78) それはすなわち，これらの問題に関して，私たちはデイヴィドソン的な説明よりもアリストテレス的な説明を必要としている，ということである。アリストテレスの見解については，Thomas M. Tuozzo, 'Conceptualized and Unconceptualized Desire in Aristotle', *Journal of the History of Philosophy* xxxii, 4, October 1994を参照。また，デイヴィドソンの見解については，Donald H. Davidson, *Expressing Evaluations,* Manhattan: University of Kansas Press, 1982を参照。

(79) ルートウィヒ・ウィトゲンシュタイン『哲学探究』II，I, 174.

(80) もちろん，そこには非常に稀少だが，顕著な例外がないわけではない。ルソーの『エミール』がそうであり，最近ではGareth B. Matthews, *The Philosophy of Childhood,* Cambridge, Mass.: Harvard University Press, 1994がそうである。子ども時代を軽視することは，老年時代を軽視することや，人生のあらゆる段階に生じうる障碍の経験や他者への依存の経験を軽視することと軌を一にしている。

(81) プルタルコス『モラリア』LXIII,「陸上動物と海洋動物のどちらがより実践的知性を有するか」。

(82) このことに関連をもつ哲学上の諸問題や諸議論について論評している著作として，Eric T. Olson, *The Human Animal: Personal Identity without Psychology* Oxford: Oxford University Press, 1998を参照。

(83) D. W. Winnicott, *Playing and Reality,* London: Tavistock, 1971, p. 56（橋本雅雄・大矢泰士訳『遊ぶことと現実』岩崎学術出版社，2015年）.

(84) D. W. Winnicott, 'The Baby as a Person', chapter 11 of *The Child, the Family, and the Outside World,* Reading, Mass.: Addison-Wesley, 1987（猪股丈二訳『子どもと家族とまわりの世界（上）・（下）』星和書店，1985–86年）を参照。

(85) Bernard Williams, 'Internal and External Reasons', *Moral Luck,* Cambridge: Cambridge University Press, 1981, p. 102.

(86) Ibid., p. 105.

(87) Ibid.

(88) D. W. Winnicott, *Home Is Where We Start From: Essays by a Psychoanalyst,* London: Pelican Books, 1987, p. 123（牛島定信監修『家庭から社会へ』岩崎学術出版社，1999 年）.

(89) D. W. Winnicott, 'Primary Maternal Preoccupation' in *Collected Papers: Through Paediatrics to Psychoanalysis,* London: Tavistock Press, 1958（北山修監訳『小児医学から精神分析へ』岩崎学術出版社，2005 年）, and 'Ego Distortion in Terms of True and False Self in *The Muturational Process and the Facilitating Environment: Studies in the Theory of Emotional Development,* London: Hogarth Press, 1965（牛島定信訳『情緒発達の精神分析理論』岩崎学術出版社，1977 年）.

(90) 道徳的な諸関係についての以上の説明は，Lawrence J. Becker, *Reciprocity,* London: Routledge & Kegan Paul, 1986 の中で擁護されている説明と重要な諸点で相違する部分があるものの，私は彼の説明から非常に多くのことを学びえた。

(91) 重度の障碍をもつ人々に対する私たちの関係が，重度の障碍をもつ他の種の生き物たちに対する私たちの関係とは非常に異なっているのは，私たちにおけるこの事実ゆえである。この点に関して，私の見解と両立しないわけではないが，やや異なる見解を示している論文として，Jeff McMahan, 'Cognitive Disability, Misfortune and Justice', *Philosophy and Public Affairs* 25, 1, Winter 1996 を参照。

(92) アリストテレス『ニコマコス倫理学』1112b, 33–34.

(93) 同前，1144a, 31–34.

(94) 同前，1112b, 10–11.

(95) トマス・アクィナス『神学大全』90, 1.

(96) 同前，90，2.

(97) 同前，90，3，4.

(98) 同前，94，3.

(99) David Gauthier, *Morals by Agreement,* Oxford: Clarendon Press, 1986, p. 286（小林公訳『合意による道徳』木鐸社，1999 年）.

(100) Ibid., p. 268.

(101) アダム・スミス『国富論』第 1 篇，第 2 章。

(102) Lydia Whirlwind Soldier, 'Wancantognaka: the continuing Lakota custom of generosity', *Tribal College* Vii, 3, Winter 1995–6.

(103) トマス・アクィナス『神学大全』IIa–IIae, 117, 5.

(104) デイヴィッド・ヒューム『人間本性論』第 3 巻，第 2 部，第 1 節.

(105) Ibid., p. 479.

(106) *The Book of Mencius* 2A:5, in Wing-tsit Chan, *A Sourcebook in Chinese Philosophy,* Princeton: Princeton University Press, 1963, p. 65 を参照。

(107) トマス・アクィナス『神学大全』IIa–IIae, 30, 3.

(108) 同前，IIa–IIae, 30, 1.

(109) 同前，31, 3.

(110) この点こそが，アクィナスの〔ミセリコルディアに関する〕説明の特質として，アルンハートの議論が見逃している点であり，この点を除けば，自然法をめぐるアクィナスの諸テーゼが人間本性に関する生物学的な理解と両立可能であることを示そうとする彼の議論は啓発的なものである。Larry Arnhart, op. cit., p. 260.

(111) トマス・アクィナス『神学大全』31, 3, ad.1.

(112) 同前，30, 4.

(113) アリストテレス『ニコマコス倫理学』1124b 9–10.

(114) 同前，12–18.

(115) カール・マルクス『ゴータ綱領批判』第1部。

(116) たとえば，K. Dion, D. Berscheid, and E. Walster, 'What Is Beautiful Is Good', *Journal of Personality and Social Psychology* 24, 1972 を参照。S. E. アッシュはS. E. Asch, 'Forming Expressions of Personality', *Journal of Social Psychology* 41, 1946 の中で，〈知的で，有能で，勤勉で，情に厚く，芯が強く，実際的で，注意深い〉というある人物の性格描写を耳にした被験者の77%が，その人物は容姿もよいであろうと考えた，と報告している。また，1998年5月26日付の『ロンドンタイムズ』によれば，世論調査の結果，イギリス人の三人に一人が「車椅子に乗っている人間はあまり知的な人間ではない」と考えていることが判明したそうだ。

(117) トマス・アクィナス『神学大全』IIa–IIae, 110, 4.

(118) 同前，IIa–IIae, 109, 3.

(119) Richard Rorty, *Contingency, Irony and Solidarity,* Cambridge: Cambridge University Press, 1989, p. 73（齋藤純一他訳『偶然性・アイロニー・連帯——リベラル・ユートピアの可能性』岩波書店，2000年）.

(120) Ibid., pp. 73–74.

(121) G. W. F. ヘーゲル『美学講義』I, 95.

(122) アリストテレス『ニコマコス倫理学』1166a 1–1166b 29.

(123) Friedrich W. Nietzsche, *The Gay Science*, trans. W. Kaufman, New York: Random House, 1974, V, 352（信太正三訳『悦ばしき知識』筑摩書房，1993年）.

(124) Friedrich W. Nietzsche, *The Antichrist*, trans. R. J. Hollingdale,

London: Penguin Books, 1968, 7（原佑訳『偶像の黄昏／反キリスト者』筑摩書房，1994 年）.

（125） Friedrich W. Nietzsche, *The Will to Power,* 912, trans. W. Kaufman, London: Weidenfeld and Nicolson, 1967, 912（原佑訳『権力への意志』筑摩書房，1993 年）.

（126） Friedrich W. Nietzsche, *Thus Spake Zarathustra*, trans. R. J. Hollingdale, London: Penguin Books, 1961, I, 'Of the Way of the Creator'（吉沢伝三郎訳『ツァラトゥストラ』筑摩書房，1993 年）.

（127） Ibid., III, 'Of Old and New Law Tables', 29.

（128） Friedrich W. Nietzsche, *The Gay Science*, 338.

（129） Friedrich W. Nietzsche, *Thus Spake Zarathustra*, III, 'Of the Spirit of Gravity', 2.

（130） アリストテレス『ニコマコス倫理学』IX 1171b 6–12.

（131） Friedrich W. Nietzsche, *Thus Spake Zarathustra*, I, 'Of the Friend'.

訳 注

＊1　原語はprinciple of charity。アメリカの哲学者デイヴィドソン（1917–2003）が唱えた言語哲学上の概念。相手が発していることばの意味も相手が前提としている信念も定かでないような状況下で，そうした他者との間にコミュニケーションを成立させたいと望むならば，まずは相手と自分の間に幅広い信念の一致が存在することを仮定することから始めなければならないという考え。

＊2　flourish あるいは flourishing は本書のキーワードの一つ。著者は「善く生きること eu zen / bene vivere（幸福）」を英語に翻訳したものだと述べている（第七章第4段落）。植物であれ動物であれ，そのもののもっとも「善い」状態を実現することを意味し，「善い」ということばがそうであるように，事実的ばかりでなくある評価的（倫理的）な意味をもつ（同第3段落）。その点でアリストテレスの「エネルゲイア（現実態）」を想起させ，また，それぞれのものがもつ生の十全な実現という点で，ギリシア語の「アクメー（盛期，生の盛り）」という語とも近い。語の正確な定義については，本書の第七章全体を参照されたい。flourish の語源 flower（花開くこと）を生かして，以下では「開花」あるいは「開花する」と訳すことにする。

＊3　G. E. ムーア George Edward Moore（1873–1958）は英国の哲学者。主著は『倫理学原理』(1903)。

＊4　「言語ゲーム」は，ウィトゲンシュタインの後期哲学におけるもっとも中心的な概念。言語活動はその言語を使用する者たちの間で共有されている一定のルールに従った活動であり，かつまた，さまざまな行為や実践の文脈の中に埋め込まれ，それらから切り離しえない活動であることを示す概念。それゆえ，この見解によれば，ことばの意味とは――その指示対象たる事物ではなく――人間の生活におけるその用法のことである。

＊5　「反実仮想命題」とは，ある事実に反することがらが生じたと仮定した場合にそれに付随して生じうる（生じえた）ことがらについて述べた命題のことであり，「もしも……であったならば，……であっただろう」と

いう形式をとる命題のこと。一つ前の段落で説明していたように，マッキンタイアによれば，ある行動が理由にもとづく行動（ないしは目的志向性を備えた行動）であるといえるためには，ある一定の反実仮想命題が真であることを必要とする。

＊6　イルカやコウモリに備わる，音波の反射によって物体の存在や位置を測定する能力のこと。

＊7　‘good at’（「が得意」）は日本語でも二語だが，‘is red’（「赤い」）は日本語では一語である。しかも，いずれも，日本語では，特定の「言い回し」というほどのものではない。ちなみに日本語は，膠着語のせいか，ここで著者がいうような，一続きの語からなる「言い回し」といえる例はそう多くない。あえて探せば，「ほかならぬ」とか「にもかかわらず」といったものがあることはある。しかしこれらも，見方によっては一語と考えられなくもない（ちょうど英語の nevertheless のように）。

＊8　この「異なる二つの理由」が何と何とであるかを著者は明示していない。しかし内容的には，次の二つであると考えられる。一つは，ヒトではない動物のうちにもある種の前言語的な信念があり，それはヒトのうちにもある同様の信念と同じ性質のものである，ということ（第四章最後から四つ目の段落までの議論）。もう一つは，イルカのような知的な種のうちに，事実として，ヒトと同じような言語的な信念を認めうる，ということである（第四章最後の三つの段落。そして，続く第五章でもこの点が議論の中心になっている）。

＊9　トガリネズミ科に属するネズミに似た動物。

＊10　このハイデガーの謎めいた表現をどうとらえるかということについての著者の考えが，本章の末尾近くに示されている。

＊11　著者はこの二つの点が何と何であるかを必ずしも明確には示していないが，内容から次の二点と考えられる。①ヒトではない動物たちの間にある差異を見逃したこと。そして，そのことによって，②ヒトそのもののうちにヒトではない動物たちと共有している部分があることを見逃してしまったこと，である。65 ページの「ハイデガーの誤りは，」から始まる段落の前までが①の議論，その段落と次の段落が②の議論である。

＊12　自然主義的説明 naturalistic account とは一般に，「善い」や「べきである」のような評価的・規範的な概念を，記述的に，つまり，何らかの自然的・価値中立的な概念を用いることによって定義し，説明することである。次注でみる非認知主義や情動主義は，こうした自然主義的説明を「自然主義的誤謬 naturalistic fallacy 」と呼んで非難する。

＊13　ここでマッキンタイアは，「善い」ということばの用法をめぐる本章の

議論が，倫理学上の非認知主義 non-cognitivism（「X は善い」とか「A は X すべきである」といったいわゆる倫理的判断は，事実についての判断ではない，と考える立場）や情動主義 emotivism（非認知主義の一種で，倫理的判断をくだすことは，その判断をくだす者がある現実に対して一定の態度や感情を表明することにほかならない，と考える立場）とは両立しないことを示唆している。

＊14　ロックは「人格」を，「理性と反省能力をもち，みずからを，異なる時間と場所を通じて同一な思考する存在とみなすことができる，思考する知的な存在」と定義した（『人間知性論』第二巻，二十七章）。デカルトは有名な「コギト・エルゴ・スム（われ思う，ゆえにわれあり）」という命題を唱え，人間存在の本質を思考する主体としての「精神（コギト）」に見出した。プラトンは，理性，気概，欲望という「魂」の三要素が，理性をその指導原理とする正しい秩序を維持している状態こそ，人間の幸福の条件であるとし，その意味で，やはり人間存在の本質を理性的な精神のうちに見出していた。

＊15　哲学者デイヴィッド・ヒューム（1711–1776）はその著作『人間本性論』や『道徳原理の研究』において，人間のある性質がそれを身につけている本人あるいは他者にとって有用ないしは快適である場合，その性質は「徳」と呼ばれる，と論じている。

＊16　たとえば，すぐ前の段落で触れられているように，陰口や笑い話の種にするような悪意あるしかたで他の誰かに打ち明けるならもちろん，規則の点からみて，わたしは〈信じるに値する〉人間であることに失敗している。しかし，悪意のない状況も考えられる。たとえば，誰にも口外するなといっているその相手の深刻な病状を誰か他の人に相談するような場合。相談することが，〈信じるに値すること〉が私に禁じていることなのか，あるいは逆に，要求していることなのかは，私と相手との関係により，あるいは，病状の重さなど，そのときどきの状況によって変わってくる。それを規則によって一義的に決めることはできない。しかし，それにもかかわらず，そのときどきの状況における，私にとっての「正しい判断」というものがありうるだろう。

＊17　主題の何がどう「重要」かや，どんな議論が「必要」かは，規則で定めることができない。

＊18　合理的選択の理論 theory of rational choice とは，二人以上の合理的な行為者がかかわるさまざまな状況下で，どの選択が合理的か，あるいは合理的でありえないかを問う理論のことで，「ゲーム理論」とも呼ばれる。1928 年にフォン・ノイマンによって数学理論として創始されたが，その

後，経済学をはじめとする社会科学の領域にも取り入れられた。

＊19 「私はAにBを負うI owe A B. ／I owe B to A.」とは，たとえば，Aという人にBという借金を負い，その結果，わたしは，そのAという人にBという借金を返さなければならない状態にあるということである。換言すれば，私はAという人に，Bという借金を返す義務があるということである。著者のいう〈与えることと受けること〉の諸関係においては，私は，自立した実践的推論者になる過程においてすでに他の人々に対して，いわば莫大な借金を負った状態にある。したがって，私はその借金を返す義務を負っている。しかも，どのくらい返せばいいのかというその上限が定められていない借金である。たとえば，自分の子どもに対して借金を負っているというのはおかしいと思われるかもしれないが，著者によれば，私たちが〈受けとった〉人々と，私たちが〈与える〉人々とは同じであるとはかぎらない。私たちは，借金などしたことのない人々にも，「無条件で」しかも「無上限で」，私たちの借金を返す義務がある，ということになる。そして，私たちが老いたときや病気やけがに見舞われたときに〈受けとる〉もののことを考えれば，私たちの人生におけるこの〈与えること〉と〈受けとること〉の貸借勘定はおそらくはトントンということになるのだろう。しかし，著者によれば，そのようなことを考えて「計算ずくで」行動するならば，この後本文で語られているように，それはそれで，徳の本質に反することになるのである。

＊20 「一般化された他者 generalized Other」はもとは，G. H. ミードの用語。私たちの自我形成期において「母親－私」「友人－私」といった個別的な他者と私との複数のセットが統合されて「一般化された他者－私」というセットが生まれたときにはじめて安定した自我が形成されるとミードは考える。しかし，この文脈では，著者は必ずしも，このミードの考えとこのことばを結びつけているわけではない。

＊21 以上二つの挿話はそれぞれソフォクレスの悲劇『オイディプス王』と『フィロクテテス』の中に出てくる。

＊22 『孟子』公孫丑上に出てくる。「孟子曰く。人皆人に忍びざるの心あり。（中略）人皆人に忍びざるの心有りと謂ふ所以の者は，今，人乍ち孺子の将に井に入らんとするを見れば，皆怵惕惻隠の心有り。交はりを孺子の父母に内るる所以に非ざるなり。誉れを郷党朋友に要むる所以に非ざるなり。其の声を悪みて然するに非ざるなり。是に由りて之を観れば，惻隠の心無きは，人に非ざるなり。羞悪の心無きは，人に非ざるなり。辞譲の心無きは，人に非ざるなり。是非の心無きは，人に非ざるなり。惻隠の心は仁の端なり，羞悪の心は義の端なり，辞譲の心は礼の端なり，

是非の心は智の端なり（以下略），と。」

＊23　原文では著者は「隣人」と「兄弟」の出所をとりちがえているが，訳者の裁量で正しい出所に訂正した。「友人」を含む聖書からの主な出所はそれぞれ次のとおり。「神を愛する者は，兄弟をも愛すべきである」（「ヨハネの第一の手紙」4:21）。「あなた自身のようにあなたの隣人を愛さなければならない」（「レビ記」19:18）。「人がその友のために自分の命を捨てること，これよりも大きな愛はない」（「ヨハネによる福音書」15:13）。

＊24　レフ・トルストイ（1828–1910）はその小説『アンナ・カレーニナ』の冒頭で「幸福な家族というものはすべて似かよったものだが，不幸な家族はそうではない」と述べている。

＊25　その人間の身に予期せぬ災難が降りかかった場合にも，そのことによって減少したり失われたりすることのない配慮のこと。詳しくは前章の末尾184頁を参照。

＊26　第九章141頁を参照。

＊27　前章200–201頁参照。

＊28　前章201頁参照。

＊29　第八章112–113頁参照。

＊30　第八章129–131頁参照。

＊31　「力への意志」はニーチェ思想の鍵概念で，他を征服・支配して自己をより高めよう・強大化しようとする生の根本衝動のこと。ニーチェによれば，学問，宗教，芸術を含む人間の活動のいっさいが実はこの根本衝動にもとづくものである。

人名索引

ア 行

アウグスティヌス　Augustine, St.　141, 178
アクィナス（トマス・）　Aquinas, St. Thomas　vi–vii, 7, 10, 28, 71–72, 74–75, 146, 156–57, 172–73, 177–80, 219, 239, (1), (3), (4), (5), (7), (8)
アリストテレス　Aristotle　iv–vi, 6–10, 13, 27, 32, 64, 74, 105–07, 119, 148–50, 159, 170, 182–83, 236, 239, 241, (1), (2), (3), (5), (6), (7), (8), (9)
アルンハート　Arnhart, Larry　(2), (8)
イブン・ルシュド　Ibn Rushd　7
ウィトゲンシュタイン　Wittgenstein, Ludwig　13–14, 21, 78, 101, 129, (2), (5), (6)
ウィニコット　Winnicott, D. W.　114–15, 121, (6), (7)
ウィリアムズ　Williams, Bernard　116–17, (6)
オースティン　Austin, J. L.　14

カ 行

ガダマー　Gadamer, Hans-Georg　14, 80, (5)
カント　Kant, Imrnanuel　174
キケロ　Cicero　178
キテイ　Kittay, Eva Feder　viii, 4, (1)
クイン　Quinn, Warren　29, (3)
クセノフォン　Xenophon　21
グライス　Grice, H. P.　21
クワイン　Quine, W. V.　14
ケーラー　Koehler, William　21
ケニー　Kenny, Anthony　16, 71–75, 93, (4)
ゴーギャン　Gauguin, Paul　89
コーン　Cohn, Bernard S.　38, (3)
ゴティエ　Gauthier, David　162, (7)

サ 行

サール　Searle John　44–45, 47, 49, (3), (4)
サルスティウス　Sallust　178
シュレーゲル　Schlegel, Friedrich von　223
スティック　Stich, Stephen　43–44, 47–48, 50, 65, (3)
ストレイチー　Strachey, Lytton　146
スミス　Smith, Adam　2–3, 9, 169, (1), (7)
ソフォクレス　Sophocles　176, (14)

タ 行

ダーウィン　Darwin, Charles　13–14, (2)
ダンバー　Dunbar, Robin　(5)
デイヴィドソン　Davidson, Donald

ナ 行

ハ 行

マ 行

ラ 行

事項索引

あ 行

か 行

さ 行

た 行

な 行

は 行

ま 行

や 行

ら 行

《叢書・ウニベルシタス　1076》
依存的な理性的動物
ヒトにはなぜ徳が必要か

2018年5月20日　初版第1刷発行
2021年3月1日　　　第2刷発行

アラスデア・マッキンタイア
高島和哉 訳
発行所　一般財団法人　法政大学出版局
〒102-0071 東京都千代田区富士見2-17-1
電話 03(5214)5540 振替 00160-6-95814
組版：HUP　印刷：平文社　製本：積信堂

Printed in Japan

ISBN978-4-588-01076-7

著　者

アラスデア・マッキンタイア（Alasdair MacIntyre）

1929年イギリス・スコットランドのグラスゴーに生まれる。ロンドン大学で古典学や哲学を学んだ後，1951年にマンチェスター大学で，また1961年にオックスフォード大学で修士号を取得。マンチェスター大学，エセックス大学などイギリスの諸大学で教鞭をとった後，1970年にアメリカに移住。以降，ボストン大学，ノートルダム大学，デューク大学等で哲学科教授を歴任。現在はロンドン・メトロポリタン大学の現代アリストテレス主義倫理学・政治学研究センター等で上級研究員を務めている。1981年に『美徳なき時代』（篠崎榮訳，みすず書房，1993）を発表。本書はいわゆる「リベラル・コミュニタリアン論争」の火付け役となるなど，道徳哲学や政治哲学の世界を中心に大きな反響を呼んだ。その他の著書として，『西洋倫理学史』（1966）（深谷昭三訳，以文社，1986／菅豊彦・井上義彦他訳，九州大学出版会，1985–1986），『世俗化と道徳的変化』（1967），『誰の正義？ どの合理性？』（1988），『道徳的探究の競合する三形態』（1990），『近代の諸対立の中の倫理学』（2016）などがある。

訳　者

高島和哉（たかしま・かずや）

1971年生まれ。東京大学文学部仏文科卒。早稲田大学大学院社会科学研究科博士課程単位取得満期退学。論文博士（学術）。早稲田大学社会科学総合学術院助手等を経て，現在，明治大学ほか非常勤講師。著書に『ベンサムの言語論——功利主義とプラグマティズム』（慶應義塾大学出版会），訳書にイリイチ『生きる意味』（藤原書店）ほか。

叢書・ウニベルシタスより
（表示価格は税別です）

叢書・ウニベルシタスより

(表示価格は税別です)

1036 熱のない人間 治癒せざるものの治療のために
C. マラン／鈴木智之訳 3800円

1037 哲学的急進主義の成立 I ベンサムの青年期
E. アレヴィ／永井義雄訳 7600円

1038 哲学的急進主義の成立 II 最大幸福主義理論の進展
E. アレヴィ／永井義雄訳 6800円

1039 哲学的急進主義の成立 III 哲学的急進主義
E. アレヴィ／永井義雄訳 9000円

1040 核の脅威 原子力時代についての徹底的考察
G. アンダース／青木隆嘉訳 3400円

1041 基本の色彩語 普遍性と進化について
B. バーリン，P. ケイ／日髙杏子訳 3500円

1042 社会の宗教
N. ルーマン／土方透・森川剛光・渡曾知子・畠中茉莉子訳 5800円

1043 セリーナへの手紙 スピノザ駁論
J. トーランド／三井礼子訳 4600円

1044 真理と正当化 哲学論文集
J. ハーバーマス／三島憲一・大竹弘二・木前利秋・鈴木直訳 4800円

1045 実在論を立て直す
H. ドレイファス，C. テイラー／村田純一監訳 3400円

1046 批評的差異 読むことの現代的修辞に関する試論集
B. ジョンソン／土田知則訳 3400円

1047 インティマシーあるいはインテグリティー
T. カスリス／衣笠正晃訳，高田康成解説 3400円

1048 翻訳そして／あるいはパフォーマティヴ
J. デリダ，豊崎光一／豊崎光一訳，守中高明監修 2000円

1049 犯罪・捜査・メディア 19世紀フランスの治安と文化
D. カリファ／梅澤礼訳 4000円